जागृति की सोच

Thoughts of Awakening

जीवन की सफलता
आपकी सोच में छुपी होती है
सोच से सही गलत का विश्लेषण होगा,
यहाँ तक कि आपका स्वास्थ्य, खुशी,
मन के भाव और परिस्थिति
आपकी सोच से बनेगी।

यह पुस्तक
" जागृति की सोच"
एक शंखनाद है यह आह्वान है
स्वयं व समाज के विकास का।
अपनी छोटी-छोटी धारणाओं,
मान्यताओं एवं रीति रिवाजों से
हम अपना मूल्यवान समय, स्वास्थ्य
को भाग्य भरोसे छोड़ देते है।
भाग्य उसी का साथ देता है।
जो इसके लिए प्रयत्नरत होता है
अगर मन में ठान लिया तो कोई भी
बाधा आपको रोक नहीं पायेगी।
यह आपकी सोच ही है जिसके
द्वारा आप लगातार
सज़ग रहकर
अपनी मंजिल
पा सकते है।

"सक्रिय रहो, ज्ञान बढ़ाओ, स्वस्थ रहो, विज्ञान को जानो,
सभ्यता रखो, डर निकालो, सत्यता को जानो, संघर्षरत रहो,
समय को जानो, सफल बनो, मानवता रखो,
प्रकृति को पहचानो, अच्छा सोचो, अच्छा करो यही है जागृति।"

-इंजी. ओ.पी. माहेश्वरी

जागृति की सोच

Thoughts of Awakening

वैज्ञानिक पहलुओं से परखना होगा

जागृत रहकर जानना होगा

इन्जी. ओ.पी. माहेश्वरी

एम.ई. (जियोटेक्नीकल),

बी.ई. (सिविल) ऑनर्स

SCIENTIFIC

PUBLISHERS (INDIA)

प्रकाशक

साईन्टिफिक पब्लिशर्स (इंडिया)

5-ए, न्यू पाली रोड़, पो. बॉ. नं. 91

जोधपुर - 342 001 भारत

E-mail: info@scientificpub.com
www.scientificpub.com

दिल्ली शाखा

साईन्टिफिक पब्लिशर्स (इंडिया)

4806/24 भरतराम रोड़, अंसारी रोड़,

दरिया गंज, नई दिल्ली - 110 002 (भारत)

E-mail: info@scientificpub.com
www.scientificpub.com

इन्जी. ओ.पी. माहेश्वरी

एम.ई. (जियोटेक्नीकल), बी.ई. सिविल (ऑनर्स)

सिविल इन्जीनियर, जोधपुर विद्युत वितरण निगम लि., जोधपुर (राज.)

ए-161, कमला नेहरू नगर,

द्वितीय विस्तार डिफेन्स कॉलोनी, जोधपुर

फोन - 0291-2750836,

मो. 94600-08620, 94133-59138 (ऑ.)

E-mail : opmaheshwari04@gmail.com
maheshwari_op2007@yahoo.com

ISBN: 978-81-7233-785-8

नोट :- यह पुस्तक किसी धर्म, विचारधारा, रीतिरिवाज, व्यक्तिगत धारणाओं और मान्यता को ठेस पहुँचाने के विचार से नहीं लिखी गई है, इसमें बताये गए पहलू मेरे स्वयं के निजी अनुभव हैं जिससे पाठक सहमत या असहमत हो सकते है अतः आहत करने वाले तथ्यों को आप मानने के लिए बाध्य नहीं है।

टाईपसेट - जे.पी. ग्राफिक्स, जोधपुर

भारत में मुद्रित

स्व कथन

इस पुस्तक के माध्यम से मैंने रूढ़िवादी मान्यताओं, शुभ-अशुभ, स्वास्थ्य सम्बन्धित गलत धारणाओं का विश्लेषण किया है। साथ ही मेहनत एवं विवेक से मिलने वाली सफलता, मानवता के लिए धर्म, स्वास्थ्य के लिए हमारा खानपान आदि पहलुओं को वैज्ञानिक नजरिये से बताया गया है ताकि जीवन भयमुक्त बना रहे और अपने आप को हम ग्लोबलाईज़ेशन में पिछड़ा हुआ महसूस न करे। ऊँचे मनोबल के साथ हम, हमारा समाज व देश, प्रगति की राह चले। इसी सोच को उजागर करने की एक कोशिश है। जागृति की सोच ऐसा पौधा है जिसे अगर अपने ज्ञान से सींचा जाये तो पल्लवित होकर जीवन में ऊर्जा, सफलता का प्रस्फुटन होगा। स्वस्थ विचार शरीर को शक्ति प्रदान करेंगे। मेरी पहली दो पुस्तकें भी राष्ट्र प्रगति को ध्यान में रख कर प्रकाशित हुई थी जिसमें पहली पुस्तक को माननीय मुख्यमन्त्री राजस्थान सरकार द्वारा पदक (शील्ड) प्रदान कर सम्मानित किया था।

यह पुस्तक भी मानव हित को सर्वोपरि मानकर आप तक पहुँचाई जा रही है ताकि आप अपने सुलझे हुए विचारों से हर कार्य में अच्छा निर्णय ले सको, कठिनाईयां जब सामने आएं तो हिम्मत न हारो बल्कि उनके कारण जानने की कोशिश करो, आपके प्रयत्नरत और सजग रहने से सफलता स्वयं आपके कदम चूमेगी। डर इन्सानी मस्तिष्क का वायरस है। जिसे जब तक ज्ञानरूपी एंटीवायरस द्वारा नहीं रोकोगे तब तक आपकी प्रगति में बाधा बनी रहेगी। जागृति की सोच सफलता की सीढ़ी है, जीवन में साधारण से साधारण कार्य सम्पन्न करने के लिए जागृत (सजग) रहना जरूरी है। जागृति यानि बुद्धि का विकास यानि जीवन समाज के प्रति अच्छा दृष्टिकोण रखना। आपकी जागृति ही प्रगति की पहली सोपान है यह निर्णय आपका होगा।

जा - जागरूक बनो वैज्ञानिक पहलुओं से

गृ - गृहीत (ग्रहण) करो नई जानकारियों को

ति - तिरस्कार करो गलत मान्यताओं का

–इंजी. ओ.पी. माहेश्वरी

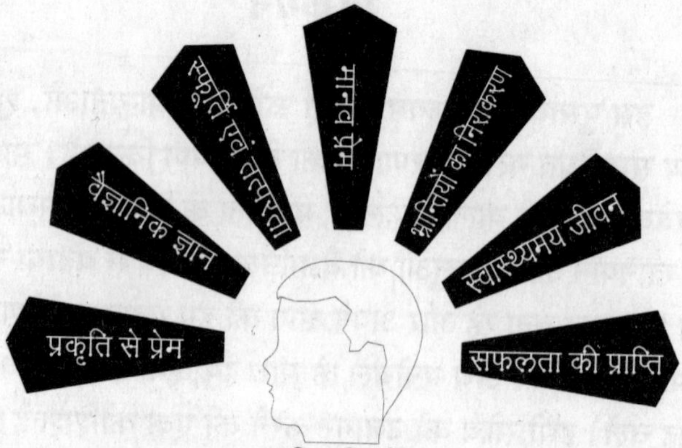

जागृति की सोच

जागृति की क्रिया से प्रतिक्रिया होगी

(Reaction of Awakening Action)

- अन्धविश्वासों (Superstitions) का उन्मूलन
- सकारात्मकता (Positive) का ज्ञान
- प्रकृति से प्रेम (Love with Nature)
- स्वस्थ जीवन (Healthy Life)
- वैज्ञानिक तथ्यों से परख (Scientific Results)
- आशावादी नज़रिया (Optimistic Attitude)
- प्रतिष्ठा में बढ़ोतरी (Status Development)
- ज्ञान की प्राप्ति (Knowing of Knowledge)
- भ्रांतियों का निराकरण (Removal of Orthodox)
- संतुष्टि (Satisfaction) का मिलना
- मानवता का विकास (Development of Humanity)
- रूढ़िवादियों (Conservative) पर प्रकाश
- अनुशासन (Discipline) का विकास
- जीवन का उत्थान (Development of Life)
- मानसिक विकास (Mental Development)
- उत्पादकता (Productivity) में वृद्धि
- अज्ञानता (Ignorance) का निराकरण
- जागरूकता (Wakefulness) का बढ़ना
- सत्यता (Realistic) का ज्ञान

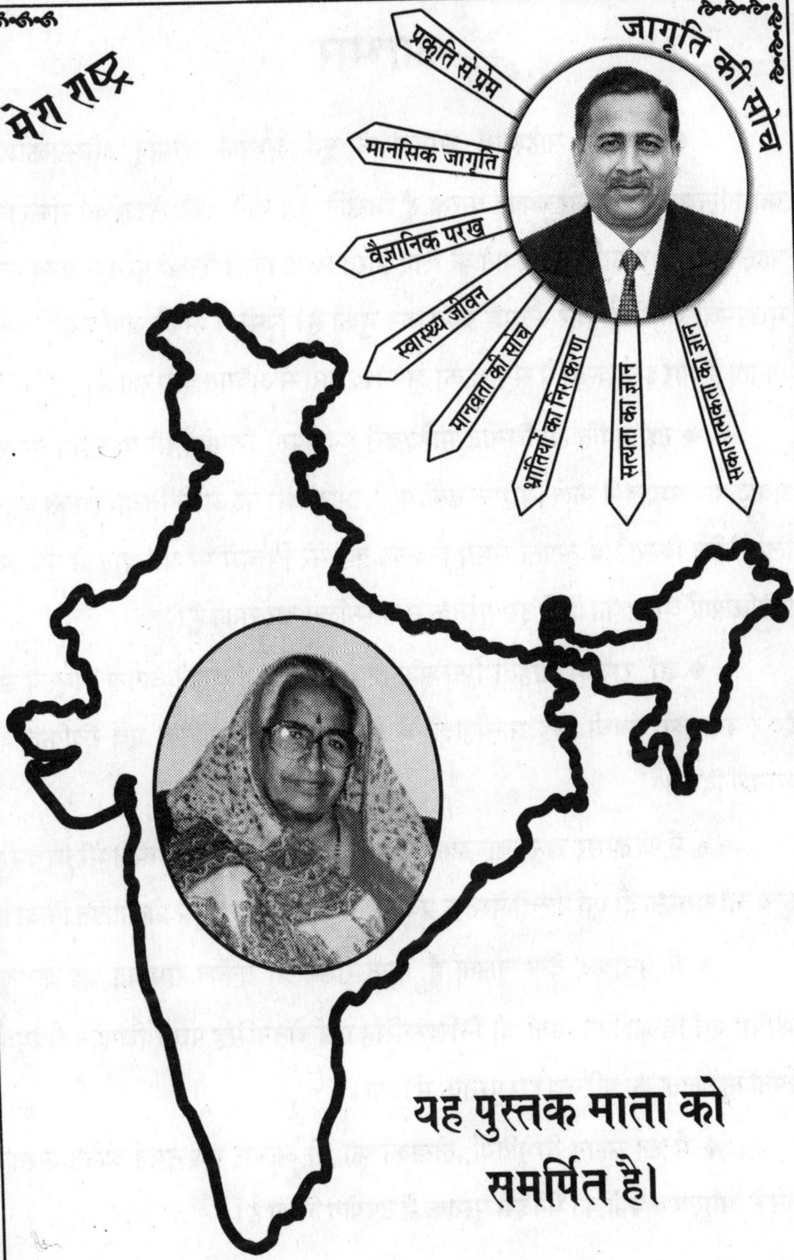

यह पुस्तक माता को
समर्पित है।

आभार

♦ जोधपुर माहेश्वरी समाज के पूर्व अध्यक्ष श्रीमान् **ओमप्रकाश जी फोफलिया** का आभार व्यक्त करता हूँ जिन्होंने मुझे छोटे-छोटे लेखों का संकलन कर पहली पुस्तक प्रकाशित करवाने के लिए प्रेरित किया। मेरी लिखी पुस्तकें राज्य स्तर पर मुख्यमंत्री जी से दो बार अँवार्ड प्राप्त कर चुकी हैं। जिसे मैं अपने जीवन की उपलब्धि मानता हूँ और इसी कड़ी में समाज को अपने विचारों से अवगत करा रहा हूँ।

♦ उद्योगपति श्री **विनोद माहेश्वरी** (जयपुर) जिन्होंने समय-समय पर मुझसे संवाद कर समाज में फैले विभिन्न ढकोसलों, आडम्बरों पर अपने विचार व्यक्त करने के लिए प्रेरित किया एवं अपना समय निकाल कर मेरे विचारों पर प्रकाशन से पूर्व अपनी प्रतिक्रियाएँ व्यक्त की जिसे इस पुस्तक में सम्मिलित कर सका हूँ।

♦ **डॉ. राजेश बाहेती** फिजिशियन (जोधपुर) जिन्होंने अपना अमूल्य समय देकर स्वास्थ्य संबधी कई मान्यताओं व धारणाओं पर वैज्ञानिक एवं चिकित्सकीय परामर्श दिया।

♦ मैं **श्री अमर चन्द्र** चाण्डक फलौदी का भी आभारी हूँ जिन्होंने मेरे विचार एवं कृत्य को सराहना दी एवं जल्दी पुस्तक प्रकाशित करने के लिए मुझे प्रोत्साहित किया।

♦ मैं धन्यवाद देना चाहता हूँ प्रूफ रीडर श्री राकेश रामावत एवं कम्प्यूटर टाईपिंग एवं डिजाईनिंग कर्ता श्री **निखिलसिंह एवं चेतनसिंह** पंवार जिन्होंने धैर्यपूर्वक अपनी कुशलता का परिचय इस पुस्तक में दिया।

♦ मैं उन महान विभूतियों, लेखकों का भी आभार एवं नमन व्यक्त करता हूँ जिनके अमूल्य वाक्यों का मैंने इस पुस्तक में उपयोग किया है।

इंजी. ओ.पी. माहेश्वरी

अनुक्रमणिका

अनुक्रमणिका

अनुक्रमणिका

अनुक्रमणिका

अनुक्रमणिका

अनुक्रमणिका

क्र. सं. पेज नं.

अनुक्रमणिका

अनुक्रमणिका

जागृति की सोच

Thoughts of Awakening

सरल व सार्थक जीवन की सोच

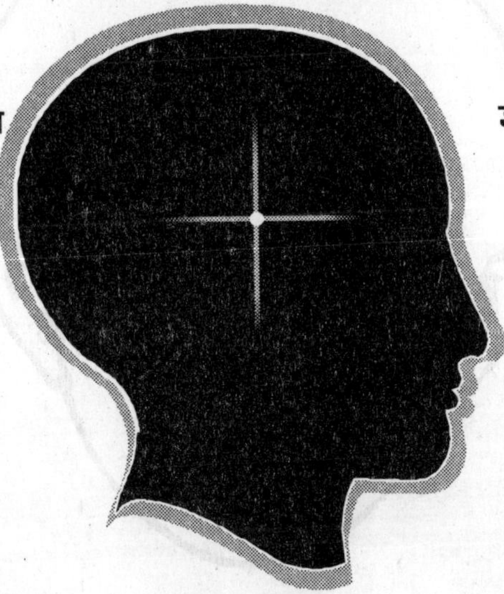

जागृति के लाभ

सफलता
विकास
प्रतिष्ठा
वैभव
मानवता
देश सेवा
सन्तुष्टि

जागृति के कर्म

खाने में
समझने में
रहने में
करने में
सोच में
जीने में
सीखने में

जागृति के प्रभाव

स्वास्थ्य पर
मानवता पर
सहिष्णुता पर
ज्ञान पर
बुद्धि पर
वातावरण पर
इच्छा पर

निवारण जागृति से

भ्रान्तियों का
अन्धविश्वासों का
गलतफहमियों का
रूढ़िवादियों का
हीनता का
अज्ञानता का
पाखण्ड का

जागृति से जानना

प्रकृति को
सत्यता को
मनुष्यता को
विज्ञान को
सम्बन्धों को
सुरक्षात्मकता को
सावधानियों को

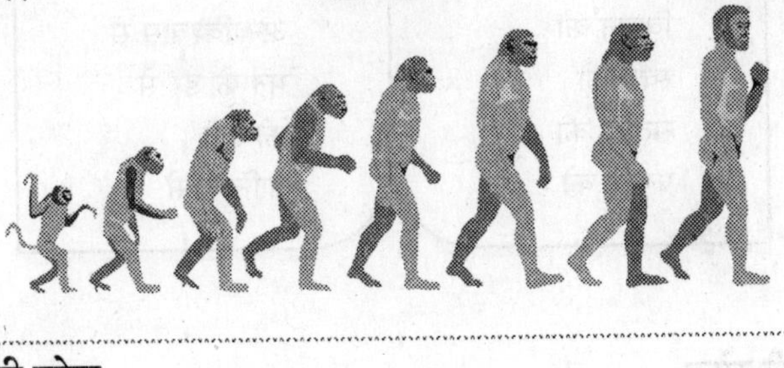

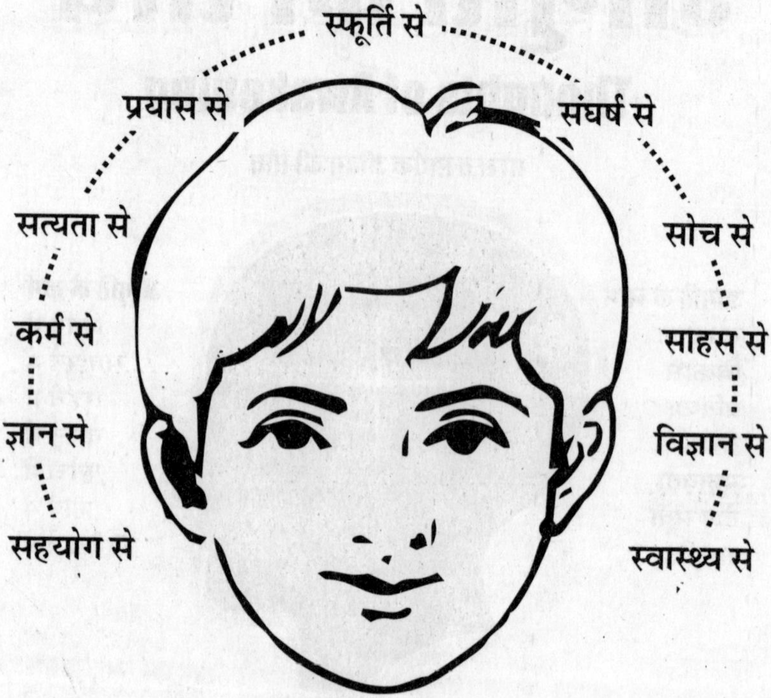

जागृति

जानिये :	दूर रहिए
समय को	आलस्य से
स्वास्थ्य को	नकारात्मकता से
विज्ञान को	अन्धविश्वास से
स्वयं को	मन के डर से
सत्यता को	क्रोध से
प्रकृति को	भ्रान्तियों से

जागृति की सोच

(Thoughts of Awakening)

जागृति की सोच है, प्रगति का वृक्ष।

जैसा होगा बीज, वैसा होगा वृक्ष।

विज्ञान का बीज लगाओगे तो ज्ञान बढ़ेगा।

ज्ञान का बीज लगाओगे तो बुद्धि बढ़ेगी।

बुद्धि का बीज लगाओगे तो सफलता मिलेगी।

सफलता का बीज लगाओगे तो प्रतिष्ठा मिलेगी।

प्रतिष्ठा का बीज लगाओगे तो संतुष्टि मिलेगी।

यह सब सम्भव होगा जागृति की सोच से।

Awakening-Action

A- Active Action	- सक्रियतामय कार्य
W- Willingful Action	- पूरी इच्छा के साथ कार्य हो
A- Ambitious Action	- महत्वाकांक्षा का कार्य हो यानि उड़ान ऊँची हो
K- Knowledgeable Action	- ज्ञान-विज्ञान बढ़े यानि सही-गलत की परख बने
E- Energetic Action	- ऊर्जामय यानि ताकत के साथ संघर्षमय बने
N- Natural Action	- प्रकृति का सान्निध्य यानि सहज जीवन हो
I- Immediate Action	- तुरन्त शुरू हो यानि आलस्य न रखें
N- Nobility Action	- मानवता एवं महानता के कार्य हो यानि ऊँची सोच हो
G- Goal Oriented Action	- लक्ष्य के लिए कार्य हो यानि सफलता की ओर बढ़े

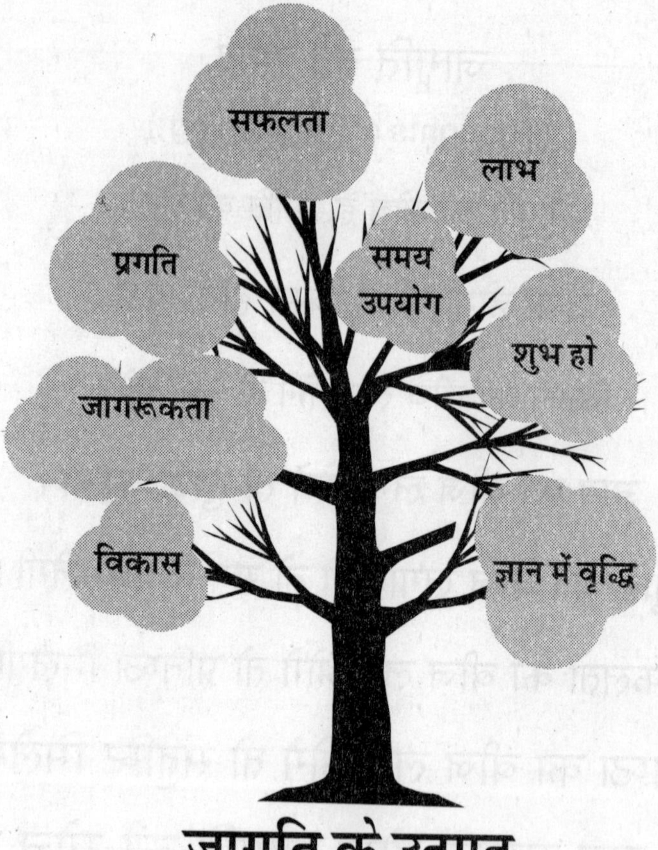

जागृति के उत्पाद

जा – जानकारी हो विज्ञान की

गृ – गृहीत (ग्रहण) करें ज्ञान को

ति – तिरस्कार हो कुरीतियों का

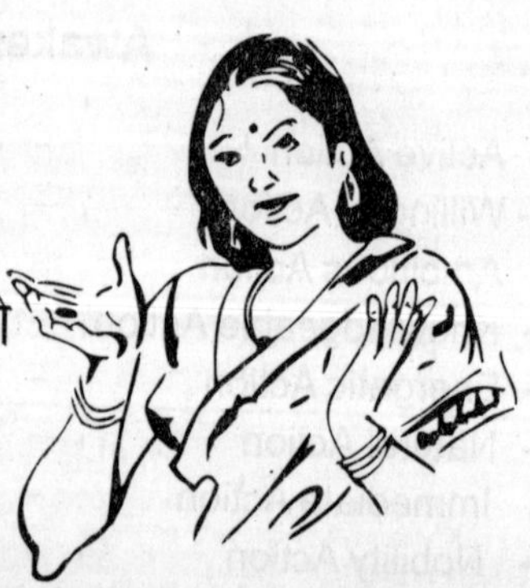

सोच सफल जीवन की

(Thinking for Success in Life)

1 आखिर सफलता क्या है?
2 सोच कैसी हो?
3 प्राथमिक शिक्षा हो बोलचाल की भाषा में।
4 क्यों होते चुस्त और सुस्त हम?
5 हर उठावणा हो नव वृक्षारोपण से?
6 किसका फल मीठा, भाग्य का या परिश्रम का?
7 यात्रा के समय बैठने की दिशा क्या हो?
8 मृतक के लिए रखे शोक में क्या करें?
9 मधुर शब्द मधुर सम्बन्ध।
10 जन्मदिन पार्टी को वृक्ष लगाकर यादगार बनायें।
11 खुश रहने की सोच।
12 आप कितने महान् है?

1 आखिर सफलता क्या है ?

क्या खूब सारे साधन मिल जाना सफलता है? या ऊँचे ओहदे के मालिक बन जाना? क्या आपके हुक्म का चलना सफलता है? या वातानुकूलित शयन कक्ष का मिलना? आप अपनी खुशी इनसे नहीं प्राप्त कर सकते। आप अच्छे से अच्छे बिस्तर पर भी सोकर चैन की नींद नहीं ले पायेंगे क्योंकि उसके लिए आवश्यक है, आपके मन की शान्ति और शान्ति मिलेगी आपकी सन्तुष्टि से, आपके कर्म से, आपके स्वास्थ्य से, आपके व्यवहार से, आपके सोच से। सब कुछ होते हुऐ भी मन में प्रसन्नता नहीं है तो सारे साधन आपके लिए बेकार है। सफल व्यक्ति वह है जो अपने व्यवहार से, अपने ज्ञान से, धन-दौलत से, अपने आदेश से लोगों को बेहतर जीवन दे। आपका किसी खेल में जीता गया कप, एक वस्तु से ज्यादा कुछ नहीं है जब तक कि उस जीत की खुशी का इज़हार लोग न करे। जब समाज, देश भी आपकी जीत पर गर्व करेगा तो आप सफल माने जायेंगे। सफलता का पैमाना है मन की सन्तुष्टि। जब आप लोगों से बात करेंगे तो अधिकतर लोगों का जवाब होगा, सफलता यानि धन। मैं महाजन समाज से हूँ और अधिकतर लोगों का जवाब मिलता है कि जो धन कमाना जानता है वही सफल है। मगर यह सच नहीं है धन आपकी सफलता का निर्धारण नहीं करता, मगर यह सच है कि आप सफल है तो आपको जितनी जरूरत है, उतना धन मिल सकता है। **धन कमाना जीवन की मंजिल नहीं, यह तो एक मार्ग है, धन सफलता का परिणाम है। यह एक इसका उत्पाद है मगर सफलता का पैमाना नहीं है।** स्वामी रामदेव जी ने जनता को स्वास्थ्य के प्रति जागरूक किया, उनके एक इशारे पर लोग धन उनके चरणों में अर्पित कर देते है। उनकी सफलता धन कमाना नहीं है, लोगों को जागरूक करना है और यही उनकी सन्तुष्टि है। आपका वक्तव्य, अभिनय, संगीत, उत्पाद, कार्य, सोच या कोई भी अन्य विशेषता जो ज्यादातर लोगों को अच्छी लगे और अच्छे लोगों के मध्य आपकी अच्छी छवि हो, यही तो है सफलता और इसी से मिलती है सन्तुष्टि। **असफल हो जाने पर अपने भाग्य को न कोसें, हाथ की रेखाओं को भी न टटोलें। असफल हो गये तो हार भी मत मानिऐ, असफलता का अर्थ है कि फल के पकने में अभी**

और वक्त लगना बाकी है, धीरज रखें। फिर से लग जाइये, आपकी मेहनत जरूर रंग लायेगी। क्योंकि आपकी सफलता मेहनत में छुपी है। जीवन में कुछ भी पाने में सबसे बड़ा सहयोगी और दीवार दोनों, अपने मन और इरादों में ही होते है। हालात का रोना, खुद को भुलावा देने के तर्क से ज्यादा और कुछ नहीं।आप कुछ क्षणों के लिए बहुत आनन्दित हो सकते है मगर यह समय बीत जाने पर फिर दु:खी हो जायेंगे अगर आपके मन में आपकी मेहनत, आपके कार्य,आपकी उपलब्धि के प्रति सन्तोष नहीं है। अत: मन की सन्तुष्टि ही आपकी सफलता है। कई बार आपने सुना होगा कि इतना बड़ा लेखक फिर भी उसने आत्महत्या कर ली, इतना बड़ा वैज्ञानिक फिर भी पागल हो गया क्योंकि इन लोगों के मन में सन्तोष नहीं था। सन्तोष मिलेगा आपके कार्य पूर्ण होने से क्योंकि सन्तोष ही सफलता है। इस दुनिया में सफल वही होता है, जो असफल होने के बावजूद, गिरने के बावजूद फिर उठने का हौंसला रखता है। हम चाहे जितनी बार असफल हो, हमें सफलता की उम्मीद का दामन नहीं छोड़ना चाहिए।आप लगातार प्रयास करते रहेंगे तो निश्चित ही एक न एक दिन सफल हो जायेंगे। हमें बीते हुऐ कल के लिए नहीं रोना है, न ही कल के लिए हवाई किले बनाने है। बस, हमें आज और इसी पल को बेहतर बनाने के प्रयास में जुट जाना है।

जीवन में सफलता के घटक

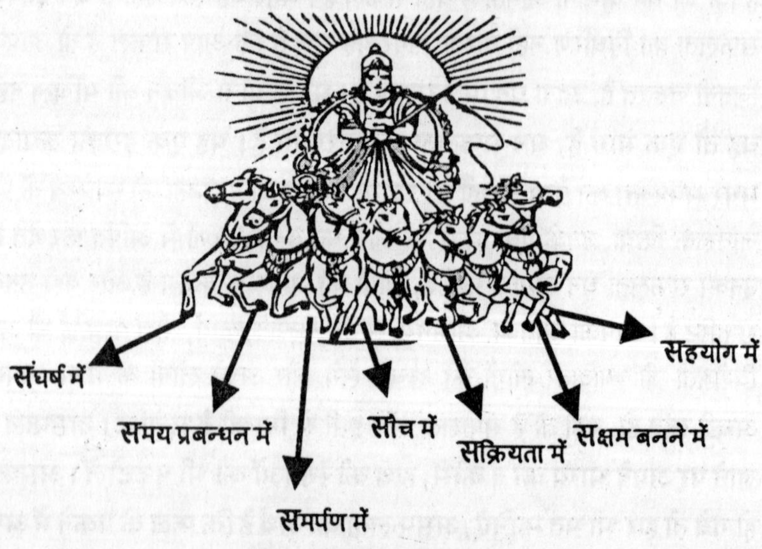

सूरज के सात घोड़े 'स'

सफलता है

स– सन्तुलन है मन की इन्द्रियों का

फ– फल (परिणाम)को प्राप्त करने का

ल– लक्ष्य तक पहुँचना और मंजिल को पाना

ता– ताकत को हासिल करना और ऊर्जावान बने रहना

सफलता पाने के लिए असफलता से नहीं घबराना होगा क्योंकि इस गतिशील धरती पर कुछ भी स्थाई नहीं होता है, हर चीज बदलती रहती है ; असफलता भी परिवर्तनशील हैं। हर असफलता के पीछे कोई न कोई एक सफलता हमारा इन्तजार करती रहती है। "कोई भी कोशिश कभी नाकाम यूं जाती नहीं। मंजिलें ना भी मिले तो फासले घट जाएंगे" इस हेतु लेखक सत्यकाम विद्यालंकार ने पुस्तक 'चरित्र निर्माण' में लिखा है कि – "अव्यवस्थित चित्त से चलता हुआ पथिक ही पराजय की ठोकरें खाता है। ठोकर खाने के बाद उसे फिर से तन्मय होकर निशाना वेधने की तैयारी करनी चाहिए, पराजय व असफलता की घड़ियों से हम प्रेरणा और उत्साह ग्रहण करना सीखें तो सफलता हमारी सहचरी बन जाए।"

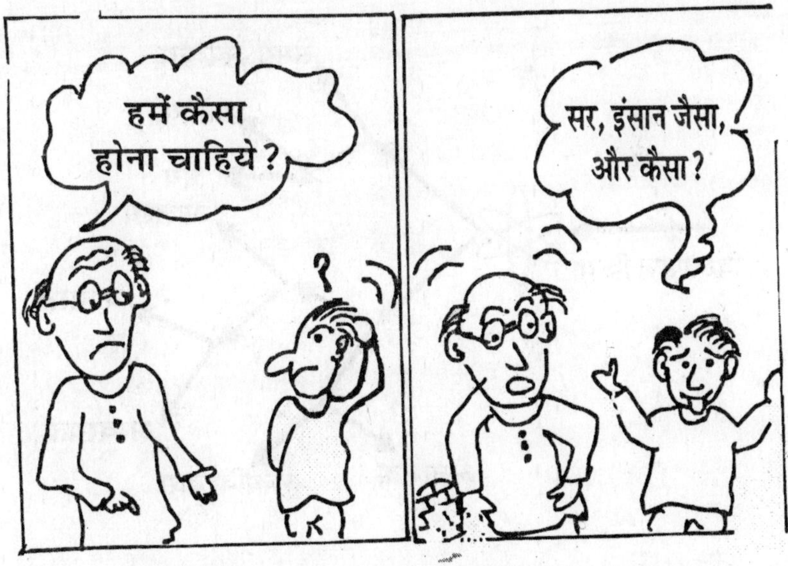

मनुष्य बहुत होते हैं, पर मनुष्यता बिरलों में ही होती है।

विज्ञान में अनुरूप के लिए (Proportion) एक निशान चिन्हित किया गया है वह निशान है- 'α' इसे देख सकते हैं।

दिमागी तन्दुरूस्ती α शारीरिक तन्दुरूस्ती

शारीरिक तन्दुरूस्ती α सुपाच्य भोजन

सुपाच्य भोजन α मेहनत

मेहनत α विवेक

विवेक α मस्तिष्क

मस्तिष्क α ज्ञान

ज्ञान α श्रेष्ठता

श्रेष्ठता α लक्ष्य

लक्ष्य α कर्म

कर्म α जागृति

जागृति α सफलता

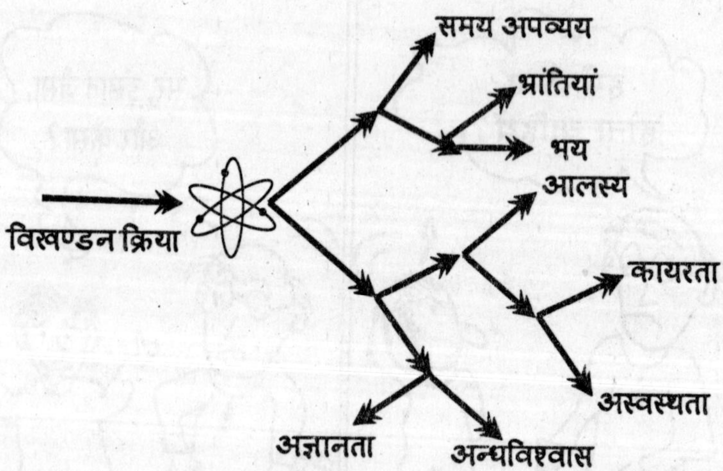

असफलता का परमाणु बम

जिन्दगी की सुख अनुभूति

पहला सुख	–	निरोगी काया
दूसरा सुख	–	जीवन में हो गति
तीसरा सुख	–	सन्तान आज्ञाकारी
चौथा सुख	–	अर्द्धांगिनी नारी
पांचवां सुख	–	माया, मान सम्मान
छठा सुख	–	रहने का आश्रय
सातवां सुख	–	विद्या का वरदान
बड़ा सुख	–	जीवन में जागृति

सफलता के लिए हाथ–पांव चलाने के साथ ही अपने मस्तिष्क का पूर्ण उपयोग आवश्यक है। आपका कौशल व क्षमता इसे पाने में बहुत कुछ मदद करेंगे, आप अपनी शक्ति को पहचानें, मन में विश्वास जगायें और अपने मस्तिष्क को जागृत कर सफलता की ओर कदम दर कदम बढाये चलें , आपके जागृत रहने से सफलता का परिणाम आपकी झोली में होगा।

कर्म हो सफलता के लिए,
धर्म हो मानवता के लिए,
खाना हो ऊर्जा के लिए
शिक्षा हो व्यक्तित्व के लिए
सोच हो जागृति के लिए

"सफलता का अर्थ अपनी शक्ति व कौशल
का सही उपयोग है, केवल अच्छा करना
ही पर्याप्त नहीं है, श्रेष्ठता प्राप्त करना महत्त्वपूर्ण है।"

–इन्जी.ओ.पी. माहेश्वरी

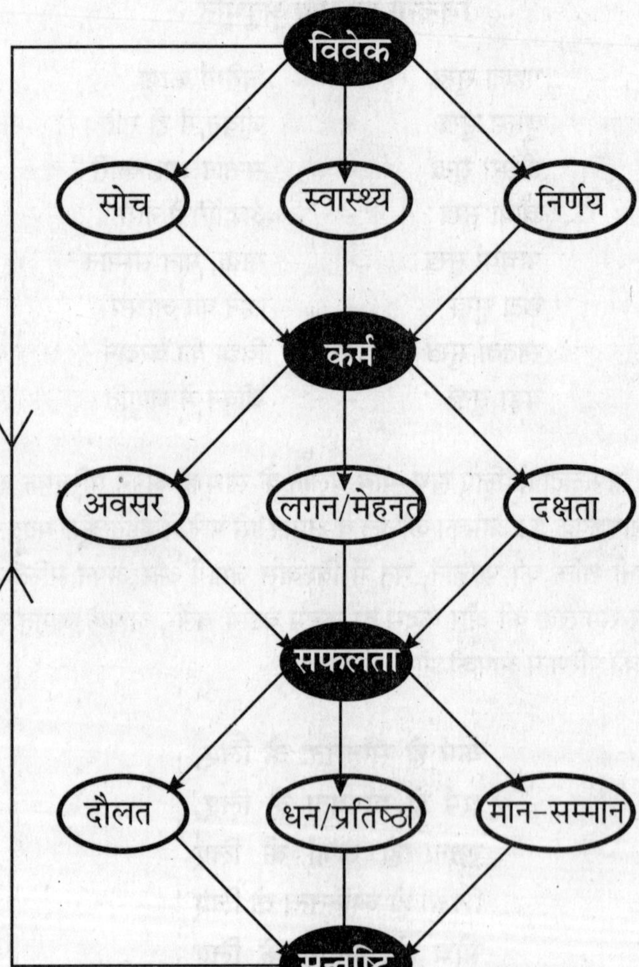

विवेकपूर्ण कार्य ही सफलता

"सफलता का सीधा सम्बन्ध व्यक्ति की सोच में निहित है
सोच से ही, मन के भाव बनते है, कर्म होता है, परिस्थितियां बनती है
सफलता के लिए कदम अच्छी सोच से ही आगे बढ़ते हैं।"

–इन्जी. ओ.पी. माहेश्वरी

2 सोच कैसी हो ?

आप कि प्रत्येक सोच(Thoughts) ही ऊर्जा होती हैं। सोच से ही मन के भाव उत्पन्न होते है। हर व्यक्ति के सोचने का तरीका अलग-अलग होता है। भाव बनते है मन में उत्पन्न राग, द्वेष, ईर्ष्या, सेवा, सद्भावना, ममता, अपनत्व, डर,निर्भयता से जो हर व्यक्ति के मानस पटल पर अंकित होती है व इन्हीं से दु:खी और सुखी भी होता रहता है। एक व्यक्ति जिस को सही मानता है वही दूसरे व्यक्ति के लिए बिल्कुल गलत हो सकता है। हर व्यक्ति की परिस्थिति अनुसार सोच बनती व बदलती रहती है। हमारे व्यक्तित्व की उत्पति हमारे विचारों में है, हम जैसा सोचते है वैसी वस्तुस्थिति हमें नजर आती है। हमारी सोच हमारे ज्ञान से बनती है और ज्ञान मिलता है शिक्षा, माहौल व परिस्थितियों से। सोच हमें कार्य की सही दिशा देता है। अगर दिशा मानवता के हित में है तो सकारात्मक की श्रेणी में मानी जाएगी। सकारात्मक सोच अपना कर हम जीवन के सारे दु:खों, तनाव से उबर सकते है। जबकि नकारात्मकता दु:खों और असफलता की धुरी है, यह वह हथौड़ा है जो शांति के शीशे को तोड़ देता है। वहीं सकारात्मकता की सोच सफलता का ध्वज है जिसे लेकर हम अपने लक्ष्य को पा सकते है समाज का हित सोच सकते है। आपकी सोच समाज के लिए कितनी हितकर होगी, इसी के अनुरूप सोच को सकारात्मक व नकारात्मक श्रेणी में बांट सकते है।

सकारात्मक सोच (Positive Thinking) :-

1. विवेकपूर्ण कार्य के लिए तत्पर रहना।
2. मन में हमेशा अच्छा करने की सोचना।
3. अपने दिल से सहयोग करने की कोशिश करना।
4. विफलता से नहीं घबराना।
5. अपनी आस्था कुछ करने में रखना।
6. हर कार्य में तत्पर रहना, जिससे आलस्य, बीमारी दूर भाग जाती है।
7. खुद के भले के साथ औरों का भी भला चाहना।
8. ऐसे लोग आशावादी (Optimistic) होते है। कोई भी काम करने की समय सीमा होती है। ऐसे लोग हर काम को प्रथम सीमा में करने की कोशिश करते है।
9. ऐसे लोग अपनी ताकत (Energy) और सीमा (हद) को पहचानते है।

10. ऐसे लोग भीरू प्रवृति के भी नहीं होते है।

11. आपसी सम्बन्धो में अपनत्व, प्यार और वफादारी रखना।

सकारात्मक व्यक्तियों के लक्षण होते है :-

♦ तत्पर (Prompt)

♦ आशावादी (Optimistic)

♦ कर्मवादी (Work Oriented)

♦ क्रियाशील (Activeness)

♦ निडर (Brave)

♦ उच्च मनोबल (High Moral)

♦ स्वस्थ (Healthy)

नकारात्मक (Negative) सोच :-

1. हर कार्य में यह देखना कि दूसरे को फायदा क्यों हो रहा है?
2. कार्य करने की बजाय बहाने बनाना, लेकिन, किन्तु, परन्तु में ही उलझे रहना।
3. जब कार्य करने की आदत नहीं रहेगी तो स्वास्थ्य भी ठीक नहीं रह पायेगा।
4. जब कार्य नहीं करने की मन में रहती है तो ऐसे लोग समय के पाबन्द भी नहीं रह पाते है। हर कार्य में संशय बना रहता है।
5. ऐसे लोग खुद के साहस के बूते न रहकर लोगों के आश्रित ज्यादा रहते है।
6. हर काम में नुक्ता-चीनी करना।
7. प्रकृति का आनन्द क्या होता है, नहीं उठाते है। ये लोग कुछ करने की बजाय, बैठे-बैठे पाना चाहते है।
8. ऐसे लोग निराशावादी (Pessimism) होते है। कोई काम करने की समय सीमा भी नहीं होती है। ऐसे लोग कोई भी काम को अन्तिम सीमा में ही करते है।
9. ऐसे लोग डरपोक बने रहते है व खुद में विश्वास, हिम्मत की हद (Limits) को नहीं जानते हैं।
10. ऐसे लोग अपरिपक्व (Immature) होते है।
11. आपसी सम्बन्धों में खटास, घृणा व दुश्मनी रखना।

नकारात्मक सोच के लक्षण होते है:-

♦ निष्क्रियता वादी (Inactivness)

♦ जिद्दी (Obstinate)

♦भीरुपन (Cowardness)
♦भाग्यवादी (Fatalistic)
♦निराशावादी (Pessimism)
♦शकी (Suspicious)
♦रुढ़िवादी (Orthodox)
♦अस्वस्थता (Unhealthy)
♦उलझन (Frustration)

लेखक विशंभर मानव ने अपनी पुस्तक 'प्रेमिकाएं' में लिखा है कि "दु:खी ऐसे लोग रहते है, जिनके पास करने को कोई महत्वपूर्ण काम नहीं होता। जो व्यक्ति काम नहीं करता यह सोच कर कि काम न करने में सुख मिलेगा, मनुष्य का स्वभाव प्राय: काम करने से बचने का है, पर वास्तविक आनंद कर्म में लीन प्राणियों को आता है, कर्म से जीवन में एक प्रकार की व्यवस्था आती है, व्यवस्था के लिए पहली आवश्यकता है, अनुशासन। अनुशासन की यह प्रकृति हमारे सारे व्यक्तित्व में होनी चाहिए। दूसरी आवश्यकता है चारों और फैली समस्याओं के प्रति एक स्वच्छ दृष्टिकोण, उस दृष्टिकोण की जो जीवन को जीने योग्य बना सके।"

आपका घर चार दिवारी का परकोटा ही नहीं होता, घर वस्तुओं का संग्रह भी नहीं होता है, अच्छा घर एक दूसरे के प्रति पवित्र सोच व सम्बन्धों का ढांचा होता है आपका मकान भले ही चार दिवारों से बन जाए मगर अच्छे घर का बनना, आपसी सोच पर टिका है। अत: आपकी सोच, आपका दृष्टिकोण एवं कार्यशैली घर में एवं बाहर सभी जगह पर मानवता के हित में होगी तो ही अच्छी सोच मानी जाऐगी।

सोच को जागृत करे, जीवन निखर जायेगा,
सोच को सकारात्मक रखे, नजारे बदल जायेंगे,
कश्ती को बदले की जरूरत नहीं दोस्तो,
कश्ती के रूख को बदलीये, किनारे बदल जायेंगे।

**"सकारात्मक सोच का सीधा सम्बन्ध आपकी
सफलता के साथ, स्वास्थ्य
से भी जुड़ा रहता है। यह दर्पण है व्यक्तित्व का।"**

– इंजी. ओ.पी. माहेश्वरी

3

प्राथमिक शिक्षा, बोलचाल की भाषा क्यों नहीं ?

पूरे विश्व के बौद्धिक चिंतन से यह निष्कर्ष निकल चुका है कि बच्चे अपनी मातृभाषा में ही जल्दी सीखते है। बच्चा अपनी माँ की भाषा पहले सीखता है, कई बातें खेल-खेल में ही सीख जाता है। घर पर बोलचाल की भाषा अलग और लिखने-पढ़ने की अलग ? यह कहाँ तक सही है ? वह कैसे अपने भावों को अपनी शिक्षा द्वारा दर्शा सकता है जबकि जो उसके दिमाग में है उसे ढंग से लिख भी नहीं पाता है। रोता है या गुस्सा करता है तो वह अंग्रेजी में नहीं बोलता है। उसके बोलने व समझने की भाषा मातृभाषा ही होती है। चाहे बच्चा पाँचवी क्लास में आ गया मगर रात को आये सपने को वह अंग्रेजी में नहीं सोचता, जब सपना ही अपनी भाषा में आता है तो अन्य भाषा में कैसे व्यक्त किया जा सकता है। छोटे बच्चों के लिए मातृभाषा में सीखना, अपने पांवों से चलना, लिखने के समान ही सहज, नैसर्गिक होती है। जब बच्चों के कंठों में मातृभाषा में शिक्षा की शुरूआत होती है तो वह सर्वथा श्रेयस्कर व चिरस्थाई होती है। मातृभाषा केवल स्मृति में ही नहीं रहती, वह लहू के समान समस्त शरीर में परिव्याप्त होती है और जीवनपर्यन्त मनुष्य का साथ नहीं छोड़ती। आज भी पचास साल के बाद तो पाठशाला में सीखे गये पहाड़े यूं के यूं ही याद है जबकि आजकल बच्चे जब अंग्रेजी में पहाड़े 'वन जा वन जा' बोलते है वो शीघ्र ही भूलते जाते हैं। छोटे बच्चों के लिखने-सीखने की भाषा, मातृभाषा ही उपयुक्त है। सम्पूर्ण विश्व के शिक्षाविद्, चिंतक, भाषा-वैज्ञानिक, मनोविज्ञानी,

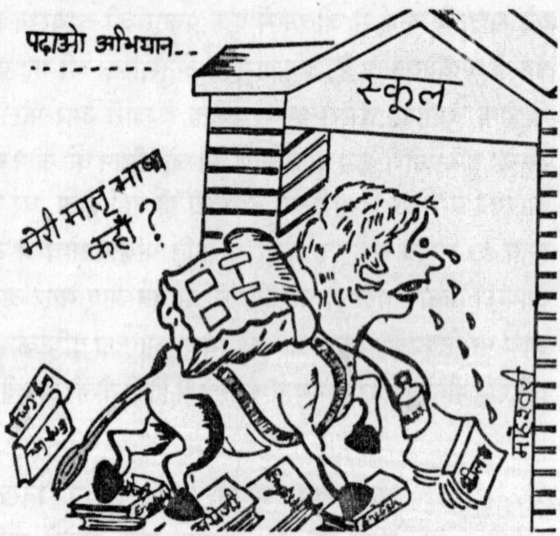

समाजशास्त्री आदि सभी ने एक स्वर में प्राथमिक शिक्षा की भाषा के लिए बोलचाल की भाषा को ही सही माना है। राष्ट्रपिता महात्मा गांधी का इस बाबत स्पष्ट मत था कि- "मैं अपनी मातृभाषा से इस तरह चिपका रहना चाहता हूँ जैसे एक बच्चा अपनी मां की छाती से चिपका रहता है।"

शिक्षा मनुष्य के विकास और शिक्षित करने की एक सतत् प्रक्रिया है। यह बच्चे को दो कविताएं रटाने तक ही सीमित नहीं है, शिक्षा ही ज्ञान को अर्जित करने का साधन है जिस ज्ञान का उपयोग कर रचनात्मक कार्य, नव सृजन, राष्ट्रीय धारा में स्वयं को बनाने रखने का कार्य होगा। यह तो अनुभव सिद्ध है कि बच्चा मां के दूध के साथ जो भाषा सीखता है, जिस भाषा में पहली बार मुंह खोलता है वह अत्यंत प्रिय लगती है। कई लोग तो बच्चे को लाड़ का नाम भी वही रख देते है क्योंकि ये शब्द होते है आत्मा की भाषा के शब्द। अपनी मातृभाषा के प्रति इस नैसर्गिक अनुराग का उपयोग बालकों के शिक्षण में किया जाए तो निश्चित ही वे लाभान्वित होंगे। प्रारम्भिक शिक्षा ही वह ज्ञान है जो बच्चा ज़िन्दगी भर नहीं भूलता, बचपन की सारी बातें बड़ी प्यारी लगती है और ये स्मृतियां स्थायी हो जाती है।

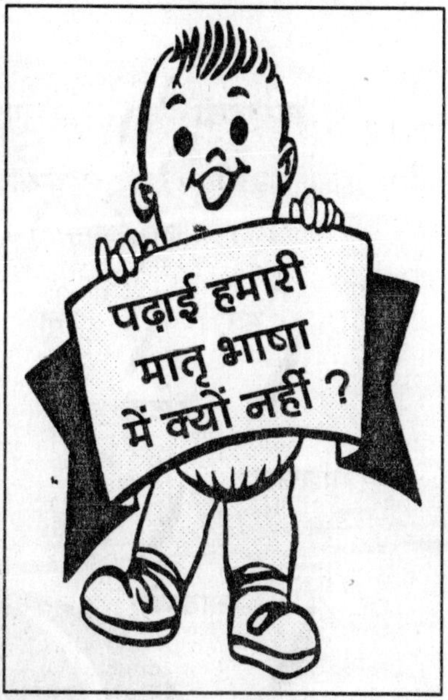

ग्लोबलाईजेशन के इस युग में अंग्रेजी को नकारा नहीं जा सकता मगर उसे प्राथमिक शिक्षा के बाद भी सीखा जा सकता है। यही कारण है कि आज भी देहात से आने वाले बच्चे जिन्हें सुविधाएं नहीं मिली, फिर भी हर प्रतियोगिता परीक्षा में अव्वल रहते है। हर समस्या का समाधान ऐसे लोग बेहतर निकालते है। प्राथमिक शिक्षा को मातृभाषा में लागू कर हम अपने बच्चों पर पड़ने वाले अतिरिक्त बोझ से मुक्त कर सकते है और अच्छे परिणाम प्राप्त कर सकते है।

"मातृभाषा माता के दूध के समान पवित्र और स्वास्थ्यवर्द्धक है, माता के समान ही हमारी गुरू है और उसी के समान स्नेहमयी है।"

– गुलाबराय: प्रबंध प्रभाकर

पढ़ो ऐसे कि जैसे तुम्हे सदा जीना है
जिओ ऐसे कि जैसे तुम्हें कल ही दुनिया से चले जाना है।

–महात्मा गांधी

Study as if you were to live forever
live as if you were to die tomorrow.

- Mahatma Gandhi

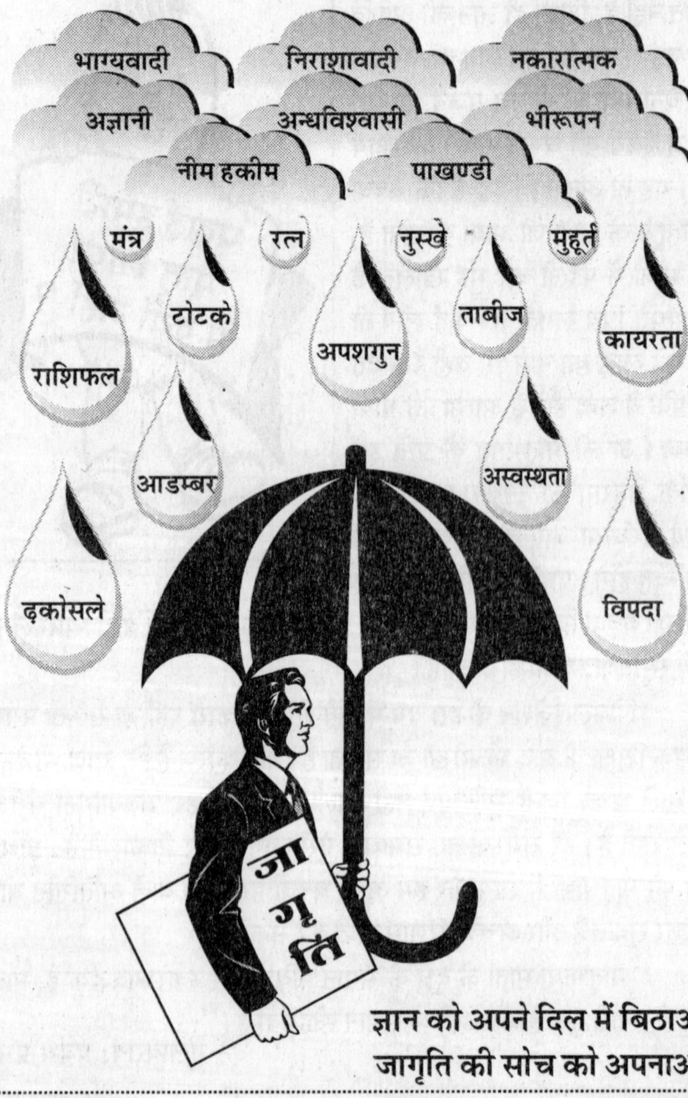

ज्ञान को अपने दिल में बिठाओ
जागृति की सोच को अपनाओ

4 क्यों होते चुस्त और सुस्त हम?

अच्छी जिंदगी जीने के दो तरीके है- जिसे पसंद करते है उसे हासिल कर लीजिए और अगर हासिल नहीं कर सकते तो जो आप के पास है उसे पसंद करना सीख लीजिए। चुस्त रह कर काम करने वाले स्वर्ग का सेतु बनाते है तो सुस्त मन से किया गया काम बंधन की बेड़ी बनती है।

हम यह कई बार अनुभव करते है कि कुछ लोग हर जगह सुस्त ही रहते है तो कुछ इतने अधिक क्रियाशील (Active) कि वो हर जगह अग्रणी रहते है। व्यक्ति के चुस्त रहने में उनकी सोच का बहुत बड़ा रोल होता है क्योंकि जो व्यक्ति कुछ करना चाहता है तो वो सक्रिय होकर ही कार्य सम्पन्न कर पायेगा। चुस्त रहने के लिए अच्छी सोच के साथ अच्छा स्वास्थ्य, मन की लगन और सकारात्मक सोच का तो मुख्य रोल है ही, साथ ही व्यक्ति के **जीवन में नियमितता, जिम्मेदारी का भी बहुत बड़ा रोल होता है** क्योंकि जब तक आप अपनी जिम्मेदारी नहीं समझेंगे तब तक आप उस कार्य में नही लगेंगे। साथ ही जब तक नियमितता नहीं रहेगी तब तक आप आलस्य का त्याग नहीं कर पायेंगे। आपको व्यवसाय की जिम्मेदारी हेतु समय पर जाना है तो आप अपने दिनचर्या के काम को उस समय से पूर्व निपटायेंगे अन्यथा जब समय पर नहीं जाना होगा तो आराम से यानि सुस्ती के साथ ही कार्य करेंगे। अतः सुस्ती रखने वाले अधिकतर लोग समय की महत्ता को भी नहीं समझ पाते है और अपना समय ही व्यर्थ करते रहते है। वे अपने मन की बातों को खामोशी की चादर में ढके रखते है। ऐसे लोग कभी भी चुस्त नजर नहीं आते हैं। सुस्ती हमारे शरीर में जहर का काम करती है जो काले नाग के फन की तरह ही है।

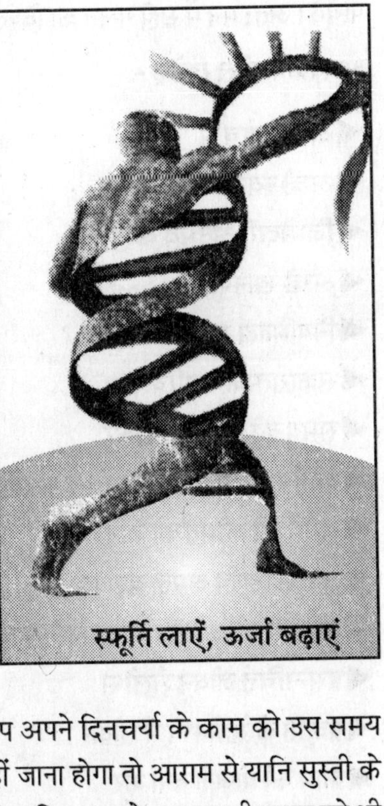

स्फूर्ति लाएं, ऊर्जा बढ़ाएं

सुस्ती की आदत हमारे मन की चेतना को डसती है और उसका काला जहरीला द्रव्य हमारे मनोमस्तिष्क में फैलकर उसे विषाक्त कर देता है। जब मन सुस्त हो जाता है तो उसका कष्ट शरीर को भोगना पड़ता है और हाथ लगती है असफलता। सफलता की गाड़ी दौड़ानी है तो गाड़ी खुद को ही चलानी पड़ेगी। कर्म की कुंजी से हम जैसा चाहे वैसे रह सकते है चुस्त या सुस्त। यह सब आपकी सोच में निहित है, सोचना चेतना को जागृत करता है, काम को करने से पहले उस के बारे में सोचें और दिमाग में बिठाएँ। आँखों से देखकर, कानों से सुनकर भी जब तक हम सजग न होकर दिमाग में नहीं बिठाऐंगे तब तक उस कार्य की पकड़, उसकी अनुकूलता हम नहीं समझ पायेंगे। अतः मन में सही गलत का विश्लेषण कर, कार्य के लिए तुरन्त आगे बढें।

आप क्रियाशील रहते है –

◀ अच्छी सोच से

◀ अच्छे स्वास्थ्य से

◀ जिम्मेदारी अनुभव करने से

◀ अच्छे खानपान से

◀ नियमितता रखने से

◀ सकारात्मक नजरिये से

◀ समय की पाबन्दी रखकर

◀ कार्य सूची/प्रतीकात्मक चिन्ह से सक्रिय रहकर

◀ समय की कीमत को जानकर

◀ ज्ञान से निर्णय क्षमता बढ़ाकर

◀ आलस्य को अपराध समझ कर त्यागने से

◀ प्रसन्नचित्त जीवन शैली से

◀ प्रकृति के सान्निध्य में रहकर

◀ काम की योजना बना कर

◀ स्फूर्ति की आदत अपनाकर

◀ अच्छे सम्बन्धों से

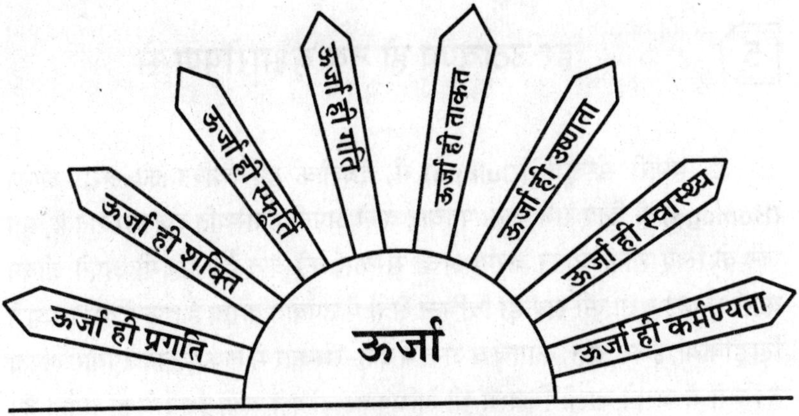

आत्मा ही ऊर्जा, ऊर्जा ही जीवन

इसीलिए कवि रामधारी सिंह दिनकर ने कहा है कि –

"मुश्किलें दिल के इरादे अजमाती है,
स्वप्न के परदे निगाहों से हटाती है।
हौंसला मत हार, गिरकर ओ मुसाफिर,
ठोकरें इंसान को चलना सिखाती है।"

समझ और जागृति

समझ-समझ कर जो ना समझे।
सक्रियता, स्वस्थता को जो न जाने।
जागृति की समझ को जो न समझे।
बोझा ढोना उसका जीवन।
समझ रखना ही है जागृति।
जीवन समझो उसका सार्थक।

"आप के सारे कार्यकलाप आपकी सोच अनुसार चलते है। अगर मन जागृत है तो आपका तीर सही दिशा में लगेगा और जीत आपके कदमों में होगी।"

–इन्जी. ओ.पी. माहेश्वरी

5 हर उठावणा हो नव वृक्षारोपण से

हमारी संस्कृति **(Culture)** में, देवलोक हुए व्यक्ति को श्रद्धा अर्पण **(Homage)** के लिए सब जान-पहचान वाले अपनी उपस्थिति दर्ज करवाते है, मृत जन के लिए शोक व्यक्त करना अच्छे संस्कार की बात है। आदमी अपने जीवन काल में कई वृक्षों की लकड़ी विभिन्न क्षेत्रों में उपयोग करता है। फर्नीचर, दरवाजे खिड़कियां, ईंधन, यज्ञ, कागज व अन्त में दाह-संस्कार में लकड़ी का उपयोग करता है। घरों में जलने वाली बिजली भी अधिकतर कोयले रूपी ईंधन से ही बनती है। अतः अपने द्वारा खर्च की गई इस लकड़ी के पुनर्भरण हेतु एवं मृत व्यक्ति को सच्ची व लम्बे समय तक सच्ची श्रद्धा अर्पण के लिए उपस्थित जन, वृक्षारोपण **(Plantations)** कर चिरस्थाई श्रद्धाजंलि व्यक्त कर सकते है। जिसे परिवार के सदस्यों की देख-रेख में संरक्षण **(Conservation)** कर सकते है।

एक कहावत भी है कि एक छटांक खून किलोभर दोस्ती से ज्यादा क़ीमती होता है। ऐसा इसलिए कहते है कि दोस्ती जहाँ दो व्यक्तियों और उनके परिवारों को जोड़ती है, वहीं खून का रिश्ता पूरे समुदाय को पीढ़ियों तक बांधे रखता है। जब खून पुकारता है तो होती है रिश्तों की कड़ियां जोड़ने की शुरूआत। अगर ये रिश्तेदार वृक्षों के संरक्षण में अपना सहयोग देंगे तो पुरखों की याद भी वृक्षों की उम्र तक ताजा बनाई रखी जा सकती है। प्रकृति है तो जीवन है अतः ऐसी प्रथा अपना कर देखें।

चले जाते हैं जलाने, अक्सर हम किसी शव को
फूंक कर दो-चार पेड़, लौट आते हैं हम सभी
मरकर भी मरता नहीं क्या ये विचित्र आदमी ?
बिना मरे ही जल जाते हैं, पेड़ बेचारे यहाँ सभी।

-विनोद माहेश्वरी, जयपुर

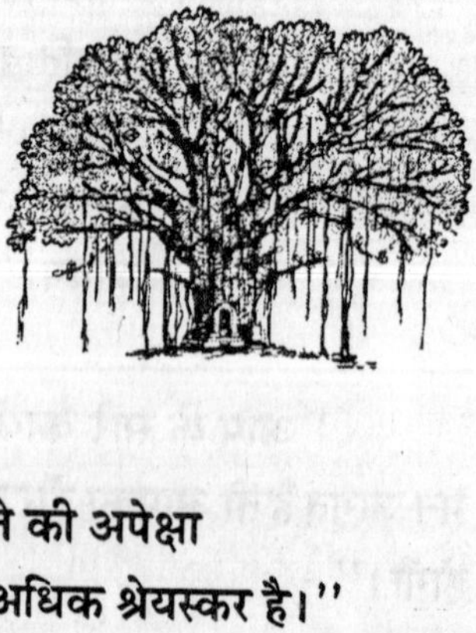

"मूर्ख से प्रशंसा के राग सुनने की अपेक्षा
बुद्धिमान व्यक्ति की फटकार सुनना अधिक श्रेयस्कर है।"

-अज्ञात

6 किसका फल मीठा, भाग्य का या परिश्रम का?

चाहने पर जो ना मिले और न चाहने पर मिल जाये, उसे हम लोगों ने भाग्य का नाम दिया है। जिन्दगी में किसी को सफलता थोड़ी सी मेहनत से और बैठे-बैठे ही मिल जाती है तो कईयों को बहुत अधिक परिश्रम करने के बाद भी सफलता नहीं मिलती है। वैज्ञानिकों ने इस हेतु एक नियम दिया है " Law of Probability" जिसे सम्भावना का नियम कहते है। जिसके तहत किसी न किसी को तो मिलना होता ही है और जिसको सफलता मिल जाती है उसे भाग्यशाली कह सकते हैं। भाग्य अपना परिणाम उसी व्यक्ति को देता है जो हर अवसर को उपयोग करने के लिए तैयार रहता है। जो अवसर का स्वागत नहीं करते उसके द्वार से भाग्य उलटे पांव लौट जाया करता है। मगर यह सत्य है कि जो खुशी मेहनत के बाद मिलती है वह दिल की गहराईयों को छू जाती है। महत्वपूर्ण यह नहीं है कि हमने अपने बच्चों को तेज कड़कड़ाती धूप में, भरी ठण्ड में और विकट परिस्थितियों में भी शिक्षा लेने के लिए स्कूल भेजा ताकि वे हमें बुढ़ापे में कुछ कमा कर दे सकें। महत्वपूर्ण यह है कि इन विकट परिस्थितियों में जीने के और धन कमाने की उचित शिक्षा प्राप्त की। यही मेहनत कुछ करने को आतुर करेगी, तभी फल मीठा लगेगा। जिस तरह एक बड़ी इमारत के लिए मजबूत नींव की जरूरत होती है उसी तरह भाग्य बनाने के लिए मज़बूत नींव की जरूरत होती है और वो नींव होती है, आपकी मेहनत। इसीलिए लेखक श्रीप्रकाश ने अपनी पुस्तक "सच्ची नागरिकता" में लिखा है कि - ''यह संसार परिश्रम का है, जो परिश्रम करने को तैयार नहीं है वह कुछ नहीं कर सकता, सतत् परिश्रम ही हमें आगे ले जा सकता है, सुस्ती पीछे ही धकेलती है । हम लोग अपने काम से बहुत जल्द थक जाते है, परेशान होकर उसे छोड़ देते है, इसी कारण हम उन्नति नहीं कर पाते।'' मेहनत जितनी विवेक के साथ होगी सफलता भी उसी पैमाने पर होगी। लेखक भगवतीप्रसाद वाजपेयी की पुस्तक '' कर्म पथ ''में बताया कि - ''परिस्थितियों का रोना वही लोग रोते है, जो आपत्ति की हर घड़ी को अपने लिए दु:खद और नाशकारी समझते है, पर कठिनाइयों और प्रतिकूल परिस्थितियों के समय अगर दृढ़ संकल्प

शक्ति से वज्र की भांति कठोर बनना सीख लें तो संकट और आपत्तिकाल भी हमारे लिए अभिशाप नहीं, वरदान बन सकते है, आपत्तियों में भी उन्नति और पराक्रम का अवसर निकाल लेना प्रबुद्ध मानव का काम है, कोई संकट की घड़ी ऐसी नहीं होती, जो हमारी चेतना को विस्फोट करने की प्रेरणा न देती हो।'' बस जरूरत है संघर्ष की, मेहनत की, आपकी यही मेहनत सफलता दिलायेगी। जीवन में खुशी खिंच कर लानी होती है आनन्द को अर्जित करना होता है। आपका परिश्रम ही इस खुशी का सृजन कर सकता है। आप सक्रिय हो जाएं और भाग्य को खींच कर अपनी झोली में डाल दें। भाग्य को हाथ की रेखाओं में मत टटोलो, क्योंकि भाग्य तो कटे हुए हाथ वालों का भी होता है। आप आपने काम को कितने विवेक से करते है, यही आपका भाग्य है। ज्यादा धन दौलत होने से आप धनवान नहीं बन जाओगे,ज्यादा खर्च करने से भी आप धनी नहीं कहलाएंगे, धनी वह कहलाएगा जिसे अब और जरुरत नहीं है और मेहनत को ही अपना धर्म-कर्म मानता है।

कई लोग धन का उपयोग कम शारीरिक श्रम करना पड़े उस हेतु करते है। यही से आलस्य और धन का अपव्यय आरंभ होता है तथा धन और स्वास्थ्य दोनों का नाश होता है, भोग धन के नाश की शुरूआत है। पर्याप्त धन हो पर समय का सदुपयोग न किया तो बीमारी के गर्त में ही जायेंगे क्योंकि -''मेहनत का फल मीठा होता है''।

''सन्तोष का अर्थ यह नही हैं कि अब आप कुछ न करें,
वरन् यह है कि जो मिला है उसमें खुशी ढूंढो।

- श्री चन्द्रप्रभ

मत ढूंढो भाग्य हाथ की लकीरों में,
तुम्हारी सक्रियता ही तुम्हारा भाग्य है।
तुम्हें वही मिलेगा जो तुम चाहते हो,
तुम्हारे प्रयत्न ही तुम्हे वहाँ पहुचाएँगे।

- इंजी. ओ.पी. माहेश्वरी

7 यात्रा के समय बैठने की दिशा क्या हो?

ग्लोबलाईज़ेशन के इस समय में जहाँ विभिन्न वाहनों व संचार माध्यमों ने दूरियां कम कर दी। जीवन में अब विभिन्न कारणों से यात्रा करना आम बात हो गई है। यात्राओं के कारण व्यवसाय, भ्रमण, सामाजिक उत्सव, चिकित्सा और मनोरंजन आदि कई हो सकते है। ज्योतिष शास्त्र के अनुसार हर वार को यात्रा के नियम बनाये गये है। यानि सोमवार और शनिवार को पूर्व की ओर, रविवार एवं शुक्रवार को पश्चिम की ओर, मंगल और बुधवार को उत्तर की ओर तथा गुरूवार को दक्षिण की ओर यात्राएं नहीं करें। इस दिशा में यात्राएं करने पर हानि उठानी पड़ सकती है। मगर व्यस्ततम जिंदगी में यात्राएं तारीख व कार्य देख कर की जाती है। यात्रा में, गाड़ी में आपके बैठने की दिशा बहुत कुछ आपके शरीर पर प्रभाव डालती है। इसका अनुभव जब गाड़ी गोलाई पर चलती है तो यह अनुभव किया जाता है कि गोलाई में आपका शरीर बाहर की ओर धकेलता हुआ महसूस होता है। इस क्रिया को वैज्ञानिकों ने अभिकेन्द्रिय बल (Centrifugal Force) का नाम दिया है। जिसमें गोलाई पर कोई भी चीज जब चलती या घूमती है तो वह चीज गोलाई के लम्बवत् दिशा यानि बाहर की ओर धकेली जाती है। इसी तरह जब चलती हुई गाड़ी में अचानक ब्रेक (Break) लगता है तो यात्री का शरीर गति की दिशा में झुक जाता है। इसे महान् वैज्ञानिक न्यूटन ने समझाया कि जो वस्तु स्थिर है वह स्थिर ही रहने की कोशिश करती है और जो गतिशील है वह वस्तु गतिशील ही रहने की कोशिश करेगी जब तक कोई बाह्य शक्ति उसे रोकने की कोशिश नहीं करे। इस नियम को न्यूटन के गति का पहला नियम कहते है।

अतः जब गाड़ी में यात्रा की जाती है तो आपका शरीर भी उस दिशा में गतिशील हो जाता है अतः यात्रा में गति की दिशा में बैठना स्वास्थ्य के हिसाब से अनुकूल रहता है, जबकि गति की विपरीत दिशा में बैठकर यात्रा करने पर शरीर में से भोजन बाहर निकलने की कोशिश करेगा। इससे मन में बैचेनी व उल्टी, दस्त होने की सम्भावनाएं बढ़ जाती है। जबकि गति की दिशा में यात्रा करने पर गाड़ी के कम्पन से खाना पचाने का कार्य करने वाले पैथोजनिक जीवाणुओं का कार्य बन्द हो जाता है। जिससे पेट में कब्जी की सम्भावना बन जाती है । खाना पचाने के कार्य में

व्यवधान का कैसे असर होता है, इसका उदाहरण हम घर में दूध जमाते समय देख सकते है कि दूध में जामण डालने के बाद अगर दूध बार-बार हिलाया जाता है तो दही नहीं जम पाता है इसी तरह से गाड़ी के कम्पन से पचाने वाले जीवाणु सक्रिय नहीं रह पाते है। इसी तरह यात्रा में सोते हुए यात्रा की जाये तो भी रक्त प्रवाह पर असर पड़ता है जैसे अगर यात्रा में सोने वाले का सिर गति की दिशा में हुआ तो रक्त का प्रवाह भी ऊपर की ओर बन जाता है। जबकि सिर गति के विपरीत दिशा में होता है तो रक्त का प्रवाह पैरों की ओर हो जाता है। इससे मस्तिष्क में शान्ति की अनुभूति होगी जबकि **सिर की ओर रक्त प्रवाह से मस्तिष्क में बैचेनी व नाक में नकसीर (नाक से खून निकलने की क्रिया) भी कई लोगों के आ जाती है।** अतः हो सके तो यात्रा के समय गति के लम्बवत् दिशा में सोकर यात्रा करें।

वैज्ञानिक यह भी मानते है कि लम्बे समय तक शरीर को एक ही स्थिति में रखकर यात्रा करने से गंभीर बीमारियों को न्यौता देना हो सकता है क्योंकि पैरों की नसें पूरे शरीर के रक्त संचार में सबसे महत्वपूर्ण भूमिका निभाती है। ह्रदय शरीर के सभी हिस्सों में रक्त संचार करता है और पैरों की शिराएं गुरूत्वाकर्षण बल के विरूद्ध कार्य करते हुए ह्रदय की ओर रक्त को भेजती है। गतिशीलता के अभाव में रक्त पैरों की नसों में जमने लगता है। इससे पैर सुन्न होने लगते है रक्त संचार की कमी से पैरों में सूजन, दर्द आदि भी होने की सम्भावना बढ़ जाती है। यह रक्त संचार में बाधा (ब्लड क्लोटिंग) फेफड़ों, दिमाग व किडनी में भी अपना असर दिखा देता है। अतः हो सके तो प्रत्येक घण्टे में अपने बैठने का पोस्चर (तरीका) बदलते रहे, हो सके तो कुछ देर खड़े होकर, घूमफिर कर दबी हुई व सुन्न हो गई नसों में रक्त संचार चालू होने दे और अपनी यात्रा को सफल बनायें।

"आपकी सूझबूझ का जागृत होना,
छोटी-छोटी बातों का भी ज्ञान होना,
सफलता को प्राप्त करना है जागृति"

-इन्जी. ओ.पी.माहेश्वरी

8 मृतक के लिए रखे शोक

परिवार के किसी सदस्य का स्वर्गवास हो जाने के कारण पूरे घर-परिवार में शोक व उनकी यादों का माहौल बन जाता है। ऐसे शोक को भुलाने के लिए कुछ लोग मिठाई व मृत्युभोज का आयोजन करते है। यह आयोजन एक दिन नहीं पूरे बारह दिन चलता रहता है। ऐसे गम के माहौल में शोकयुक्त व्यक्तियों को तो मिठाई खाने का मन नहीं करता है मगर दूसरों के साथ उन्हें भी विवश किया जाता है ताकि अब शोक में न डूबे रहकर प्रफुल्लित होने की कोशिश करें। मृत्यु भोज की प्रथा गरीब व मध्यम परिवार में एक बोझ-सी लगने लगी है, कई लोगों के घर, खेत तक कर्ज अदा करने में बिक जाते है। ऐसे बोझ को उतार फेंकना ही समाज के हित में है। कृष्ण ने गीता में कहा है कि अपराधी वही नहीं होता जो अपराध करता है। वह भी होता है जो इसे रोकना जरूरी नहीं समझता।

शोक को अगर हम लोग बारह दिन तक निम्न क्रियाओं के द्वारा भी व्यक्त कर सकते है:-

(1) बारह दिन में पहले दिन परिचितों से मिलने, घर की सफाई एवं संक्रमण की रोकथाम में लगायें।

(2) दूसरे दिन मृतक के प्रति अनमोल वचन दोहराकर।

(3) तीसरे दिन नया वृक्ष लगाकर एवं श्रद्धांजलि अर्पण के लिए फूल चढ़ाकर सभी जान-पहचान वालों से भी श्रद्धांजलि अर्पण करवायें।

(4) चौथे दिन प्रण/प्रेरणा लेने का रख कर।

(5) पांचवा दिन दीन दुखियों की सेवा करके।

(6) छठा दिन तीन घन्टे भजन प्रोग्राम एवं अनमोल वचनों के स्लोगन घर में लगा कर।

(7) सातवें दिन मृतक के स्वर्णिम वचनों को परिवार के सदस्य को प्रण दिलाकर एवं प्राकृतिक संरक्षण एवं सफाई अभियान में भाग लेकर।

(8) आठवें दिन घर की पुनः शुद्धि एवं सोच विचार, मंथन का रखे साथ ही जीव-जन्तुओं के संरक्षण हेतु गोशाला आदि में दान-पुण्य करें।

(9) नवें दिन व्यवसाय का कार्यभार बच्चों को सौंप कर। पगड़ी पहनाने, चाबी व जिम्मेदारी सौंपने की रस्म करें।

(10) दसवें दिन पारिवारिक भेंट, स्मरण सामग्री, पुस्तक, फोटो वितरण का रख सकते है।

(11) इग्यारवें दिन अस्पताल में मरीजों, पढ़ने वाले बच्चों की एवं दीन दुखियों की सहायता करके एवं भजन संध्या का आयोजन रखें।

(12) परिवार के खून के रिश्ते वाले व्यक्ति व्यवसाय सम्भालने का एवं संवाद एवं भविष्य की योजनाएं एवं कार्य पद्धति की विवेचना करें एवं साथ ही दूर से आये हुए आगन्तुकों की विदाई करें।

ऊपर उल्लेखित शोक पद्धति मेरे विचारों का मंथन है जिसे मृत्युभोज व शोक सन्तप्त परिवार को मिठाई खाने व बाद में कई माह तक छोड़ने की प्रथा को देखते हुऐ समाज हित में प्रतिपादित किया है।

''दूषित प्रथाओं को केवल सौंदर्य के अनुरोध से बचाए रखना सच्चा प्राचीनता प्रेम नहीं, थोथी भावुकता है, हमें सत्य मार्ग का अवलंबन करना चाहिए, उस का फल कुछ भी हो, वह हमें चाहे जिस ओर ले जाए, केवल सत्य ही हमारा पथप्रदर्शक नक्षत्र है''

''सत्याश्रयहीन मृतप्रायः प्रथाओं को अतीत गौरव एवं श्रद्धास्पदता के नाम पर जीवित रखना उस रोगी के कष्ट की अवधि को बढ़ाना है, जो सड़ेगले अतीत के विष से पीड़ित है।''

–डा. राधाकृष्णनः स्वतंत्रता तथा संस्कृति

''हो सकता है मैं आपके विचारों से सहमत न हो पाऊं फिर भी विचार प्रकट कर के आपके अधिकारों की रक्षा मरते दम तक करूंगा।''

–वाल्तेयर

9 मधुर शब्द-मधुर सम्बन्ध

आपकी पहली पहचान आपकी वेशभूषा हो सकती है। मगर आपके व्यक्तित्व की पहचान आपकी शैली है। शब्द बोलने वाले व्यक्ति की तरंगे, उसकी गंध, दुर्गंध, उसका स्वभाव व व्यक्तित्व को दर्शाते हैं। आप किस तरह से बोलते हैं, किस तरह से समझाते हैं कि सामने वाला आपको सुनना पसन्द करे। आपकी अभिव्यक्ति ही आपका व्यक्तित्व बन जाती है। धन की महत्वत्ता बाद में होगी, पहले आपके मधुर शब्दों से ही आपका व्यक्तित्व उभर कर सामने आता है फिर आपके विचार, व्यवहार व उनसे भी उच्च कोटि के शब्दों का उपयोग ही मधुर सम्बन्ध बनाते हैं।

अच्छे सम्बन्ध के लिए एक दूसरे को समय, सहयोग, साथ देना होता है। एक दूसरे की भावना को समझ जाना ही काफी नहीं है। इससे भी जरूरी है सम्बोधन का तरीका। हम जैसे शब्द बोलेंगे वैसा ही हमारा व्यवहार होगा। जैसा व्यवहार होगा, वैसी ही आदतें बनेगी। बेहतर व्यवहार के लिए अपनी वाणी और शब्दों को बेहतर बनाना होगा। सम्बोधन की मधुरता पर ही घनिष्टता और मित्रता निर्भर है। हमारे द्वारा बोले गये शब्द ही रिश्तों को आदर प्रदान करते हैं। आपके शब्दों में भी मधुरता झलकनी चाहिये। जिसे हम कह सकते हैं शिष्टाचार (Civilized), विनम्रता (Courtesy), शालीनता (Manners) इन सबका भी सम्बन्ध है आपके व्यवहार व शब्दों की मधुरता में। अगर आप सामने वाले व्यक्ति का ख्याल रखते हैं तो कई समस्याओं के हल व सहयोग आसानी से प्राप्त कर सकते हैं। अगर आप सामने वाले की सच्चे मन से प्रशंसा करते हैं तो उससे बहुत कुछ हासिल किया जा सकता है। बस आपको मधुर शब्दों का उपयोग करना है, अच्छे शब्द-अच्छी सोच को दर्शायेंगे, बुरे शब्द-निम्न स्तर के जीवन को दर्शायेंगे। गाली-गलौच की भाषा से आपसी रिश्तों में दूरियाँ ही बनेगी। आपकी विनम्रता व सहनशीलता आपकी पहचान में चार चाँद लगा देते है किसी को डाँटने की बजाये पहले स्वयं में बदलाव ही सम्बन्धों को मधुर बनायेगें हमारी अभिव्यक्ति मधुर शब्दों की लय में होनी चाहिये। ये शब्द हो सकते है-

★ गलती का अनुभव होने पर क्षमा कीजिए (Sorry) कहना।

★ काम को बताते समय कृपया (Please) बोलना।

* अच्छे काम और सहयोग के लिए धन्यवाद (Thanks) बोलें।
* हमेशा गलत इंगित करने की बजाय अच्छे गुणों को देखकर प्रसन्नता ज़ाहिर (Apparition) करें।
* कमजोरी देखकर उत्साह (Encourage) के शब्द- "तुम कर सकते हो", "यह तुमसे सम्भव (Possible) है" बोलें।
* संवाद (Discuss) करें, विवाद (Argue) के शब्द न बोलें " जैसे तुझ में अक्ल नहीं है, तुझे नहीं पता।
* अच्छे कार्य पर बधाई (Congratulations) देना न भूलें।
* परन्तु, इत्तिफाक न बोल कर, परन्तु की जगह बोलें 'साथ ही' और इत्तिफाक की जगह बोलें 'ख़ासतौर' से।
* बड़ों के प्रति कृतज्ञ होकर कोई काम करना है तो बोलें, हां जी, (Yes Sir), जी हुजूर, जैसा आपका आदेश।
* आदेश के तौर पर कहने पर यह तुम्हें करना होगा क्योंकि उससे तुम्हारी काबिलियत दिखेगी।
* प्रतिक्रिया (Reaction) व्यक्त करते समय, माना कि आप सही है पर कृपया आप मेरी बात सुनें, ऐसे में कृपया, प्लीज़ शब्द का उपयोग बोलने का समय बढ़ा देता है।
* मीठे शब्द को तुरन्त बोलें, समय के साथ इनकी मिठास कम होती जाती है। जैसे बहुत अच्छा (Very Good), बहुत सुन्दर (Very Nice)।

आपके बोल, आपके शब्द, मुंह से निकली ध्वनियां ही नहीं होते। वे आपके मन के किसी कोने में बैठे विचारों की आवाज होते है। किसी धारणा का नतीजा होते है। आपके मन की अभिव्यक्ति होते है।

" मनुष्य का जीवन अपने ही हाथों में है, वह अपने को जैसा चाहे बना सकता है, इसका मूलमंत्र यही है कि बुरे, भद्र और अश्लील शब्द मन में न आने पाएं, वह बल पूर्वक इन विचारों को हटाता रहे और उत्कृष्ट विचारों तथा भावों से अपने हृदय को पवित्र रखें।"

–मुंशी प्रेमचन्द : सेवासदन

"शब्द ऐसे बोलिए, मन में ठण्डक लाए,
औरन को शान्त करे, जीवन में लाए बहार "

–इन्जी. ओ.पी. माहेश्वरी

10 जन्मदिन पार्टी को वृक्ष लगाकर यादगार बनायें

आजकल आधुनिक तरीके में जन्मदिन उत्सव पर गुब्बारे फोड़ना, जलती हुई मोमबत्ती को बुझाना, चाकू-छुरी से केक को काटना, केक के क्रीम को एक दूसरे के मुँह पर मलना, भेंट देना व वापस छोटी भेंट लेने का कार्यक्रम होता है। गुब्बारे फोड़ना, चाकू से केक काटना व जलती हुई मोमबत्ती को बुझाना आदि प्रक्रियाऐं विध्वंसक प्रवृति को जन्म देती है। होना तो ये चाहिये कि बच्चे को नई रोशनी, नई चीज बनाने अथवा उत्पन्न करने के विधि सीखा कर सृजनात्मक भाव उत्पन्न किये जायें ताकि अपने जीवन में कुछ नई प्रेरणा लेकर, हँसी खुशी के माहौल में सृजन करना सीखे।

बच्चों की बर्थडे (जन्मदिन) की पार्टी साधारणतया उनके संरक्षक की देख-रेख में संचालित होती है। बच्चों को आनन्द अपने हम उम्र के दोस्तों एवं नये खिलौनों से आता है। बच्चे बहुत जिज्ञासु व मेहनती भी होते है और विशेषकर मिट्टी में खेलना, मिट्टी के घर बनाना, गुड्डा-गुड्डी का खेल खेलना, मिट्टी रौंधना आदि उन्हें बहुत अच्छा लगता है। मिट्टी में खेलने से जहाँ उनका सम्बन्ध हकीकत की जमीन से जुड़ेगा वहीं उनका प्रकृति से हमेशा के लिए प्रेम बढ़ेगा। बच्चे को माँ के सान्निध्य में जो आनन्द मिलता है ऐसा ही आनन्द बच्चों को धरती माँ की गोद में खेलने से मिलेगा। बच्चों को उम्र के हिसाब से साफ जगह व मिट्टी उपलब्ध करा सकते है। यह जगह कोई पाठशाला, बगीचा, सड़क के किनारे, खेल का मैदान, खाली भूस्थल, घरों के पास का भूस्थल हो सकता है। मिट्टी के खिलौनों से यह खेल शुरू करके नये पौधे लगाने व पुराने पौधों की देखभाल करने का काम कर सकते है। जब बच्चा कुछ बड़ा होगा तो पुराने लगे वृक्षों से, उनके फलों से, फूलों से अपने को गौरवान्वित महसूस करेगा। साथ ही मिट्टी खोदने व मिट्टी की पालियां बनाने, मिट्टी की छोटी नाली बनाने में अपने को आनन्दित महसूस करेगा। यह तभी सम्भव है जब बच्चे को बचपन से ही मिट्टी में हर वर्षगांठ पर खेलने की इजाजत मिलेगी। पौधा वही पनपता है जो जमीन से जुड़ा होता है। गमलों में लगे पौधे की उम्र एवं विकास जमीन में लगे पौधे से कम ही होती है। इसी तरह अगर आपके बच्चे का विकास करना है तो उसे जमीन से जोड़ें। हर वर्षगांठ पर पेड़ लगाने का व पेड़ों के

मध्य खेलने, नाचने व झुलने का उत्सव मनायें। इससे उनकी रोग प्रतिरोधक क्षमता बढ़ेगी। इस उत्सव में बच्चे को अपने संरक्षक की उपस्थिति में खेलने का मौका मिलेगा, नया वृक्ष कौनसा लगाना है, किस जगह लगाना है, पानी की व्यवस्था कैसे होगी, उसकी सुरक्षा बाद में कौन करेगा आदि बिन्दुओं पर कार्य योजना बन सकती है। पिता के जन्मदिन पर लगे वृक्षों को जब बेटा देखेगा तो कितना प्रफुल्लित होगा, आप सोच सकते है। आप अपने को प्रकृति के साथ जोड़ें तो वातानुकूलित कमरे में बैठने से ज्यादा अपने को आनन्दित महसूस करेंगे। यह तरीका वर्ष दर वर्ष याद रहेगा जिससे वृक्षों के प्रति प्रेम की भावना विकसित होगी और प्रकृति उनकी सच्ची दोस्त बनेगी।

लेखक मुंशी प्रेमचन्द ने अपनी पुस्तक 'कुछ विचार' में दर्शाया कि – "जीवन क्या है? जीवन केवल जीना, खाना, सोना और मर जाना नहीं है, यह तो पशुओं का जीवन है, मानव जीवन में भी ये सभी प्रवृत्तियां होती है क्योंकि वह भी तो पशु है। इनके उपरांत कुछ और भी होता है उन में, कुछ ऐसी मनोवृत्तियाँ होती है जो प्रकृति के साथ हमारे मेल में सहायक बन जाती है, जिन प्रवृत्तियों में प्रकृति के साथ हमारा सामंजस्य बढ़ता है वे वांछनीय होती है।" अपने अस्तित्व की पहचान बनाये रखना ही जीवन है।

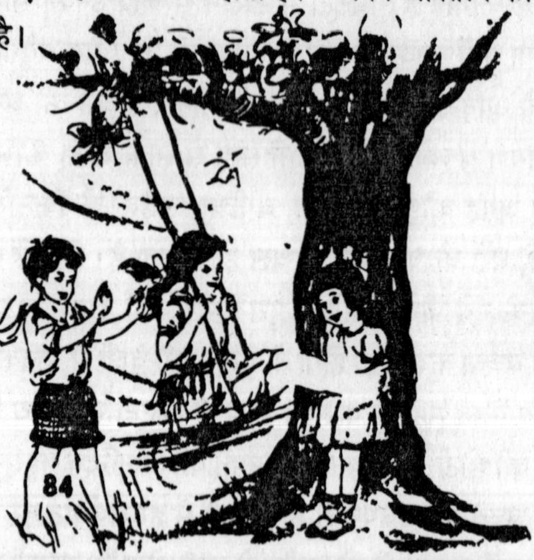

"मुसाफिर थे हम हर रोज चलते रहे, नित नई मंजिल की तरफ बढ़ते रहे।
फूल-सा हाथ आपका माथे पर रहा, मेरे ही पांव कांटों से उलझते रहे।।"

–अज्ञात

11 खुश रहने की सोच

शरीर के हर अंग का खुश होने का मन होता है। आँखों का मन होता हैं सदा सुन्दर चीजें देखने की इच्छा होती है, जीभ का मन होता हैं अच्छा-अच्छा खाना, कानों का मन प्रशंसा के शब्द सुनना चाहता हैं, नाक अच्छी-अच्छी महक को सूंघना चाहती हैं, मन भी एक नहीं होता, कई ख्वाब एक साथ चलते रहते है। हर चीज़ जो आपके पास नहीं है। उसकी इच्छा मन में बनी रहती हैं। जीवित व्यक्ति का मन तृप्त नहीं रह सकता।,जैसे आकाश का अंत नहीं होता ऐसे ही प्राप्ति का कोई अंत नहीं होता। मन शान्त होगा आपकी क्रियाशीलता से, हर पुरुषार्थ के बाद मन में खुशी की लहर उठती है, अगर आप सफल हो रहे हो तो वो ही सच्ची खुशी है। आप खुश रह सकते है, अगर आपके मन ने खुश रहने की ठान ली है। इस हेतु अपने मन में छुपी खुशी को टटोले, कुछ समय के लिए अपनी कमियों को नजर अन्दाज करें मगर हर हाल में खुश रहने का प्रयत्न करें। अगर आप खुश न रह पाये तो हो सकता है आप दु:खी हो जाये, दु:खी यानि सैड (सीजनल अफेक्टिव डिसऑर्डर)। जीवन चक्र में हर समय मौसम व परिस्थितियां हमारे अनुकूल नहीं रहती है अत: जल्द से जल्द परिस्थितियों को बेहतर करने का उपाय कर ले या फिर उसे स्वीकार करने की ठान लें। हमें मौसम के अनुकूल बदलता होता है तभी हम खुश रह पायेंगे। जीवन में खुशी खींचकर लानी होती है। आनन्द अर्जित करने का मामला है जिस का मुख्य फैक्टर परिश्रम व जागरूकता ही है खुश रहना है तो खुशी का इंतजार न करें, स्वयं सक्रिय हो जाएं। क्योंकि तुम्हारा शरीर जीवन रथ है। इन्द्रियाँ इस रथ से जुड़े घोड़े है। आपकी सोच सारथी है व सारथी के हाथ में इच्छा रूपी लगाम हैं इस शरीर रूपी रथ पर मालिक बनकर बैठो। यदि सारथी सक्रिय रहता है तो हम सुखी है और यदि सारथी अपनी मनमर्जी व शिथिलता करता है तो हम दु:खी रहेंगे। मन में दुख होने पर अपने को किसी न किसी काम में व्यस्त करें। हमारा बीता हुआ कल हमारे लिए नॉलेज का सोर्स होता है, आने वाले कल में उम्मीद की किरण होती है। आज का समय अपने हाथ में होता है जिसमें कल के अनुभवों से आने वाले कल को आज के प्रयास से संवार सकते है। इस हेतु निम्न बातों पर जोर दें:-

(1) प्रकृति से सान्निध्य बढ़ायें।

(2) मन में ठान लें कि मैं सम्पन्न हूँ, मेरे हाथ है, पैर है, घर है, बुद्धि है, परिवार है, मैं खुश रहूँगा। बाधायें मेरा कुछ और नहीं बिगाड़ सकती।

(3) हर परिस्थिति में आनन्द का अनुभव करें और अनहोनी को ईश्वर की मर्जी पर डाल दें।

(4) अपनी आशाओं (Expectation) को अपनी पहुँच के अनुसार ही बढ़ायें।

(5) खुद को खाली न बैठने दें, मनोरंजन के लिए भी कुछ करते रहें।

(6) अपने से कम भाग्यशाली लोगों की मदद कर खुशी का अनुभव करें।

(7) भौतिक सुविधाओं के उपयोग पर संयम बनाये रखें, इनके लिए चिंता मग्न न रहें पर अपनी सुरक्षा अवश्य करें।

(8) मन से औरों के प्रति द्वेष निकालें। इस हेतु खुद के साथ औरों को भी माफ करें।

(9) जीवन में गति होती है अतः अवसर फिर मिलते है, रास्ते नये मिलते हैं। जरूरत है फिर उठ कर प्रयत्न करने की।

(10) अपने से छोटे व जवान लोगों से दोस्ती बढ़ायें, आप उनके मध्य लीडरशिप और जवानी का अनुभव करेंगे।

(11) अपने मन से भावनात्मक नाकामयाबी (Emotional Failure) की बात निकाल फेंके और सोचे कि मैं इतना तो कर ही सकता हूँ। अपनी छुपी अच्छाइयों को देखें और सतत् संघर्षरत रहें।

(12) अगर बड़े काम तक नही पहुँच पा रहे है तो छोटे-छोटे काम शुरू कर दें मगर हर हाल में व्यस्त रहें। सक्रिय रहें।

(13) हर छोटी से छोटी क्रिया में खुशी का अनुभव करें हर परिस्थिति में अच्छा अनुभव करें। जैसे कितने अच्छे लोग है, कितनी अच्छी हवा है, कितना अच्छा काम है, कितने सारे अवसर है ऐसी ही सकारात्मक सोच को जागृत करें, खुशी स्वयं आपके मन का दरवाजा खोलेगी।

(14) काम जब भी याद आये कर डालें या तैयारी कर डालें या लिख डालें, लिखा हुआ कार्य पुनः देखने पर याद आ जायेगा, कार्य के पूर्ण होने में ही खुशी है काम के अधूरेपन से चिन्ता ही सतायेगी।

(15) मेलजोल (Interpersonal) की आदत बनायें।

(16) संगीत को सुनें व संगीत के साथ लयबद्ध होवें।

(17) नित्य खेल के लिये समय निकालें।

(18) पढ़ने और लिखने की आदत बनायें। प्रेरणादायक पुस्तके पढ़ें।

(19) आशावादी (Optimist) नजरिये से जियें।

(20) खुश रहने का सबसे बड़ा पहलू होता है वर्तमान का उपयोग, इसी क्षण सोचो कि कितना अच्छा समय है, श्वास सही चल रही है, हाथ-पैर कार्यशील है, भीड़ में भी कितना आराम से बैठा हूँ, अपने छोटे से छोटे काम में लगन रखें, काम को बोझ ना समझें और हीन भावना भी मन में ना लाएं ये ही सोचे कि मैं तो छोटे बड़े सभी काम कर सकता हूँ और इसी में आंनद लो, जो भी कर रहे हो उसे खुशी से करो। **सुख को मांगो मत, अनुभव करो। यही है खुश रहने की सोच।**

(21) कुछ लोगों के दु:ख का कारण होता है दूसरो की खुशी, जिसे ईर्ष्या कहते है। ऐसे लोगों को खुश रहने के लिए अपने दिमाग में अपनी तुलना दूसरों के सुखों से करने की बजाय दूसरों के दुखों से करना शुरू कर दें, देखते ही देखते आपके दु:ख गायब हो जायेंगे और आप अपने को खुश मानने लगेंगे।'

22. निःस्वार्थ भाव से एवं मन से किया गया सही काम सम्बन्धों में प्रगाढ़ता उत्पन्न करता है जो खुशी का बीज होता है। मन को मारें नहीं, सोचने को मजबूर करें।

23. अपने विचारों का आदान-प्रदान बनायें रखें, जहां एकान्त होगा, वहां विवाद होगा। अपनी भावनाओं को खुलकर अभिव्यक्त करें।

24. आप अगर स्वथ्य है तो आपके मन के भाव शुद्ध रहेंगे, मन के भावों को दबाने से प्रतिक्रिया स्वरूप मन में तनाव, पेट में अल्सर, चेहरे पर निराशा, रिश्तों में उदासीनता आयेगी। अत: आपका स्वास्थ्य अच्छी सोच का, खुश रहने का बेहतरीन तरीका है।

25. आपकी क्रियाशीलता आपकी रोग प्रतिरोधक क्षमता को भी बढाती है। ऐसे में छोटी-मोटी बीमारियां आपसे दुर होती रहेगी। आप अपने को स्वस्थ व खुश महसूस करेंगें।

"प्रसन्नता रामबाण औषधि है, इसमें स्नान करने से प्रत्येक व्यक्ति निरोग और पवित्र हो जाता है, गंभीर चिंता और उदासी को प्रसन्नता के पावन जल से धो डालिए।"

– स्वेट मार्डेन : धन कुबेर कैसे बनें

"जिन्दगी रोने के लिए नहीं, कुछ करने के लिए होती है। खुश रहना हर कोई चाहता है मगर खुश वो रहेंगे जो कुछ करेंगे।"

– इंजी. ओ.पी. माहेश्वरी

12 आप कितने महान् है?

जब दोनों पैर कटे होने पर भी सुधा चद्रन बहुत अच्छा नृत्य कर सकती है और फिल्म की हीरोईन बन सकती है तो आप भी बहुत कुछ कर सकते हो। देखो, आपके हाथ पाँव कितने सलामत है, आपकी आवाज कितनी प्यारी है, आपकी याददाश्त कितनी अच्छी है, आप कितने तेज चल पाते है, आप जो कार्य आसानी से कर सकते है उन्हें दूसरे लोग आसानी से नहीं कर सकते। क्यों, है न आप महान्।

• दुनिया में सभी व्यक्तियों में कुछ न कुछ विशेषतायें होती है। प्रकृति ने हमें किसी न किसी गुण से, कुछ क्षमताओं के साथ, कुछ योग्यताओं के साथ इस संसार में भेजा है। व्यक्ति महान अपने कर्मों से होता है आप सोच कर तो देखें कि मैं भी महान् हूँ। दर्पण में अपना चेहरा देखे व अनुभव करें कि मैं तो उन हजारों लोगों से अच्छा हूँ जिनके आँख नहीं, जिनके पैर नहीं है जिनके हाथ नहीं है। अगर आपने अपनी सोच में दृढ़ता डाल दी तो आप निश्चित ही 'अच्छे होने की ओर अग्रसर हो गये।' आपके अधूरेपन का एहसास कुछ करने के लिए प्रेरित करेगा और अगर यह एहसास मन में आ गया तो आप अपने आप में सम्पूर्ण बनते जा रहे हो। कहते हैं कि आवश्यकता अविष्कार की जननी होती है। यह अधूरापन भी कोई वक्त नहीं रखेगा जो साबित कर दे कि मेरे लिए यह असंभव नहीं है। यही आपकी महानता होगी, क्योंकि प्रकृति में कोई भी व्यक्ति अधूरा नहीं होता है। **इस संसार में जब भी कोई आदमी पूरा आदमी बना है तो वह भीड़ का हिस्सा नहीं था। वह हमेशा अनूठा था, अपने जैसा था।** इसलिए तुम्हें भी अपने जीवन में कुछ कर गुजरना हो तो भीड़ से बचना, किसी की नकल भी मत करना। बस अपने जैसा होने के प्रयत्न व संघर्ष करना कोई तुम्हें महान् होने से रोक नहीं सकता क्योंकि तुम हो ही महान्।

बारिश और धूप दोनों मिलने से रंगीला इंद्रधनुष बनता है। हमारा जीवन (Life) भी इससे अलग नहीं है। कभी हार तो कभी जीत (Win), कहीं अंधेरा तो कहीं उजाला, कभी खुशियाँ तो कभी गम, यह तो जीवन में चलता ही रहता है। हम हर परिस्थिति में अपने को कैसे ढ़ालते है यही हमारी महानता होगी। कुछ लोग तो अपने आपको इतना गरीब मानते है कि मेरे पास कुछ नहीं है, यह उनकी निराशा का भाव है आपकी दो आंखें ही हज़ारों की है आपकी किडनी लाखों की है तो आप गरीब कैसे रह सकते है? हाँ ,आप में जोश की कमी है, तो आप हर कार्य में अपने

को असमर्थ मान बैठते है।

जीवन में सफल होने के लिए आप बिना किसी स्वार्थ के अपने साथी की प्रशंसा करके देखें, हो सके तो उसकी अच्छाइयों को ढूंढे और उसे उसको बतायें भी, क्योंकि कोई व्यक्ति कितना भी महान् है पर फिर भी वह अपनी अच्छाईयों को औरों से सुनना चाहेगा। यह प्रशंसा की कला आपकी दोस्ती को और गहरा कर देगी। छोटी–छोटी बातों पर निःस्वार्थ किसी से बोलना भी आपके सम्बन्धों में घनिष्टता पैदा करेगा। छोटी–छोटी बातों, घटनाओं एवं अनुभवों के योगफल का नाम ही जीवन है। हमारे मन में यह भावना होनी चाहिये कि जो व्यक्ति हमारे सम्पर्क में आये उसका कुछ न कुछ भला करें। यह भलाई ही आपकी महानता होगी।

अपने मनोबल को कभी भी छोटा न आँके। महान वेज्ञानिक एडीसन ने कहा था की हजारों बार प्रयोग करने पर भी जब में सफल नहीं हुआ, तो मुझे वे हजार तरीके पता चल गए जिनसे सही परिणाम नहीं आता। विफलताओं से टूट कर बिखर जाने वाले सफलता का कठिन सफर तय नहीं कर सकते। इसीलिए एडीसन ने अंत में बल्ब का आविष्कार करके महानता यानि श्रेष्ठता को प्राप्त किया। यह सोच थी महानता की सोच। आपकी कोशिश ही आपकी सफलता की कुंजी है और आपकी सफलता आपकी महानता है।

जीवन में महानता

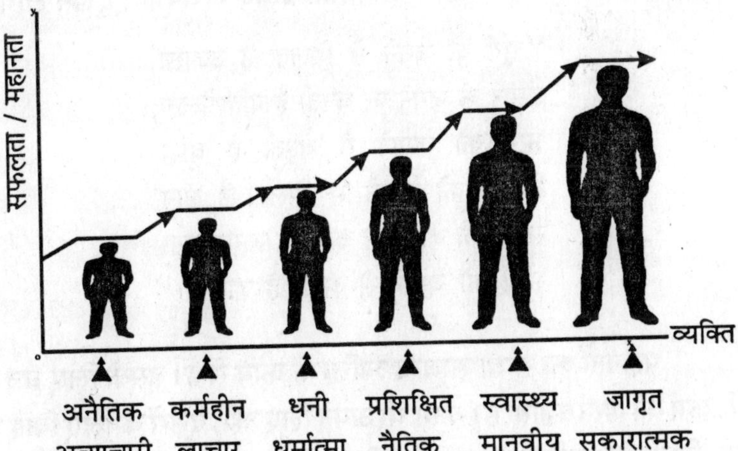

"महान्‌ता की कीमत जिम्मेदारी है।"

-विंस्टन चर्चिल

"The Price of greatness is responsibility"

-Winston Churchill

महान होना यानि ग्रेट (Great) बनना, इसमें छुपे है ये भाव -

G – Goodness	–	**अच्छाईयां रखना**
R – Responsible	–	**जिम्मेदार बनना**
E – Energetic	–	**ऊर्जावान रहना**
A – Awakening	–	**जागृत रहना**
T – Talented	–	**होशियार होना**

"भाग्य कुछ नहीं है, जो कुछ है वह प्रयत्न, उद्योग और पुरूषार्थ है, भाग्य अवसर का अनुचर है, लेकिन हम संयोग की प्रतीक्षा में कब तक बैठे रह सकते है? हम उस का निर्माण करेंगे और ऐसी परिस्थितियों को जन्म देंगे, जो अवसर को स्वयं हमारे पास खींच लाएगी, हम भाग्य के आगे घुटने नहीं टेकेंगे, सघर्ष करेंगे और विजय प्राप्त करेंगे, सफलता उन्हें नहीं मिलती जो अकर्मण्य है, कायर है।"

–भगवतीप्रसाद वाजपेयी : दुखन लागे नैन

"सूर्य के जगने से मिलता है उजाला,
इंसान के जगने पर बनती है गतिशीलता,
ज्ञान को जगाने से बढ़ती है बुद्धि,
विज्ञान को जानने से मिलता है ज्ञान,
समय को जानने से बनती है जागरूकता,
सोच को जगाने से आती है जागृति।"

"महानता का सीधा सम्बन्ध व्यक्ति के काम से है। इसके लिए धन की नहीं, कर्म की जरुरत होती है। काम भी अपने लिए नहीं, दूसरों के लिए किए गये काम, जिन्हें लोग गर्व से याद करते है यही सच्ची महानता हैं।"

–इन्जी. ओ.पी. माहेश्वरी

जीवन में सफलता कैसे पायें?
(How to Success in Life)

13 सफलता के सोपान (Steps for Your Success)

हमारी सफलता इस बात निर्भर करती है कि हम अपनी ऊर्जा का उपयोग कितना करते है। सफल और असफल व्यक्ति अलग-अलग किस्म के नहीं होते, केवल उनके जीने और काम करने के तरीके अलग-अलग होते है। अपने कार्य के प्रति रहने वाला नजरिया ही उनकी सफलता और असफलता का बुनियादी फर्क लिए होता है। हमारुी सोच लक्ष्य पर कितनी टिकी रहती है इस हेतु भगवान श्री कृष्ण कहते है कि मन के शत्रुओं यथा-काम, क्रोध, लोभ, मोह, अंहकार आदि को कम नहीं समझना चाहिए। यही हमारे शत्रु है जिन्हें हमें हराना है ताकि हम अपने लक्ष्य को प्राप्त कर सकें। सफलता के लिए कौन-कौन से सोपान हो सकते है ? आओ देखें-

1. शारीरिक ऊर्जा (Physical Energy) - प्रकृति ने हमें शरीर दिया है, ईश्वर ने शरीर के अन्दर प्राण शक्ति डाली है। साथ ही ऊर्जा (Energy) भी भरी है ताकि हम उसका उपयोग करके अपने लक्ष्य की ओर बढ़ सकें। सक्रियता ही जीवन है और निष्क्रियता ही मृत्यु। श्रम से विरत रहकर आलस्य में पड़े रहने वाले मनुष्य को जीवित नहीं कहा जा सकता । निष्क्रियता की मनः स्थिति मनुष्य के विकास में बड़ी घातक होती है। निष्क्रियता के कारण मन मस्तिष्क में मनोबल का ह्रास होता है। निष्क्रियता एक प्रकार की व्याधि है और यह रोग जब शरीर में घर कर जाये तो आपको हर जगह हार ही हार खानी पड़ेगी, फैसला आपको करना है कि सक्रिय रहकर सफलता की सीढ़ी पर चढ़े अथवा निष्क्रिय रहकर असफलता का मुँह देखे।

2. समय प्रबन्धन (Time Management)- सही समय पर, सही ढंग से तय किये गये कार्य को करना ही टाइम मैनेजमेंट है। हर व्यक्ति हर समय कुछ ना कुछ तो करता ही रहता है मगर सिस्टेमेटिक कार्य न होने से लक्ष्य से चूक जाते है अतः रोजमर्रा के जीवन में समय बरबाद करने से बचें, मन भटकाने व व्यवधान डालने वाली बातों से दूर रहें। आलस्य को अपने पास न फटकने दें। समय प्रबंधन में सी. पी.एम. (Critical Path Method) पद्धति को अपनायें जिससे लक्ष्य तक पहुँचने हेतु मुख्य योजना के साथ अन्य पहलुओं को भी करते जायें ताकि लक्ष्य पाने में कोई बाधा न आये। क्योंकि टाईम इज़ मनी (Time is Money) अतः पहले टाईम

मैनेजमेंट को सुव्यवस्थित करें क्योंकि सफलता वर्तमान क्षण के सदुपयोग में छुपी है।

3. अनुशासन (Discipline) – सफलता प्राप्ति के लिए अनुशासित जीवन जीना व अनुशासित रहते हुए कार्य व योजनाओं को पूरा करना अनिवार्य है। अनुशासन में कार्य का समय आने पर भी आलस्य में रहना, कार्य न करने का बहाना बनाना, और काम को बेवजह आगे टालने की आदत आपको लक्ष्य से दूर करती जायेंगी। जैसे सुबह उठने में ही आलस कर दिया तो सारे कार्य में देरी से पहुचेंगे और हर जगह लगी लम्बी लाईनों में आपका अधिक समय व्यतीत होगा। आपसे पहले पहुँचे व्यक्ति आगे होकर कार्य करेंगे आप का काम समय पर पूरा नहीं होगा।

4. अपनी क्षमताओं पर विश्वास रखें (Believe on Capabilities)- आपका साहस ही आपकी सफलता की सीढ़ी (सोपान) है। मन में विश्वास के साथ जब कार्य को अंजाम देंगे तो सफलता जरूर हाथ लगेगी। लोग भी उसी की सहायता करते है जो अपनी सहायता आप किया करते है और जिसका हृदय आत्म–विश्वास की भावना से ओत–प्रोत हो। अपनी क्षमता को आप से ज्यादा कोई नहीं पहचान सकता। अत: औरों के कहने पर अपनी क्षमता पर शंकित होने लगोगे तो यह स्थिति कैंसर के समान घातक हो जायेंगी। जीवन में अगर कभी हार भी जाएँ तो हार न मानें। हार मान बैठना ही असली हार है। यों तो कोई भी बाजी खेलेंगे तो हार या जीत में से एक परिणाम आएगा। इस बार हार गए तो क्या हुआ, कोशिश फिर करेंगे। कामयाबी भी उन्हें ही मिलती है जो हौसलों का जिगर रखते है। मन में अगर जीत की उमंग को जगा दिया जाये तो कोई आपको हरा नहीं सकता है इस लिए कहते है कि "मन के हारे हार है, मन के जीते जीत" जो अपने मन से जीतने की उमंग रहेगी तो आपको कोई पराजित नहीं कर सकता।

याद रखें कि चीटीं गिर–गिरकर ही ऊपर चढ़ती है। लेकिन उसे पल भर के लिए भी अपनी क्षमता पर संदेह नहीं होता है क्योंकि सही दिशा में किए गए प्रयास कभी निष्फल नहीं होते । सकारात्मक अभ्यास ही व्यक्ति की विजय के चमत्कारी सूत्र साबित होते है। कहते है कि जीत उसी की होती है जिसमें जीतने का ज़ज्बा होता है।

5. आपका ध्यान हो लक्ष्य (Goal) पर – मनुष्य का मस्तिष्क एक पावर हाऊस की तरह होता है, जिसमें कई सारे विचार उत्पन्न (Generate) होते रहते है। उन विचारों में से आपको चुनना है वो विचार जो आपके लक्ष्य के नजदीक हो। सफलता उन्हीं को मिलती है, जो सफल होना चाहते है, सफलता को अपने आप आने का इन्तजार न करें, उसे पाने की प्रबल इच्छा के साथ, उस क्षेत्र से जुड़ी चीजों को ही केन्द्र में रखते हुए योजनाएँ बनायें और उस पर अमल करें। जिंदगी में कई सारे काम करने होते है। अतः लक्ष्य को ध्यान में रखते हुऐ प्राथमिकताएं तय करें और उसी के अनुसार उन्हें कार्य रूप देने का प्रयत्न करें। अपनी खामियों को सुधारना ही सफलता की ओर बढ़ते कदम होंगे। अपनी गलतियों को लगातार दोहराए जाना रात के अंधियारे में खंभे से टकराना है। स्वामी विवेकानंद ने अपनी पुस्तक 'राजयोग' में लिखा है कि – एक भाव को पकड़ो ,उसी को ले कर रहो, उस का अंत देखे बिना उसे मत छोड़ो, जो एक भाव को लेकर उसी में मस्त हो कर रह सकते है, उन्हीं के हृदय में सत्य तत्व का उन्मेध होता है।"

6. अपडेट (Update) रहें – आपके काम करने का तरीका अगर समय के अनुकूल नहीं होगा तो मंजिल तक आसानी से नहीं पहुँच पाओगे। रोज मन में कुछ नई जानकारी के लिए प्रयत्नशील रहें, तब तक न सोएं जब तक नया न सीख लें। यह जानकारी आपके लक्ष्य से सम्बन्धित पुस्तकों में, इंटरनेट पर और कई जगह जाकर भी प्राप्त कर सकते हैं। जैसे कि पत्थर को तराश कर मूर्ति बनानी है और आप वही पुराने औजार ही काम ले रहे है तो उन लोगों का मुकाबला नहीं कर पायेंगे जो नई तकनीक का इस्तेमाल कर रहे है।

नई जानकारी से मन में नए विचार उत्पन्न होते है जो लक्ष्य की ओर ले जाते है।

7. सकारात्मक सोच रखें (Positive Thinking) – पानी की भरी आधी गिलास को देख मन में यह ठानें कि इसे पूरी भरनी है न कि इस चिन्ता में समय व्यतीत कर दें कि मेरी गिलास तो आधी ही भरी है। सकारात्मक सोच के लिए कभी भी खुद को कुंठित न होने दें। इससे आपका हौंसला टूटने लगेगा जब भी आप पराजित महसूस करें, तो उन सुखद बदलावों की कल्पना करें, जो सफल होने के बाद आपकी जिंदगी में आयेंगे। चारों तरफ अन्धेरा है तो कोई बात नहीं, बर्फ गिर रही है तो कोई बात

नहीं। सूरज फिर से निकलेगा, क्योंकि सूरज कभी मरता नहीं है। आपका अगला प्रयास जरूर फिर कुछ आगे बढ़ायेगा। ऐसी ही सोच से आगे बढ़ें।

8. गुरू की सलाह लें (Advise of Experts)- अपने से ज्यादा सफल हुए व्यक्ति से सम्पर्क साध कर सफलता के टिप्स प्राप्त कर सकते है । गुरू उसे ही बनायें जिसने इस क्षेत्र में महारत हासिल कर रखी हो। लक्ष्य बड़ा हो तो, महान व्यक्तियों की जीवनी पढ़े और अपने जीवन में बदलाव लायें। बिना प्रेरणा, दिमाग की शक्तियाँ सुप्त अवस्था में रहती है, बिना प्रेरणा के न तो सफलता की शक्तियाँ जागृत होती है और न ही आगे बढ़ सकते है। इसलिए समय-समय पर अपना मोटिवेशन लेवल बढ़ाने के लिए, हमें रोल मॉडल्स तय करने चाहिए और उनके जीवन के विभिन्न पहलुओं से सीख लेने की कोशिश करनी चाहिए।

9. चुनौतियों का सामना करें (Fight to Chalanges) - बाधाओं से घबराने वाला व्यक्ति कभी सफल नहीं हो सकता, जीतता वही है जिसने हारना सीख लिया। हर हार को चुनौती मानें व उसके समाधान का प्रयत्न करें। भाग्य के भरोसे न बैठो, आसमानी कृति का सहारा भी मत ढूंढो, भरोसा करो अपनी कर्मठता पर, अपने रास्ते पर जो तुम्हें सफलता की ओर ले जायेगा। उन्नति के उपाय पुस्तक में लेखक ए.पी. परेश ने लिखा कि - ''महत्वपूर्ण यह नहीं कि तुम काम में कितनी बार विफल हुए हो, बल्कि यह है कि तुम ने कितनी बार यत्न किया है। महत्वपूर्ण यह नहीं कि तुम ने उस में कितनी मेहनत की है, बल्कि यह है कि उसे कितनी अच्छी तरह व सच्चाई से किया है। महत्वपूर्ण यह नहीं कि तुम कितनी बार गिरे हो, बल्कि यह है कि तुम गिर कर कितनी बार संभले हो''। हर असफलता का कोई न कोई कारण होता है जो हमारे ही भीतर छिपा बैठा होता है। अपर्याप्त प्लानिंग, तैयारी में कमी, साधनों की कमी, उचित तकनीक व अवसर का उपयोग न कर पाना हो सकता है। अपनी असफलताओं से सीखने की क्षमता भी हमारे भीतर छिपी होती है असफलता को चुनौती मान कर सफलता के लिए फिर प्रयास करें।

जैसे हर जीत में मिलती है खुशी, ऐसे ही हर हार मे होता है दुःख
हार के बाद मिली जीत में, होती नई चेतना, नई उमंग।

-इन्जी. ओ.पी. माहेश्वरी

10. काम को बांटे (Distribution of Work):- किसी भी काम को हाथ में लेने के साथ ही रूपरेखा (स्ट्रेटजी)बना लेनी चाहिए, तभी बेहतर मैनेजमेंट के साथ सफलता मिलेगी। काम की योजना बनने के बाद काम को स्टेप्स में बांट कर आगे बढ़े। ये स्टेप्स समय अनुसार हो सकते है, कार्य के पार्ट अनुसार हो सकते है, या कार्य स्थल या सहयोगी व्यक्तियों के अनुसार हो सकते है। कौनसा काम पहले होगा व कौनसा बाद में इसके लिए कार्य योजना से बांटे हुए काम को पूर्ण करें।

11. प्रतिबद्धता (Determinations) - किसी काम को सौ प्रतिशत निष्ठा से किया जाए तो सपनों को साकार होते देर नहीं लगती है, आपको लक्ष्य के प्रति समर्पित होना पड़ेगा। यानि अपने विश्वास को कार्य के प्रति जागृत करना होगा, यह आत्मा का विश्वास ही आत्मविश्वास (Confidence) है और अगर आपने दृढ़ता के साथ आगे कदम बढ़ाये तो आपका निश्चय (प्रतिबद्धता) 100 प्रतिशत साकार रूप लेगा। आचार्य महाप्रज्ञ जी ने एक सन्देश में कहा कि : "प्रत्येक आदमी के पास इच्छा शक्ति, संकल्प शक्ति एवं एकाग्रता की शक्ति होती है। संकल्प शक्ति को जागृत करने वाला अजेय बन सकता है। संकल्प जागृत होने पर व्यक्ति, समाज एवं राष्ट्र भी जागृत हो जाता है।"

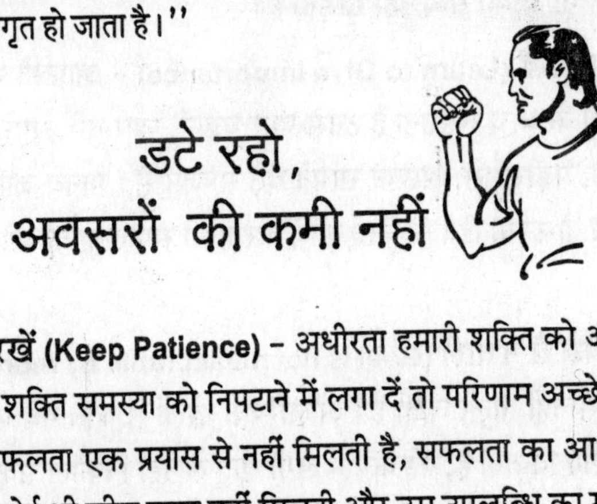

12. धैर्य रखें (Keep Patience) - अधीरता हमारी शक्ति को आधी कर देती है अगर यही शक्ति समस्या को निपटाने में लगा दें तो परिणाम अच्छे मिलना शुरू हो जाएंगे। सफलता एक प्रयास से नहीं मिलती है, सफलता का आधार है धैर्य। इस दुनिया में कोई भी चीज मुफ्त नहीं मिलती और उस उपलब्धि का मूल्य ही क्या, जो बिना श्रम के मिल जाये। किसी का असफल होना कोई नई बात नहीं है, गिरता वही है जो चलता है। कहते है कि-

"गिरते है शहसवार ही मैदाने जंग में,

वो तिल्फ क्या गिरेंगे जो घुटनों के बल चलते हो।"

गिर कर जो फिर उठ जाये और फिर सुदृढ़ता से चलना शुरू कर दे वही लक्ष्य तक पहुँचता है। ऐसे ही एक कहावत है-

धीरे-धीरे रे मना, धीरे सब कुछ होय

माली सींचे सौ घड़ा, रितु आये फल होय।

अतः आपका लगातार, धैर्य व आत्मविश्वास के साथ प्रयासरत रहना ही सफलता की सीढ़ी पर चढ़ना है।यह आसानी से भी नहीं मिलती है। इसके लिए बार-बार प्रयास की जरूरत है यानि स्थिति को स्थिर बनाये रखना। इसी को धैर्य कहते है। तभी तो अखबार बेचने वाला लड़का जिसने कभी हार नहीं मानी और लक्ष्य के प्रति सजग रहा तो एक दिन अमेरिका का राष्ट्रपति बन गया। यह महान् व्यक्ति था अब्राहिम लिंकन।

अपने लक्ष्य (Goal) तक पहुंचने के क्रम में जो लोग धैर्य का साथ नहीं छोड़ते, सफलता भी उनका साथ नहीं छोड़ती है।

13. महत्व देना सीखें (Learn to Give Importance) - आपकी सफलता का झण्डा जिन लोगों के बीच लहराना है उनसे प्यार बढ़ाऐं, प्यार करें अपने संस्थान से, प्रदेश से, देश से, पड़ौसी से, आपके सामने बैठे सज्जन से। मानव जाति को स्थान देना और हो सके तो उनके हित के लिए कार्य करना भी सफलता की सोपान पर एक कदम होगा।

14. लक्ष्य को पैसे से न तौलें (Goal is not measurable by money) - बड़ी सफलतायें पैसे से नहीं तौली जाती है। ओलम्पिक खेलों में जीते गये एक कप की कीमत देश के लिए कितनी है, यह कप में लगी धातु से नहीं निकाल सकते। पैसा तो सफलता के साथ खुद-ब-खुद आने वाली चीज है। दिमाग में यह सोच रहनी चाहिये कि लक्ष्य हासिल करने के लिए क्या करना होगा। किन-किन क्षमताओं को और बढ़ाना होगा ताकि मंजिल आपके कदमों में हो।

15. प्रसन्नता एवं मानसिक संतुलन (Mental happiness and

satisfaction)- सफलता पाने के लिए प्रसन्नता की उतनी ही आवश्यकता होती है, जितनी शरीर यात्रा के लिए जीवन की। अप्रसन्न व्यक्ति एक प्रकार से निर्जीव ही होते हैं क्योंकि अप्रसन्नता की स्थिति में मनुष्य का संतुलन बिगड़ा रहता है अतः मानसिक संतुलन लक्ष्य की ओर बनाये रखें इसके लिए अपने कार्य में खुशी का अनुभव करें, न कि बोझ। इसीलिए गीता में लिखा है कि-

रागद्वेषवियुक्तैस्तु विष्यातिन्द्रिय यैश्चरन।
आत्मवश्यैर्तिधेयात्मा प्रसादमधिगच्छति।।

यानि इन्द्रियों को राग और द्वेष से मुक्त कर, खुद के वश में कर, जब मनुष्य विषयों (लक्ष्य) को संयम से ग्रहण करता है तो प्रसन्नता ही प्राप्त करता है।

16. कड़ी मेहनत - लक्ष्य प्राप्ति में 100 प्रतिशत रोल मेहनत का होता है, भाग्य भी उसी का साथ देता है जो सही दिशा में सही तरीके से सही समय पर कड़ी मेहनत करते है। भूल जायें भाग्य को कोसना, मत टटोलो अपने हाथ की रेखाओं को, अपने हाथों को संघर्ष व मेहनत की ओर बढ़ायें, अपने मस्तिष्क को सही निर्णय लेने में लगायें, आपका सही निर्णय ही आपको सफलता की चोटी पर ले जायेगा। महान् कवि ने ठीक ही कहा है कि "मानव जब जोर लगाता है पत्थर पानी बन जाता है अतः कोई भी मंजिल मेहनतकश लोगों से दूर नहीं रह सकती।" जरूरत है कड़ी मेहनत की।

"संसार के रथ का पहिया किसी के लिए नहीं रूकता है। इसलिए दुःख भय, कायरता और शोक का त्याग कर कर्मों में लीन हो जाओ अन्यथा यह संसार तुम्हें क्रियाशून्य समझकर मृतक घोषित कर देगा।"

-रामधारीसिंह दिनकर

सफलता के प्रभाव :-

स - सन्तुष्टि का मिलना

फ - फल प्राप्त करना

ल- लक्ष्य तक पहुँचना

ता- ताकत हासिल करना।

- इन्जी. ओ.पी.माहेश्वरी

14 जीवन में देखें सपने

(Dreams in Life)

सपने देखना कोई बुरी बात नहीं है, क्योंकि ख्वाब ही किसी व्यक्ति में लक्ष्य को पाने की ललक जगाता है। जब तक मन में ही कुछ नहीं सोचा (Think) जायेगा कार्य की रूप रेखा नहीं बनेगी मंजिल आसान नहीं होगी। भारत के पूर्व राष्ट्रपति और प्रख्यात वैज्ञानिक ए.पी.जे. अब्दुल कलाम ने देश को 'विज़न 2020' दिया। भारत को वर्ष 2020 तक विकसित राष्ट्र बनाने की उनकी इस परिकल्पना का आधार भी वह सपना है, जिसमें देश तरक्कीशुदा (Progressive) राष्ट्र के रूप में दिखाई देना है। इसी वैज्ञानिक का सोचना है कि बड़े सपने देखना बड़ी सफलता का मार्ग हैं। जब मार्ग मिल जाता है तो मंजिल भी तय होने से कोई नहीं रोक सकता। जरूरत है हिम्मत के साथ बढ़ने की। इन्सान अपनी जिंदगी का एक तिहाई समय दिन में ख्वाब देखते हुए ही बिताता है। इसी ख्वाब में अपने कार्य का रास्ता ढूंढ लेने वाले व्यक्ति लक्ष्य को पाने में सफल हो जाते है। कहते है खाली दिमाग शैतान का घर होता है अतः दिमाग में आये पहलू पर कार्य योजना बनायें। सफल लोग भी आप जैसे ही होते है वे अपनी क्षमताओं पर विश्वास करते है, बड़े सपने, दृढ़ विश्वास के साथ लक्ष्य के प्रति एकाग्रचित्त रहते है, सोचना कार्य की रूपरेखा है। यह परिकल्पना है शक्तिशाली योजना की। वैज्ञानिकों का कहना है कि दिन में सोचने वाले व्यक्ति दुनिया की समस्याओं को ज्यादा तेजी से सुलझाने की क्षमता रखते है। दिमाग को काम लेने से इसकी ताकत बढ़ती है जो समस्या के सही समाधान पर केन्द्रित कर देता है। एक कहावत है कि "चारों ओर अन्धेरा है तो कोई बात नहीं, बर्फ गिर रही है, तो कोई बात नही। सूरज फिर से निकलेगा क्योंकि सूरज कभी मरता नहीं है" हर आने वाला दिन, नया दिन होता है जो आपके सपनों को साकार करने का नया अवसर प्रदान करता है। जरूरत है आपको लक्ष्य तय करने की, मंजिल के प्रति समर्पित होने की, क्योंकि सच्चा सपना वही होगा जो हमें हासिल कंराये, न कि केवल दिखाये।अतः सोचें, समझें व आगे बढ़ें। जीवन में आशा और उत्साह का संचार ही

आपके जीवन को गतिशील बनायेगा।

"हार और जीत, है क्या वस्तु? जब हम इन शब्दों का व्यवहार करते है तो हमारे मन में किसी न किसी प्रकार की लड़ाई की कल्पना होती है, हम किसी प्रतिपक्ष को दबाकर अपने मनोनुकूल लक्ष्य तक पहुंच जाते है तो उसे जीत कहते है, और जब प्रतिपक्ष ही प्रबल हो जाता है और हमें अपने लक्ष्य तक नहीं पहुंचने देता, तब निराश होकर हार मान लेते हैं।"

– हजारी प्रसाद द्विवेदी: अजेय सत्याग्रही

सफलता का राज

काम के लिए समय निकालना, है यह सफलता का सेतु

जागृत रह कर सोचते रहना, है यह सफलता की कुंजी

ज्ञान बढ़ाकर बुद्धि बढ़ाना, है यह सफलता का कदम

वैज्ञानिक पहलुओं का भी ज्ञान, है यह सफलता का विज्ञान

अपने लक्ष्य पर ध्यान बढ़ाना, है यह सफलता का औजार

कड़ी मेहनत का नहीं कोई मुकाबला, है यह सफलता का पहिया

सकारात्मक सोच एक मिसाल, है यह सफलता का राज

– इन्जी. ओ.पी.माहेश्वरी

15 प्रकृति के सान्निध्य (Nearness) में आनन्द ही आनन्द

प्रकृति और जीवन का गहरा संबंध है। प्रकृति को अपने जीवन में रचा-बसाकर ही जीवन का आनन्द लिया जा सकता है। जीवन में जितना अधिक सान्निध्य प्रकृति के साथ होगा उतनी ही जिन्दगी सहज, सरल और खुशहाल बनेगी। प्रकृति के साथ समन्वय स्थापित करना ही ज्ञान है जो व्यक्ति प्रकृति के साहचर्य में है अपना जीवन व्यतीत करता है तथा आहार-विहार में हमेशा सात्विक व नियमित होता है वह दीर्घ जीवन को प्राप्त करता है। स्वास्थ्य के अनुकूल एवं उपयोगी पदार्थ ही ग्रहण करता है ऐसा व्यक्ति स्वाद के लिए नहीं, बल्कि स्वास्थ्य के लिए खाता है। प्रकृति के साथ खुशी अनुभव करने वाले लोगों में सहनशीलता होती है। इसी से उनमें सकारात्मक सोच उत्पन्न होती है क्योंकि ऐसे व्यक्ति आनन्द लेना जानते है। जब हम प्रकृति के प्रति प्रेम-पूर्ण रहेंगे, तब हम सभी जीवों के प्रति भी प्रेम-पूर्ण रह सकेंगे। प्रकृति अपने से जुड़ाव को व्यर्थ नहीं जाने देती, अनुभव करें कि- उगते हुए सूर्य की लालिमा से मस्तिष्क में ऊर्जा का संचार हो रहा है और बहती हुई हवा से शरीर में ताजगी की अनुभूति (Experience)। कभी सुबह की हवा में बैठ कर अनुभव (Perception) करें कि वातावरण की हवा, घर में चल रहे पंखे के तुलना में कितनी मनमोहक होती है। खिले हुए फूलों को देख मन में खिलखिलाहट का अनुभव, समुद्र की लहरों में परिवर्तनशीलता का आत्मबोध, चन्द्रमा की रोशनी में शीतलता, पक्षियों के कलरव में माधुर्य, जीव जन्तुओं में ईश्वर के स्वरूप को निहारें जिससे आपके मन में सुकून मिलेगा और शान्ति का भाव जागृत होगा। अधिक आनन्द लेने के लिए अवकाश के समय परिवार के साथ रमणीय स्थल जो कि पहाड़ी के उतार चढ़ाव, जंगल, खेत, तालाब व नदी के किनारे, मिट्टी के टीले, खुले मैदान, बाग बगीचे, सैन्चुरी आदि हो सकते है। इन स्थानों पर अपने परिचितों के साथ-कुछ समय व्यतीत करें। यह समय कैसे निकल जाता है यह आप सोच सकते है। प्रकृति में प्राकृतिक स्थानों के अलावा भी बहुत कुछ हासिल कर सकते है। जिन घरों में बहुत अधिक कृत्रिम साधन नहीं होते है फिर भी अपनी जिन्दगी एक दूसरे के

साथ खुशी में व्यतीत होती है, क्योंकि उनके शरीर में रोग प्रतिरोधकता बढ़ जाती है और जिनके शरीर की रोग प्रतिरोधकता बढ़ती है उनकी आयु भी अधिक रहती है। प्रकृति के सान्निध्य में जीने से व्यक्ति अपने सान्निध्य में आता है उसकी सोच में सकारात्मकता का विकास होगा। हर जीव-जन्तु प्रकृति नजर आएगी। प्रकृति के हर वस्तु में उसे ईश्वर का रूप नजर आएगा। दिमाग से तनाव मिटेगा और जीवन प्रकृति का उपहार नज़र आएगा। इसका मतलब यह भी नहीं कि आधुनिक युग में पाषाण युग की जीवन शैली में जिया जाये। आपको इको फ्रेन्डली जीवन व्यतीत करना है। आपको मिलने वाले हर पल का आनन्द लूटना है। जो संसाधन उपलब्ध है उसी को प्रकृति से जोड़ कर आनन्द उठाया जाये। बाहर कड़ी धूप है और उसमें खड़े हो जायेंगे तो त्वचा सनबर्न ही होगी अतः उस परिस्थिति को ढूंढ़ना है जिसमें रहकर आनन्द उठाया जा सके। परिस्थितियां जीवन को अपने में ढ़ालने की कोशिश करती है मगर जो परिस्थितियों को अपने तरीके से मोड़ लेता है वही जीवन में आनन्द का अनुभव करता है। इस हेतु लेखक हरिकिशनदास अग्रवाल ने अपनी पुस्तक 'मनन' में लिखा है। कि-

"आनन्द परिस्थितियों के अधीन नहीं है, इस भ्रांति का निवारण स्वयं में ही उस आनन्दस्वरूप ज्योति को खोजें, इसी में जीवन का गूढ़ रहस्य भरा है।"

"प्रकृति मनुष्य के लिए क्या कुछ नहीं करती? वह उसे श्रम और अनुशासन की कठोर पाठशाला में पाठ पढ़ाती है, फिर उसे अनुभव के महान् विश्वविद्यालय में प्रशिक्षित करती है, ट्रेनिंग देती है तब जा कर उस का काम पूरा होता है, धन संपति मनुष्य के लिए नहीं, प्रकृति मनुष्य का ही अधिक ध्यान रखती है, वह धन की परवाह नहीं करती, परन्तु वह मानव की रक्षा के लिए हर प्रकार का मूल्य चुकाने को तैयार रहती है।"

– स्वेट मार्डेनः उठो जागो

" मानसिक दुखों से छुटकारा पाने का उपाय है
प्रकृति के नियमों का ज्ञान एवं आपकी जागृति।"

इंजी. ओ.पी. माहेश्वरी

16 स्पर्श से बढ़ायें प्यार

जन्म के साथ ही शिशु को माता का स्पर्श उसे सुरक्षित होने का एहसास देता है तो विवाह बन्धन में पुरूष-स्त्री के मध्य स्पर्श से ही प्रेम उत्पन्न होता है और एक दूसरे को अपने दिल (हृदय) में धारण करते हैं। स्त्री पुरूष के मध्य स्पर्श ही संबन्धों की प्रगाढ़ता उत्पन्न करता है। इसमें कोई दोराय नहीं कि पवित्र शारीरिक स्पर्श से सम्बन्ध अटूट बनते है, अपनत्व बढ़ता है और उसी से मानसिक शान्ति के साथ सामाजिक बन्धन बने रह पाते है। दूर से हैलो बोलने या नमस्कार करने से दोनों के मध्य सम्बन्धों की प्रगाढ़ता नहीं बनती है। जबकि इच्छा से स्पर्श में दोनों के मध्य नजदीकियां बढ़ती है।

स्पर्श के शाब्दिक अर्थ - मिलना, संयुक्त होना, घनिष्ठता बढ़ाना, सम्पर्क साधना, छूना, एकजुट होना, आलिंगन करना है। स्पर्श यानि टच (Touch) और जहाँ स्पर्श होगा वहाँ होगी एकजुटता, लगाव और अपनत्व जैसेः-

T- Together (साथ-साथ में)- यानि स्पर्श में छुपा है अपनत्व।

O- Oblige (कृतज्ञता) - स्पर्श करने वाला व स्पर्श होने वाले व्यक्तियों के मध्य कृतज्ञता का बोध उत्पन्न होता है और दोनों अपने आप को धन्य मानने लग जाते है।

U- Unity(एकजुटता) - जहाँ स्पर्श होगा वहाँ बनेगा अटूट संगठन, एक जुटता एवं एक होने का भाव।

C- Contact (छूना)- जहाँ रहेगा सरल स्पर्श वहाँ बना रहेगा प्रेम।

H- Hug (आलिंगन)-यह जादू की छड़ी है दो आत्माओं के मिलन की। जहाँ मिलन होगा वहाँ सम्बन्ध अच्छे बने रहेंगे।

जब बच्चा अच्छा काम करे तब वह हमारे मुँह से दो शब्द बोलने से जितना खुश नहीं होगा उससे ज्यादा उसके कंधे पर रखे गये हाथ अथवा गालों को सहलाने से होगा। आप उसे अपना सान्निध्य दें। निकटता देना भी एक पुरस्कार है क्योंकि ज्येष्ठ और श्रेष्ठ लोग जब किसी को अपना सान्निध्य (समीपता) देते है तो बच्चे अपने को पुरस्कृत ही मानते है क्योंकि ऐसे में बच्चा 'सान्निध्य ऊर्जा' से भर जाता

है। जिसे अंग्रेजी में एनर्जी ऑफ प्रॉक्सीमिटी (Proximity)का सिद्धान्त भी कहते है। पापा को नमस्ते करने से पापा इतने खुश नही होगें जितना कि चरण स्पर्श से, परिवार के सभी सदस्यों के साथ अगर आपका स्पर्श बना रहता है तो सम्बन्ध भी मधुर रहते है। यही कारण है पति-पत्नि के मध्य स्पर्श से गहरा रिश्ता बन जाता है जबकि उनके मध्य रक्त का सम्बन्ध नहीं होता है। जिन्दगी में प्रेम तो अनेकों से होता है। माँ के द्वारा बेटे के सिर पर रखे गये हाथ ही मातृत्व से बच्चे को ओत-प्रोत कर देता है। स्पर्श का प्रभाव इंसानों में ही होता हो ऐसा नहीं हैं, सभी जीव जन्तुओं में भी इसे देख सकते है कि कैसे वो अपनी जीभ से अपने बच्चों को चाटते रहते है। पक्षियों को चोंच से चोंच मिलाते हुए भी देखते है। जाहिर है स्पर्श यानि मिलन, और मिलन में प्यार ही उमड़ता है।

मेरा मानना है कि दुःख के समय अगर प्रियजन आपका हाथ थाम ले, खुशियों में गले मिल ले या अपने साथी के कंधे पर सिर रखकर दुःख में रो लिया जाए तो भी दोनों के मध्य अपनत्व बढ़ जाता है और दर्द का अहसास भी कम हो जाता है। जब दो दोस्त कई सालों बाद मिलते है तो हाथ मिलाने में उन्हें वो आनन्द नहीं मिलता, जितना वो एक दूसरे के गले मिलने से, आलिंगन करने से उन्हें सुकून मिलता है। आलिंगन से एक दूसरे के मध्य भावनात्मक सम्बन्ध स्थापित होते है। न्यूयॉर्क युनिवर्सिटी के प्रोफेसर डोलोरेस क्रिगर के अनुसार "जब कोई व्यक्ति किसी को स्पर्श या गले लगता है तो इससे हॉमोग्लोबिन बढ़ जाता है। इससे उत्तकों तक तेजी से आर्क्सीजन पहुंचने लगती है, जिससे शरीर का एनर्जी लेवल बढ़ जाता है।"

स्पर्श के पर्यायवाची शब्दों में सहलाना भी होता है स्पर्श यानी सहलाना, सहलाना शब्द में सह का शाब्दिक अर्थ होता है साथ यानि साथ लाना यह क्रिया हुई अपनत्व की जिसमें सहलाकर सामने वाले को अपनी ओर आकर्षित किया जाता है। इंसान जब अपने हाथों से जीव जन्तु के छोटे बच्चे को भी सहलाते है तो वो अपने को कृतज्ञ समझने लग जाते है और अपनी वफादारी में पूंछ हिलाना शुरू कर देते है। कुछ जीव जन्तु अपनी जीभ से सहलाने वाले को चाटना शुरू कर देते है तो कुछ उसके चारों ओर फुदकना शुरू कर देते है। स्पर्श में एक दूसरे के मध्य प्यार झलकता है। यह तो हम सब जानते है। मन में खुशी मिलती है यह भी अनुभव करते है साथ ही विशेषज्ञों के अनुसार इससे हृदय संबंधित बीमारियों का खतरा भी कम हो जाता है। मन प्रफुल्लित होकर मस्तिष्क की उलझनों में भी राहत मिलती है साथ ही एक अध्ययन में विशेषज्ञों ने बताया कि गले लगने से ऑक्सीटोसिन नामक हार्मोन सक्रिय होता है। जिससे ब्लड प्रेशर नियन्त्रित होता है व हृदय भी स्वस्थ बना रहता है।

जब घर के माहौल में, सभी सदस्यों के मध्य स्पर्श से प्यार बना रहेगा तो घर का वातावरण हमेशा मनभावक बना रहेगा। एक दूसरे को सहयोग देना व लेना प्रेम बढ़ाने का ही काम करेगा। दूरियाँ कम कीजिये और प्यार बढ़ाईये।

"स्पर्श लेना, स्पर्श देना,
है अपनत्व की क्रिया,
हर क्रिया की होती प्रतिक्रिया,
यह नियम है विज्ञान का।"

"स्पर्श जीवन का बड़ा सुख होता है स्पर्श देने वाला व स्पर्श पाने वाला दोनों सुख की अनुभूति करते है। स्पर्श जीवन का वह रस है, जिसमें अपनत्व का अमृत छुपा होता है।

– इंजी ओ.पी. माहेश्वरी

17 ऊँची सोच, आपका मनोबल

सोच से इरादे बनते है, इरादों से लक्ष्य बनता है और लक्ष्य मिलता है आपके मनोबल व संघर्ष से। हर व्यक्ति की सोच, ही उसकी ऊर्जा होती है। यही ऊर्जा कार्य को सम्पन्न करने का मनोबल (Moral) प्रदान करती है। आपकी सोच अगर सही दिशा में होगी तो इसके परिणाम भी सही मिलेंगे। सही परिणाम के लिए प्रयासरत होना जरूरी है और अगर प्रयास ऊँचे मनोबल के साथ हो तो सफलता आपके कदमों में होगी। आपकी सोच आपके ही नहीं, समाज के हित में हो यह सब तभी सम्भव है जब आप कुछ करोगे, हर किये हुए कार्य का फल अवश्य मिलता है। फल कितना मीठा होगा यह आपके मनोबल पर निर्णय निर्भर करेगा।

ऊँचे मनोबल वाले व्यक्तियों के लक्षण

1. कार्य ही पूजा है **(Work is Worship)** कार्य के लिए आस्था रखना एवं मन से कार्य करना।
2. अपने काम के प्रति जोश व उमंग रखना।
3. जो अब तक मिला है उसमें खुश होना व जो प्राप्त करना है उसके लिए प्रयत्नशील रहना।
4. आशा व विश्वास का भरा होना।
5. स्वस्थ जीवन, सरल जीवन एवं ऊर्जामय जीवन बनाये रखना।
6. कार्य करने के लिए कार्य योजना बनाना और उसके अनुरूप कदम बढ़ाना।
7. अपनी सीमाओं **(Limits)** का आंकलन करना व व्यावहारिक सीमाओं को मन में रखना।
8. कार्य में सहयोग का लेना पर पूर्ण विराम को दूर रखना।
9. जिम्मेदारी उठाने के लिए तैयार रहना।
10. नये तरीके व नये अवसरों को खोज निकालना।

कमजोर मनोबल वाले व्यक्तियों के लक्षण

1. अपना काम खुद नहीं करना व भाग्य के भरोसे (Fatalistic) बैठे रहना।
2. काम कम करना व आशा ज्यादा (More desire) रखना।
3. खुद कुछ न कर पाने की ग्लानि में दूसरे की सफलता पर आलोचना

(Criticism) करना।

4. काम में हमेशा सहारा ढूंढते है । (Require Assistance)

5. कार्य की सही दिशा का ज्ञान (No Proper Way) न होना।

6. हीन भावना (Demoralized) से ग्रसित रहना।

7. दृढ़ इच्छा शक्ति का अभाव एवं शारीरिक दुर्बलता।

8. ज्ञान की कमी (Unskilled) होने से अपने काम पर विश्वास न होना।

9. समय के पाबन्द न होने के कारण हमेशा पीछे-पीछे चलना।(Non Punctual)

10. मन में उमंग न होने के कारण बहाने बनाना व अपनी बात पर अटल न रहना।

11. अपने कार्य से सन्तुष्ट (Satisfied) न होकर, असीमित धन दौलत की लालसा रखना।

12. आलसी होना। (Lethargy)

सफलता ऊँचे मनोबल का ही परिणाम होता है और ऊँचे मनोबल वाले व्यक्ति असफलताओं को कैसे पार करते हैं इस हेतु लेखक सत्यकाम विद्यालकार ने अपनी पुस्तक 'चरित्र निर्माण' में लिखा है कि - "असफलता को जीवन की एक साधारण-सी घटना ही समझना चाहिए, ठोकर खाकर मनुष्य को यह देखना चाहिए कि ठोकर उसने क्यों खाई, वह सही रास्ते पर ही जा रहा था या भूलकर किसी और दिशा में चल पड़ा था। सफलता की पहली शर्त यह है कि आप असंभव को संभव बनाने की अपनी क्षमता पर कभी अविश्वास न करें। विश्वास के बिना हर काम कठिन है, विश्वास की ही जलधारा के सामने बाधाओं की चट्टानें टूट कर बिखर जाती है, जीवन का मार्ग बाधाओं की चट्टानों से पटा है। इन बाधाओं को ही सीढ़ी बना कर चढ़ने वाला व्यक्ति सफलता के शिखर पर पहुंचता है। आपका जीवन वह दीपक नहीं जो हवा के झोंकों से बुझ जाए, यह तो वह ज्वाला है जो आंधियों से लिपट कर आसमान को ललकारती है।" यह फैसला आपका है कि आप जोश उमंग के साथ रहना चाहते है या निराश व पंगु बन कर। आस्था रखें अपने कार्य पर क्योंकि फल कार्य करने से ही मिलेगा। कामयाबी का कोई पैमाना नहीं होता है मगर मन के विचारों को कार्यरूप देकर ही संतुष्टि प्राप्त की जा सकती है।

हर व्यक्ति के जीवन में बचपन, जवानी व बुढ़ापे का असर आना स्वाभाविक है अगर जो व्यक्ति जवानी में बूढ़े विचारों के साथ रहते है, वो कुछ समय में बूढ़े दिखने भी लग जाते है क्योंकि ऐसे व्यक्ति निराशावादी रवैया रखते है। जोश

व उमंग रखने वाले व्यक्ति के कार्य ही सफल नहीं होते अपितु उनके चेहरे पर भी जोश झलकने लग जाता है। जो व्यक्ति मृत्यु के भय से हार बैठता है वो अच्छा जीवन नहीं जी सकता। शरीर की ऊर्जा व ताकत कम होने मात्र से जो लोग सोचने लग जाते है कि अब तो सब कुछ खत्म हो गया उन्हें हार ही मिलती हे और जो लोग मनोबल को ऊँचा बनाये रखते है वे शरीर से कमजोर होते हुए भी जीत जाते हैं। ऊँची सोच, मनोबल का ही नाम है। मन, वचन, व कार्यों के अद्‌भुत सामंजस्य से ही व्यक्ति का मनोबल बढ़ता है। कोई भी सफलता पाने के लिए लगातार क्रिया करने की मन में चाह रहती चाहिये क्योंकि बड़े से बड़ा वृक्ष भी एक लघु बीज से पैदा हुआ है और ऐसा इसीलिए हुआ क्योंकि वह बीज घरती के अंतस में निरंतर प्रगतिशील रहा। आराम के साथ बैठकर भाग्य के भरोसे सफलता प्राप्ति की आशा हथेली पर सरसों उगाने के समान है। आपका मनोबल ही भीषण संघर्ष की परिस्थितियों में से कुंदन-सा बनकर निकालेगा। विजय-श्री उसी के हाथ लगेगी जिसका मनोबल संघर्ष से पराजित नहीं होगा। **भाग्य कुछ नहीं करता, प्रयत्न स्वयं को ही करने होंगे हमें ऐसी परिस्थितियों को जन्म देना होगा जो अवसर को स्वयं हमारे पास खींच लाए। निर्बल वह नहीं जिसे संसार निर्बल समझता है, बल्कि वह है जो अपने को निर्बल समझता है।** अपने को निर्बल समझना ही आपकी भूल है अतः अपनी सोच में बदलाव लाएं व ऊँचे मनोबल के साथ कार्य करने को आतुर हो जायें। विजय तुम्हारे चरणों में होगी।

" मनुष्य अपने विचारों, रूचियों एवं कर्म द्वारा सफल व्यक्तित्व का निर्माण कर सकता है अगर आपका मनोबल सदा ऊँचा रहे।"

-इन्जी. ओ.पी. माहेश्वरी

18 जागृति की सोच

ज्ञान में और विज्ञान में
कहने में और करने में
देखने में और दृष्टिकोण में
सोने में और जगने में
परिवार में और समाज में
सोचने में और समझने में
विश्वास में और संकल्प में
उत्थान में और पतन में
खाने में और स्वास्थ्य में
चित्त में और चेतन में
धर्म में और विवेक में
कर्म में और आचरण में
देने में और लाभ में
पुण्य में और मानवता में
साधनों में और प्रकृति में
हम में और आप में
धन में और आराम में
त्याग में और समर्पण में
खेल में और फैसले में
सरलता में और कठोरता में
स्वार्थ में और निःस्वार्थ भाव में
दाम में और उपलब्धि में
विज्ञान ही तो ज्ञान है
जो करे रहस्यों को उजागर
यही तो है जागृति की सोच

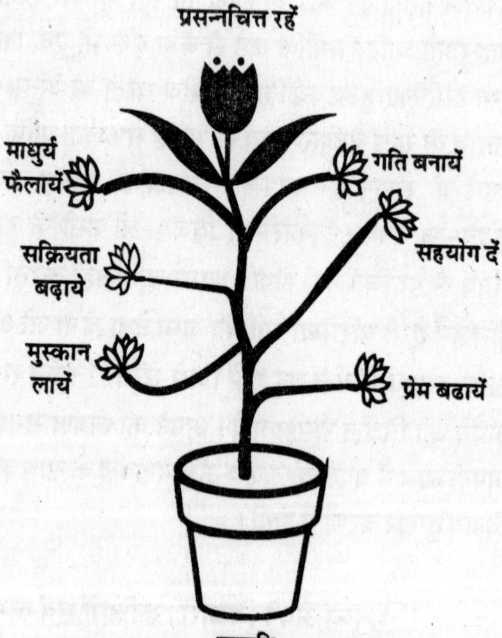

जागृति जिंदगी की सोच है,
जागृत रहना जीवन की शान है
संवर गई तो दुल्हन, बिखर गई तो तमाशा है

–इंजी. ओ.पी. माहेश्वरी

जागृति की सोच

विज्ञान को जानकर समझ बनाओ
समझ-समझ कर ज्ञान बढ़ाओ
जीवन का कुछ लक्ष्य बनाओ
जागृति की सोच अपनाओ

सजग रहकर सक्रिय बनो
खेल खेलकर बनो खिलाड़ी
बाधाओं से तुम ना घबराओ
जागृति की सोच अपनाओ

मन में मानवता की अलख जगाओ
जादू, टोटकों को दूर भगाओ
अन्धविश्वासों से तुम न घबराओ
अपने मन को जागृत बनाओ

जीवन का सार्थक लक्ष्य बनाओ
मानवता को अपना धर्म बनाओ
प्रकृति में श्रंगार को ढूंढो
जागृति की सोच बनाओ

''सोते हुए को जगाया जा सकता है
जगते हुए को उठाना ही जागृति है''

–इन्जी. ओ.पी. माहेश्वरी

19 क्या हर आने वाला दिन नया दिन होता है?

हमारी परम्पराओं (Tradition) में हर त्यौंहार को नया दिन माना जाता है और नये दिन में किये गये हर कार्य को शुभ (Omen) माना जाता है, चाहे किसी जीव की हत्या क्यों न हो ? जीव की हत्या वाले त्यौंहार कितने शुभ होंगे यह उनमें उत्पन्न होने वाली भावना से मालूम पड़ेगा। क्षत्रिय के लिए यह कृत्य ठीक हो सकता है मगर समाज के लिए तो यह निंदनीय कार्य ही होगा। यह नये दिन वाली प्रथा (Custom) इसलिए भी बनी होगी ताकि कुछ नये कार्यो को वर्षभर याद रखा जा सके।

अगर आप के काम आपके मन के मुताबिक नहीं हो रहे हो और निराशा का बहुत बड़ा बोझ अपने दिमाग पर ढो रहे हो तो अपनी सारी ऊर्जा इसी में खत्म हो जाएगी। दिमाग में जो काम याद आता है उसे कार्य योजना से पूर्ण करने की कोशिश तुरन्त कर लें। इसीलिए इमर्सन ने कहा था कि ''हर दिन को पूरा करो और फिर इससे मुक्त हो जाओ। तुमने वह सब किया, जो तुम कर सकते थे। बेशक कुछ गलतियाँ और मूर्खताएँ भी हुई होगी, लेकिन उन्हें जितना जल्दी भूल सकते हो, भूल जाओ। आने वाला कल एक नया दिन है। इसे अच्छी तरह और शांति से शुरू करो। पुरानी मूर्खता के बोझ के बजाय इसे उत्साह से शुरू करो। यह दिन अच्छा और सुंदर है। उम्मीदों से भरा यह सुहाना दिन इतना कीमती है कि बीते हुए कलों पर इसका एक पल भी बर्बाद नहीं किया जाना चाहिये।''

जो बीत गया सो बीत गया, अब हमें क्या करना है इसी सकारात्मक सोच के साथ अपने हर पल को व्यतीत करें। आपकी सक्रियता हर पल में उत्साह के दीप जलायेगी। हर रोज रात को सोते समय दिनभर के कार्यो का अवलोकन करें, जिसे स्वाध्याय कहते है जिसका अर्थ है 'स्व' का अध्ययन करना। दिनभर के किए गए कामों के बारे में सोचने से हमें अपनी गलतियों को सुधारने का अवसर देगा। हमें सोचना चाहिये कि हमने दिनभर में क्या-क्या किया, कैसे किया, और अच्छा कैसे कर सकते थे यानि हमारी प्रतिक्रिया हर पहलू पर कुछ समय के लिए मन में होनी चाहिये ताकि अगले दिन अपनी गलतियों में सुधार कर नये जोश के साथ आगे बढ़ सकें। जीवन रथ उसी का आगे पहुँचना है जिस रथ में ऊर्जा, शिक्षा, संघर्ष व बुद्धि के घोड़े जुते हुए है। इन घोड़ों की लगाम आपके मस्तिष्क में है, मस्तिष्क से जैसा

आदेश मिलेगा उतना ही तेज रथ आगे बढ़ेगा। तारीख हर रोज नई होती है, सूर्य हर सवेरे उदय होता है बीती हुई बातों से शिक्षा लेकर हर रोज नई कोशिश करें। नया दिन नई बात। आपके प्रयत्न ही नये अवसर लाते है। इस हेतु लेखक प्रो. योगेश्वर देव ने अपनी पुस्तक 'जागरण' में लिखा है कि – "**यह संसार अपना है साहसपूर्वक बढ़ कर अपना हिस्सा प्राप्त करो, निर्बल वह नहीं जिसे संसार निर्बल समझता है, बल्कि वह है जो अपने को निर्बल समझता है, संसार में भला ऐसी कौनसी वस्तु है, जिसे तुम प्राप्त न कर सको?** संसार की सब वस्तुएं जब बनी ही तुम्हारे लिए है तो भला वे तुम्हें कैसे नहीं मिलेगी? हां, उसके लिए तुम्हें हाथ बढ़ाना पड़ेगा, संसार में ऐसी कौन विद्या है जिसे तुम न सीख सको, पर सीखने के लिए प्रयत्न तो करना ही पड़ेगा, संसार में ऐसी कौन सी चोटी है जिस पर तुम चढ़ नहीं सकते, पर चलना तो पड़ेगा ही, यह समझना भारी भूल है कि तुम्हें कुछ आ नहीं सकता, सफलता का मार्ग अध्यवसाय की दुर्गम घाटी में से होकर निकलता है, सफलता पसीने की बूंदों का ही मोल है, तुम पसीने की बूंदे तो पैदा करो, यदि तुम समझते हो कि तुम्हारा भाग्य का अभिशाप है, तो यह भी तो समझो कि तुम्हारे ललाट पर लिखे विधि के लेखों को धोने की क्षमता भी तुम्हारे ललाट के पसीने की बूंदों में ही है।"

लेखक लक्ष्मीनारायणलाल ने अपनी पुस्तक 'प्रेम अपवित्र नदी' में क्षण और समय के लिए कितना अच्छा लिखा है "तुम्हारा सारा दुःख मानसिक है और झूठा है, तुमने अपने आप को बीते हुए जीवन में कैद कर रखा है, जो बीत गया, वह कब का मर गया और तुमने उसी मरी हुई लाश को अपने अंग में बांध रखा है, इसीलिए तुम्हारा वर्तमान इतना दुखमय है यह भूतकाल का पश्चाताप् है, जिस का न कोई अर्थ है न कोई सत्य, सत्य हो तुम ....केवल तुम और तुम्हारे वर्तमान का हर क्षण....... उस का एक एक पल जो नदी की धारा की तरह असंख्य जल बूंदों सहित तेजी से बहता चला जा रहा है।" शुभ-अशुभ, होना न होना निराशावादी लोगों की सोच है। आपका विवेक (Discretion) आपको कितना मनोबल देता है उसी अनुरूप अवसर का उपयोग करें। जागृत हो आगे बढ़ें, क्योंकि हर दिन नया दिन ही होता है।

" आपकी सफलता आपके कार्य करने के तरीके में छुपी है
यह सुनिश्चित है कि वो आपको मिलेगी ।"

–इंजी. ओ.पी.माहेश्वरी

20 जहाँ चाह वहाँ राह

आपकी चाह आपके मन के भाव होते है मन में जो तंरग उठती है और उसे अगर रचनात्मक रूप दे दिया जाता है तो सफलता आपके कदमों में होगी। आपके मन के भाव बनते है आपकी सोच व जागृति से। अगर आप जागृत (Awake) है तो समस्या का समाधान (Solutions) खोजने के लिए मन विचलित होगा। आप उस समस्या के समाधान हेतु कई तरह से हाथ-पैर मारोगे, कई विशेषज्ञों की सलाह मांगोगे। अगर आप सतत् प्रयास में लगे रहेंगे तो समाधान स्वयं मिल जायेगा। इस हेतु एक पौराणिक (Ancient) धार्मिक कथा का वृतांत बताता हूँ।

एक बार गुस्से में भगवान शिव ने अपने ही पुत्र का सिर धड़ से अलग कर दिया और जब सबने समझाया कि आपने यह गलत कार्य कैसे कर दिया। भगवान पछताने के बाद इस समस्या का समाधान ढूंढने लगे। समाधान के लिए भगवान ने अपने सिपाहियों को आदेश दिया कि तुम लोग उत्तर दिशा में जाओ और ऐसे नवजात शिशु का सिर लेकर आओ जिसकी माँ बच्चे की ओर पीठ करके सोयी हो। सिपाहियों ने एक हथिनी व उसके बच्चे को देखा और हथिनी के बच्चे का सिर काट कर भगवान शिव के पास लेकर आ गये। अब भगवान सोच में पड़ गये कि जानवर का सिर इस धड़ पर कैसे लगाऊं। भगवान शक्तिमान थे अतः उन्होने हथिनी के बच्चे का सिर उस धड़ से जोड़ दिया। जिन्हें भगवान गणेश का नाम दिया जिनकी पूजा हर शुभ कार्य में होने लग गई। यहाँ चाह थी कि कटे हुऐ धड़ को पुनः जीवित किया जाये, जो पूर्ण हो गई।

ऐसे ही जीवन में अनगिनत समस्याओं में हम उलझ जाते है। जिस समस्या को हम भूल जाते है वह समस्या होती ही नहीं है और जो सच में समस्या है या लक्ष्य है तो उसके लिए रास्ता अवश्य मिलेगा। जब आप कोशिश करेंगे और कोशिश अवसर पर अवसर आप को देगी। अगर आप निरूत्साहित, उदासी और परेशानी के भाव व्यक्त करते है तो लोग आपको कमजोर मानेंगे और कोई भी अच्छा काम कमजोर को सुपुर्द नहीं किया जाता है। आपको मन में साहस बनाना है। अपने को कम आंकना अपनी योग्यता पर सन्देह करना होगा और सन्देह मे सफलता आपसे दूर होती जायेगी क्योंकि पूरी ताकत, मन के विश्वास से आप कदम नहीं बढ़ा पायेंगे। हर सुबह उठते ही सोचना है कि मैं काम को कर सकता हूँ, मैं काम करूंगा, बाधायें आने पर फिर नया रास्ता ढूंढ़ ही लूंगा, मुझे सफल होने से कोई नहीं रोक सकता। जब यह विश्वास आपके मन में जागृत हो जायेगा तो अवसर स्वयं मिलते जायेंगे। कोई भी मंजिल चल कर स्वयं राहगीर तक नहीं आती है। चलना तो राहगीर

को ही पड़ता है। मनोचिकित्सकों का कहना है कि किसी भी नौकरी में विविधता होना आवश्यक है। लेकिन किसी कार्य में विविधता होना या न होना व्यक्ति के काम करने के तरीके से होता है न कि कार्यस्थल की दशा से। ऐसे व्यक्ति नीरस कार्यों को भी रोचक तरीके से कर सकते है। कार्य में सतुंष्टि होने पर उस कार्य को ज्यादा आत्मविश्वास के साथ पूर्ण कर सकते है। इस हेतु लक्ष्य तक पहुँचने के लिए आने वाली बाधाओं की सूची बनायें। यह निर्धारण करें कि कौनसा कार्य कब करना है कौन से कार्य में कौन-कौन सी बाधाओं को कैसे पार करना है, सहायता या सलाह लेनी है क्या-क्या साधनों की जरूरत पड़ेगी, आवश्यक धन सामग्री कहाँ से आयेगी आदि-आदि बिन्दुओं की सूची में हर रोज सोचें, जिसे पूर्ण कर लें उस पर निशान लगायें व जिन्हें पूर्ण करना है उसके लिए रास्ता खोजें। आप को यकीनन रास्ता मिल जायेगा, अगर आपकी चाह सच्चे दिल से है। यही चाह आपको अपने लक्ष्य तक पहुँचायेगी। जीवन में कुछ भी पाने में सबसे बड़ा सहयोगी और दीवार, दोनों अपने मन (चाह) और इरादे ही होते है। हालात का रोना खुद को भुलावा देने के तर्क से ज्यादा और कुछ नहीं। इसीलिए मुन्शी प्रेमचन्द ने भी कहा कि - ''जीवन में कभी सरल, छोटा रास्ता नहीं होता है। संघर्ष भरे लम्बे रास्ते को पार करने से ही विजय की प्राप्ति होती है''। इस हेतु लेखक हिमांशु श्रीवास्तव ने अपनी पुस्तक 'आत्म बल से जो चाहो बनो' में कितना अच्छा चित्रण किया है कि -''चलते-चलते उस के पैरों में छाले पड़ गये थे, वह भूख प्यास के मारे भी व्याकुल था, पर चलता चला जा रहा था, सफलता उस पार थी और मार्ग में था दूर तक फैला हुआ विशाल पर्वत, उसने चट्टान का एक छोटा सा टुकड़ा उठाया और पहाड़ को तोड़ कर मार्ग बनाने का प्रयत्न करने लगा, न तो क्षण भर को रूकता और न आहें भरता, न और किसी के नाम गालियां ही निकालता, तभी पर्वत गूंज उठा, मूर्ख, यह मार्ग सरल नहीं है।''

''यात्री ने बिना एक क्षण रूके कहा, कर्महीन! मैं मार्ग नहीं, मैं तो मंजिल देखता हूँ, और दूसरे ही क्षण पर्वत दो हिस्सों में बंट कर बोला, 'ले सफलता तेरे जैसे ही लोगों का वरण करती है।''

इच्छा करो,
आगे बढ़ो,
राह अवश्य मिलेगी।

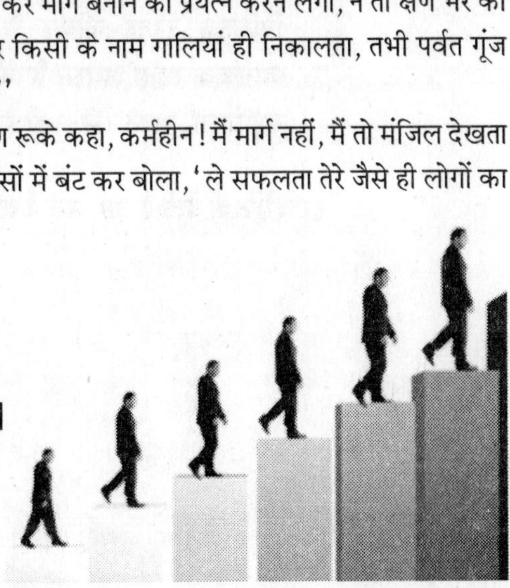

ठीक ऐसे ही विकट परिस्थितियों (Situations) के लिए कवि हरि मोहन शर्मा ने अपनी पुस्तक 'स्वप्न लोक' में लिखा कि- "यदि आपको कोई कठिन काम करना है या कोई कठिन परिस्थिति सामने आ गई है तो यह मत सोचिए कि आप उस काम को नहीं कर पाएंगे, या कठिन परिस्थिति (Situation) का सामना करने में असमर्थ हूँ, सिर्फ यह भी मत सोचिए कि "मैं मुश्किलों से नहीं डरता, 'यह कल्पना कीजिए कि आप उस कठिन कार्य को खुशी खुशी और आसानी से कर रहे है या कठिन परिस्थिति का सामना करते समय, आप को कोई कठिनाई नहीं हुई है, और आपने हंसते हंसते उस का सामना कर लिया है, देखिए, फिर वही होता है या नहीं, जिस की चाह (कल्पना) आप ने की थी, विश्वासपूर्ण उत्कटता से कल्पनाएं करना और आत्मबोधन द्वारा उन्हें 'खुद को बेचना' सीखिए, आप देखेंगे, जीवन का कठोर मार्ग अत्यंत सरल बन गया, और आप अतिउल्लास से उस पर सफलता की मंजिलें पार करते हुए चले जा रहे हैं।" यही तो आपकी चाह है। कुछ लोगों के मन में चाह तो बहुत बनती है आशावादी भी होते है मगर कर्म, समर्पण नहीं होता है। वो सोचते है कि भाग्य होगा तो हमें बैठे - बैठे ही मिल जायेगा। मगर यह सच नहीं है मिलेगा तुम्हें विवेक से, कर्म से और निरन्तर संघर्षरत रहने से। ऊँची सोच होगी तो सफलता भी बड़ी होगी अतः मन में चाह बनायें और उसे कार्यरूप का जामा पहनायें।

"जीवन की गति है सक्रियता में,
इन्द्रियों का काम है अनुभव का,
निष्क्रिय रहना जीवन है मुर्दामय,
जागरूक रहना अवसर है कर्मपथ का,
बढ़े चलो, बढ़ते रहो, यही है जीवन।"

"हर कोशिश देती है राह, मन में ठानो इसकी चाह"

-इन्जी. ओ.पी. माहेश्वरी

21 ऊर्जामय जीवन

जीवन में जो व्यक्ति अपनी ऊर्जा को सही दिशा दे देते है यानि सोच स्वास्थ (जागृत) रखते हैं। वे न केवल सफलता को छूते अपितु ऊर्जावान व्यक्ति बनकर स्वस्थ, सरल एवं कीर्तिमय जीवन जीते है। ऊर्जावान बने रहना ताकत का मापदण्ड नहीं है अपितु सक्रियतामय जीवन के सदुपयोग की क्रिया हैं।अपने पर विश्वास, दृष्टि को उद्देश्य पर केन्द्रित करना सकारात्मक ऊर्जामय जीवन की पहली सीढ़ी है। ऊर्जा गति का नाम है और जीवन एक यात्रा है और इन सीढ़ियों पर सफलता से चढ़ना महत्वपूर्ण उपलब्धि होती है। यह कहना भूलो कि मुझसे यह काम नहीं होता, यह कार्य बहुत छोटा है, ऐसे नकारात्मक सोच को दिमाग में न बिठायें क्योंकि नकारात्मक सोच से आत्मबल में कमी आती है। जो सफलता के लिए अवरोध का कार्य करती है। यह सच है कि मन के हारे – हार है, मन के जीते जीत, किसी काम की कामयाबी के साथ पूरा करने का विश्वास मन में होना जरूरी है। वे लोग ही कामयाब होते है जिनके मन में जीत का यकीन होता है। विचार हमेशा उच्च होने चाहिए ताकि साहस व ऊर्जा के साथ जन कल्याण में उसे किया जा सके ।

ऊर्जा ही जीवन है, ऊर्जा ही गति है, ऊर्जा ही वह तत्व है जिस पर सम्पूर्ण जीवन जगत टिका हुआ है। जगत का अस्तित्व ही ऊर्जा पर कायम है जिस तत्व से पानी बह रहा है, अग्नि जल रही है, बादल चल रहे है, वृक्ष लहलहा रहे है, उस प्रत्येक तत्व का नाम ऊर्जा हैं, **ऊर्जा ही आत्मा हैं। जिस तरह आत्मा अमर है। एक रूप से दूसरे रूप में जन्म लेती रहती हैं। वैसे ही ऊर्जा एक रूप से दूसरे रूप में बदलती रहती है।** तभी तो एक विद्युत ऊर्जा से अनेक रूपों में ऊर्जा ली जा सकती है, बल्ब से रोशनी के रूप में, रेडियो से ध्वनि के रूप में, हीटर से उष्मा के रूप में, आदि-आदि कार्य ऊर्जा का स्त्रोत एक है और उपयोग अनेक। ज्ञान और कर्म की ज्योति को प्रज्वलित करना है तो आदित्य बनो, ऊर्जावान व्यक्ति के लिए लेखक भगवती चरण वर्मा ने अपनी पुस्तक 'सामर्थ्य और सीमा' में लिखा है कि- "अगर हम सूर्य को जीवन और अंधकार को मृत्यु का प्रतीक मान लें तो उसमें कोई खास अंतर नहीं पड़ेगा। जहां तक सूर्य का प्रश्न है वह तो मौजूद है, केवल वह हम से दूर हो गया या यह कहना ठीक होगा कि हम उस से दूर हो गए है, अंधकार में सूर्य नहीं डूब रहा है, अंधकार में तो हम डूब रहे है और हमारा यह अंधकार न शाश्वत है, न स्थायी कल सुबह फिर अंधकार दूर हो जायेगा, फिर सूर्य आकाश पर उदय होगा।

'अप्पदीपो भव' – भगवान् बुद्ध की उक्ति है। दीपक आदित्य की परम्परा अपनाने से आदित्य जितना ही महत्वपूर्ण हो जाता है। इसलिए अपने को छोटा न समझो, स्फूर्ति और कर्मशीलता के साथ अपने को ऊर्जामय बनाये रखो। निराशा एवं अकर्मण्यता पर विजय पाकर ही जीवन निर्वाह करने वाला व्यक्ति ऊर्जावान व्यक्ति होता है ।– प्रो. योगेश्वर देव ने अपनी पुस्तक 'जागरण' में लिखा है कि " मनुष्य अपार शक्ति का स्त्रोत है, अपने को समझने का विश्वास रखें, तुम शक्ति के भंडार हो, स्वामी विवेकानंद कहा करते थे– "क्या तुम जानते हो, तुम्हारे अंदर अभी भी कितना तेज, कितनी शक्तियां छिपी हुई है– क्या वैज्ञानिक इन्हें जान सकता है?" मनुष्य का जन्म हुए लाखों वर्ष हो गए, पर अभी तक उस की असीम शक्ति का केवल अत्यंत क्षुद्र भाग ही अभिव्यक्त हुआ है, इसलिए तुम्हें यह नहीं कहना चाहिए कि तुम शक्तिहीन हो, तुम क्या जानो कि ऊपर दिखाई देने वाले पतन की ओट में शक्ति की कितनी संभावनाएं है"। शक्तिहीन व्यक्ति मन से भी शांत नहीं रह सकता। शांत व सरल जीवन के लिए ऊर्जामय बने रहना आवश्यक है और इसके लिए प्रकृति के नियमों को समझना होगा। सबसे पहले भावनात्मक शक्ति, फिर मानसिक और अंत में शारीरिक शक्ति का विकास से ही ऊर्जामय जीवन बना रह सकता है।

ऊर्जामय जीवन–जागृति

ऊर्जामय जीना एक कला, स्फूर्तिमय रखो तन–मन को।
ऊर्जा नाम है शक्ति का, हिम्मत होती है तन–मन में।
तन की शक्ति, मन शक्ति, ऊर्जामय जीवन जीने में।
वो जिन्दगी भी क्या है, जो गुजरे निष्क्रियतामय जीने में।
जागृति लाओ, सत्यता को जानो, वरना सोच अधूरी है।
जागृति की सोच है, सफलतम जीवन जीने में।

"आप बुद्धिमान है, योग्य भी है और अवसर भी मिल रहे है मगर आप असफल हो रहे है क्योंकि आपने अपनी ऊर्जा को सफलता के लिए नहीं झोंका है।

–इन्जी. ओ.पी. माहेश्वरी

22 तैयारी (Preparations) रखने वाले ही होते हैं सफल?

किसी काम के लिए योजना (Planning) बनाना, तैयारी (Preparations) करना, अपने आत्म विश्वास (Self Confidence) को बढ़ाना है। साधारण बने रहना तो आसान है मगर विशेष बनने के लिए अलग से कोशिश करनी होती है। यह तैयारी हर रोज, हर क्षेत्र में आवश्यक है अतः इस हेतु आपका सतत् प्रयास बना रहना चाहिये ताकि हर जगह आपके कदम आगे रहें। इस कोशिश का कार्य रूप ही काम की तैयारी है।

अपने कार्य को समय पर करने के लिए यह जरूरी है कि उस कार्य की तैयारियां समय से पूर्व कर दी जाये ताकि शीर्ष (Peak) समय में जब आपके ऊपर बहुत सारे कार्य साथ में आ जाये तब भी आप उन्हें करके समय के महत्व को बरकरार रख सकते है जैसे बच्चे को सुबह स्कूल भेजना है तो स्नान का कार्य तो सुबह ही होगा मगर टिफिन में क्या ले जाना है इसकी तैयारी रात को की जा सकती है, स्नान के लिए कपड़े बाथरूम में रखे जा सकते है, कपड़ों की प्रेस रात को की जा सकती है। बैल्ट, खाली टिफिन, बैग वगैरह को रात में ही व्यवस्थित रखा जा सकता है ताकि सुबह कम समय में तैयारियां करके सभी बच्चों को समय पर स्कूल रवाना किया जा सके।

"जीतने की इच्छा सभी में होती है, मगर जीतने के लिए तैयारी करने की इच्छा बहुत कम लोगों में होती है।"

– विंस लॉम्बार्डी

"Every one has a will to win but very few have the will to prepare to win."

- Vince Lombardi

"आपकी सफलता आपकी कार्य योजना,
सक्रियता व जागृति में निहित होती है।"

– इंजी. ओ.पी. माहेश्वरी

23 समय नहीं मिलता, रोना छोड़ो

हर रोज सूर्य उदय होता है, रात्रि होती है और फिर सूर्य उदय हो जाता है, प्रकृति ने हम सबको बराबर समय दिया है। हर दिन 24 घन्टे का ही होता है। किसी के लिए दिन 20 घन्टे का, किसी के लिए 28 घन्टे का नहीं। कुछ लोग कार्य को आगे बढ़कर करना चाहते है तो कुछ लोग अपनी क्षमता होते हुए भी समय का रोना रोते रहते है। भले ही वे जिन्दगी में कोई रचनात्मक कार्य सम्पन्न न कर रहे हो।

समय का रोना रोने वाले लोगों को सुझाव है कि वे अपने विवेक व ज्ञान शक्ति को जागृत करें, विवेक जागृत करने का तरीका है अपने वर्तमान समय का भरपूर सदुपयोग, आप अपने ज्ञान को वर्तमान पलों के उपयोग में लगा दें। विवेक व आप के कार्य करने की शक्ति धीरे-धीरे स्वतः ही बढ़ते जायेंगे। आप पूरे तन मन से अपना काम करके देखिए, आपका हर पल फलीभूत होगा।

किसी कार्य को करने के लिए समय मिलता नहीं, निकालना होता है। हर व्यक्ति की अलग-अलग आदतें होती है और अपनी रूचि के अनुसार अपना समय उसमें व्यतीत करता है यानि उस व्यक्ति को 'उक्त' कार्य करने की रूचि नहीं है तो समय न होने का बहाना बना दिया जाता है। जबकि बाकी सभी फिजूल के कार्यो में समय व्यतीत कर देते है। घन्टों हम गपशप में, जगने के बाद भी बिस्तर पर आलस्य में, बिना कोई काम के बैठे रहने व सुस्ताते रहने आदि में अपना समय व्यतीत कर देते है और जीवन के लिए आवश्यक मुख्य कार्यो से वंचित रह जाते है। तुम्हे आज नहीं मिला तो कल मिल सकता है क्योंकि समय परितर्वनशील है। समय के अनुरूप चलने के लिए प्रतिदिन समय की विवेचना होनी चाहिये। ऐसा न हो कि हम रोज वहीं करते आ रहे है जो आज तक करते आये है ऐसे में आपको वहीं मिलेगा जो अब तक मिलता रहा है। ऐसे में आपकी गति स्थिर हो जायेगी और वर्तमान परिस्थितियों का सही उपयोग करने वाला आपसे आगे ही बढ़ता चला जायेगा। हर रोज 24 घंटे में से सिर्फ 5 मिनट यह सोचने में लगायें कि आजकी उपलब्धियाँ क्या रही, कल हम इसमें और बढ़ोतरी कैसे कैसे कर सकते है। यह बात पहले स्वयं से करनी है और आवश्यक हो तो अपने एवं विशिष्ट लोगों से की जा सकती है। अमेरिकी लेखक ब्रेट हर्टे ने कहा था, 'भाग्य के बारे में केवल एक बात सुनिश्चित है कि वह बदलेगा'

यह बात सही है कि आपके प्रयास सही है तो परिणाम भी सही होंगे अन्यथा हार ही हाथ में मिलेगी। प्रयास के लिए सबसे जरूरी है समय व अवसर का उपयोग।

किसी कार्य के लिए समय निकालने का तरीका सिखाता है ''समय प्रबन्धन''। हम देखते है कि कई बड़े लोग, छोटे-छोटे कार्यो में भी समय लगा देते है और समाज में उपलब्धियों पर उपलब्धियां हासिल करते ही जाते है। जबकि दूसरी ओर ऐसे भी बहुत से लोग होते है जो समय की कमी का रोना ही रोते रहते हैं। ऐसे लोग समय की महत्वत्ता को नहीं समझ पाते है और अपना समय यूं ही बर्बाद करते रहते है। कहने को ये लोग भी जीते है पर उपलब्धि बताने के नाम पर कुछ नहीं होती है। ऐसे लोग अपनी विशेषताओं से चर्चा में नहीं रहते अपितु जीने के नाम पर ही जीवन ढ़ोते है। इन्होंने समय की कीमत नहीं जानी जबकि समय ही धन है। जिसने समय बचा लिया, समझो सफलता उसके कदमों में होगी। समय प्रबन्धन की मुख्य कड़ियां निम्न है:

1. आने वाले हर क्षण के उपयोग की सोच मन में बिठायें।
   (Use of every moment)
2. अगले दिन कौन-कौन से कार्य निपटाने है, उनकी रूपरेखा रात को ही सोने से पहले बना कर मुख्य बिन्दुओं को पेपर पर लिख दें फिर कार्यो को सूची अनुसार प्राथमिकता के आधार पर निष्पादन करें।
   (List out the works)
3. कार्य योजना बना कर, हर कड़ी में लगने वाले समय का अनुमान लगायें व समय का आवंटन करें।
   (Work Planning & Time Management)
4. कार्य योजना अनुसार कार्य तत्काल करें, उन्हें लटकाएँ नहीं।
   (Start Immediately)
5. समय के पाबन्दी बनें।
   (Be Punctual of time)
6. दैनिक कार्यो को समयबद्ध करें मगर कम समय लगाएँ।
   (Efficient Working)
7. संचार माध्यमों का उपयोग बढ़ायें, व्यक्तिगत मिलने की बजाय टेलिफोन आदि में कम समय लगता है।
   (Use of Communication)
8. कार्य का रूट बनायें, सहायकों की सहायता लें, नवीन तकनीकी का

उपयोग बढ़ायें। इससे समय बचेगा।

(Take assistance in new Technology)

9. अपनी कार्यों की सूची (लिस्ट) को हर रोज अपडेट करें और मौका हाथ से न जाने दें। पहले सूची के अनुसार समय का उपयोग करें।

(Update the List)

10. अपने दिमाग को मुख्य काम में ही रखें, एक मुख्य काम पूरा होने के बाद ही दूसरे काम में हाथ डालें।

(Focus on main activity)

11. भविष्य में आने वाली समस्याओं को वर्तमान में ही सोच कर उनके प्रति तैयारी रखें।

(Advance Planning & Preparation)

12. जीवन की प्राथमिकताएँ तय कर, छोटे-मोटे कार्यों के लिए भी समय निकालें।

(Work According to Priorities)

13. कार्यों को बाँटना सीखें, कम समय में काम निपट जायेगा।

(Distribute the work)

14. काम को काम समझें, बोझ नहीं, इमोशनल होकर भी भावना में न बहें, 'ना' बोलना भी सीखें जिन कार्यों में समय की बर्बादी की सम्भावना है।

(Work is Worship)

क्योंकि आज के काम के लिए आज का दिन ही निश्चित है और कल के काम के लिए कल का दिन। आज के काम को कल पर टाल देने से भार दो गुना हो जायेगा और फिर कल का काम परसों पर छोड़ देने से वह कभी पूरा नहीं होगा। क्योंकि स्थगनशीलता की प्रवृत्ति कार्यों की दक्षता नष्ट कर देती है।

समय पर नहीं चलने वाले लोग होते है–

- आलसी (Lethargic)
- लक्ष्यहीन (Goal)
- नकारात्मक (Negative) नजरिये / छोटी सोच रखने वाले लोग
- बातें ज्यादा, काम कम करने वाले
- कामचोर/कर्महीन व्यक्ति
- अनुभवहीन (Unskilled)/अनुमानहीन

♦ बेपरवाह लोग (Careless)

जब बात समय की चल रही है तो मैं बता देना चाहता हूँ कि सूर्योदय से पूर्व उठने वाले लोग हर कार्य में साधारणतया आगे ही रहते है क्योंकि ऐसे लोगों में आलस्य कम और समय की पाबंदी अधिक होती है। सूर्योदय से पूर्व उठने वाले लोगों को वातावरण की शुद्ध ऑक्सीजन मिलती है। जिससे इनका शरीर भी तन्दुरूस्त रहता है। सुबह के ठण्डे वातावरण में आपकी सोच सकारात्मक रहती है जबकि बाद में उठने वालों के सिर सूर्य की तपन से गर्म हो जाते है और हर कार्य में पीछे से पहुँचने के कारण गुस्सा भी मन-मस्तिष्क में बढ़ जाता है। आपकी सफलता आपके हर क्षण के उपयोग में है। इस सम्बन्ध में एक घटना बताना चाह रहा हूँ - एक दिन ऑफिस जाने के लिए समय से पूर्व तैयार हो गया, घर में सफाई का काम चल रहा था अतः वापस अन्दर प्रवेश बन्द कर दिया गया, मेरे हाथ में स्कैच पेन था और उससे मैंने फ्लश (सपाट) दरवाजे पर बड़ी सी आकृति बना डाली जब आकृति अच्छी दिखने लगी तो उसमें मैंने ऐसे ही रोज थोड़ा-थोड़ा रंग भरता रहा और बन गई बाहर दिखने वाली सुन्दर आकृति, अब कॉलोनी में एक-एक कर लोग उसे देखने आने लगे। जब वहाँ से मेरी ट्रान्सफर हुई तो उस क्वार्टर को लेने के लिए कई लोगों मे होड़ लग गई क्योंकि गेट पर अच्छी आकृति जो थी।

यह आकृति हर रोज समय से पूर्व तैयार हो जाने व उन बचे हुए क्षणों के उपयोग से सम्भव हो पाई। जिन्दगी में ऐसे क्षण कई जगह, कई बार मिलते है और अगर उन क्षणों को हर बार उपयोग करें तो सफलता आपके कदमों में होगी और समय की कमी का रोना स्वतः ही बन्द हो जायेगा।

जो अपने समय का सर्वाधिक दुरूपयोग करते है, वे ही समय की कमी की सबसे अधिक शिकायत करते है।

"समय कभी रूकता नहीं, समय कभी लौटता नहीं।

समय पर किये गये कार्य से ही, आपकी सफलता होगी।"

-अज्ञात

"जो व्यक्ति अपना समय व्यर्थ करने की क्षमता रखते है वे ही समय नहीं मिलता का राग अलापते है क्या उचित, क्या व्यर्थ होगा, यह सोचना ही जागृति की सोच है।"

-इन्जी. ओ.पी. माहेश्वरी

24 सही निर्णय यानि पूर्व अनुमान (Estimations) भी सफलता

आप कितने दूरदर्शी हैं तथा समस्याओं और संभावनाओं की तरफ आपका नजरिया क्या है उसी के अनुसार सफलता का निर्माण होता है। एस्टीमेशन शब्द कार्य की मात्रा, लागत, समय का पूर्वानुमान है। यह कार्य की रूप-रेखा का ही एक अंग है जिससे भविष्य में होने वाले काम को वर्तमान में कल्पना द्वारा अनुमान लगा दिया जाता है। जिसे वर्तमान में इंट्यूशन यानि भीतरी ज्ञान भी कहते है। जिसका अनुमान जितना सही होगा उसके परिणाम भी उतने ही अच्छे हासिल होंगे।

मेहनत दो व्यक्ति साथ में करते है। एक सफल हो जाता है और दूसरा अपने भाग्य को कोसता रहता है। सफल होने वाले व्यक्ति ने भी उस समय कोई ज्यादा मेहनत नहीं की मगर वह सफल हो गया, उसके पीछे उसके मन-मस्तिष्क में उठने वाले प्रश्नों का हाथ रहा और उनका सही निर्णय लेना, उसे सफलता की ओर ले गया। सही निर्णय लेने के लिए अनुभव, विवेक, सक्रियता व ज्ञान ने बहुत कुछ साथ दिया। जबकि फैल होने वाले व्यक्ति ने अनुमान की आदत ही नहीं बनाई,जब अनुमान की आदत नहीं होगी तो ऐसे व्यक्ति समय के पाबन्द भी नहीं रह पाते है। वे यह नहीं सोच पाते है कि कौनसा कदम कितना सही है, क्या तैयारी रखें, खुद क्या करें, का अनुमान नहीं लगा पाते है और ऐसे लोग जिन्दगी के अधिकतर क्षेत्र में लेट-लतीफ ही रहते है। उन्हें यह भी नहीं पता पड़ता कि कौनसा काम कब, कितना किया जाये, भले ही उन्हें काम करना आता हो। सही अनुमान के लिए अनुभव व ज्ञान का होना आवश्यक है फिर दिमाग में उस काम के प्रति स्थिरता भी होनी चाहिये। मन ऐसे विचलित नहीं होना चाहिये कि यह काम भी करलूँ, वो काम भी करलूँ, ऐसे लोग यह तय नहीं कर पाते है कि मुख्य कार्य कौनसा है और किस कार्य को आराम से कर सकते है। कई कार्यों में खुद को उलझाने की बजाय एक समय पर मुख्य काम पर ही अपना ध्यान लगाना चाहिये। मन को केन्द्रित करने के लिए योग साधना, अभ्यास का सहारा ले सकते है। कार्यों को करने से पहले उसकी रूप-रेखा व तैयारी करके एक के बाद एक कार्य को सोच समझकर कर सकते है क्योंकि जीवन में हम सब लोग सुख पाने के लिए ही दौड़ते है। कोई सुख को धन में देखता है तो कोई ऐशो आराम में, कोई क्रीड़ा में, तो कोई वस्तु को पाने में,पर सुख हर कोई चाहता है। कोई भी व्यक्ति दुःख की चाह नहीं रखता है। फिर भी दुःख आते है और

दुःख का कारण होता है मनः स्थिति और दृष्टिकोण और इसी से बनती है पूर्व अनुमान और पूर्व आभास (Intuition) की योग्यता, अगर आपका अनुमान सही है तो आपको वही मिलेगा जिसका प्रयत्न कर रहे हो अन्यथा फिर संघर्ष बढ़ाना होगा। संघर्ष से मिलेगा विवेक, विवेक से सही अनुमान की दिशा और इसी दिशा से मिलेगी सफलता।

सही अनुमान के लिए निम्न कारकों (Factors) का प्रभाव पड़ता है।

1. भयमुक्त (Fearless) माहौल या भययुक्त (Tumid) माहौल का होना।
2. अनुभव (Experience) होना या अनाड़ी (Un skilled)बने रहना।
3. ज्ञानी (Knowledge) होना या अज्ञानी (Illiterate)।
4. सोचने (Thought) की शक्ति या विवेकहीन (Mind less) होना।
5. काम को स्वतः करने की आदत (Self Ability) या किताबी अनुभव (Theoretical ability)।
6. काम का रूचिकर (Interesting) होना या अरूचिकर (Uninteresting)वाला।
7. काम को काम (Work is Work) समझना या बोझ (Burden) मानने की आदत।
8. तकनीकी ज्ञान (Technical Knowledge)होना या अनभिज्ञ (Unknown)होना।
9. काम करने की आदत (Willingly)या काम टरकाने की आदत (Un Willingly)
10. मन की एकाग्रता (Concentrations) या विचलित (Fecal Mind) मन
11. नियंत्रित (Controlled) या अनियंत्रित (Haphazard) तरीके से काम की आदत।
12. विलासितामय जीवन (luxurious Life) या अभावग्रस्त जीवन (Life in Scarcity)

आप तय कर सकते है कि कौन-कौन से कारकों (Factors) को अपनायें व किन-किन से दूरी बनायें ताकि सही समय पर सही निर्णय लेकर अपने लक्ष्य को साध सकें।

"सत्य की दिशा में हजारों-हजार शास्त्रों का इतना मूल्य नहीं है, जितना अपने द्वारा उठाए गए एक-एक कदम का है, और इसकी फिक्र मत करना कि रास्ता लंबा बहुत है, क्योंकि लंबे से लंबे रास्ते भी एक-एक कदम उठाकर पूरे हो जाते है।"

– रजनीशः सत्य की खोज

"कर्म, काल का सही उपयोग और कर्त्तव्यनिष्ठा
रखने वाले लक्ष्य को हासिल करते है।"

– इंजी. ओ.पी. माहेश्वरी

25 प्रतिस्पर्धा व व्यंग्य भी सफलता के प्रेरक

किसी के द्वारा बोले गऐ व्यंग्य भरे शब्द भले ही हमें बुरे लगे मगर इन शब्दों में छुपा अपनत्व मन में प्रतिस्पर्धा की भावना जागृत कर जाता है। यह भावना सर्वश्रेष्ठ बनने हेतु प्रयास के लिए प्रेरित करती है। ये प्रयास कभी बेकार नहीं जाते, अगर संघर्ष को आपने अपना लिया है। यह संघर्ष आपकी योग्यता में निरन्तर निखार लाता रहेगा। आप भले ही बड़ी सफलता तक अभी नहीं पहुँच पाये हो मगर नई योग्यताएं आपके व्यक्तित्व में समा चुकी होती है। यह प्रतिस्पर्धा की भावना हर समय आपको जागरूक रहने के लिए प्रेरित करेगा। आप अपने प्रतिद्वंदी पर नजर गाड़े रहेंगे। आप उससे बेहतर व ज्यादा करने में लगे रहेंगे । आपके ये प्रयास कभी बेकार नहीं जायेंगे। हर बार नई योग्यताओं का समावेश होता जायेगा जो आपको अपनी मंजिल के नज़दीक लाता रहेगा। प्रतिस्पर्धा से दूर भागने वाले लोग अपनी कार्य क्षमता को कम करते जाते है और कार्य क्षमता कम होना न केवल आर्थिक अपितु शारीरिक व मानसिक तौर पर पिछड़ते जाना है। जो समय के साथ नहीं रह पायेंगे उन लोगों को समय पीछे छोड़ आगे निकल जाता है। अतः जीवन में सफलता पाने के लिए मन में प्रतिस्पर्धा को पाले रखना, औरों से बेहतर करने का तरीका होगा। सफलता तभी मिलती है जब आप लक्ष्य के प्रति कदम पर कदम बढ़ाये चलते रहें। व्यंग्य के स्मरण मात्र से आपकी आतुरता उत्तेजना में बदल जायेगी। नियंत्रित उत्तेजना में भी आँखे लाल होना, आवाज बदल जाना और शरीर में जोश आ जाता है। अध्ययनों से पता चला है कि व्यक्ति सामान्यतया दैनिक कार्यो में अपनी क्षमता का सिर्फ 20 प्रतिशत ही उपयोग करता है जबकि व्यक्ति क्रोध व आवेश के समय अपनी पूरी क्षमता झोंक देता है और परिणाम भी उम्मीद से ज्यादा अच्छे हासिल कर लेता है। आपके मन में उत्पन्न प्रतिस्पर्धा की भावना लक्ष्य तक पहुँचने की रामबाण दवा है।

" प्रयत्न और चेष्टा जीवन का स्वभाव और गुण है, जब तक जीवन है प्रयत्न और चेष्टा रखना स्वाभाविक है, जीवन में एक समय प्रयत्न की असफलता मनुष्य का संपूर्ण जीवन नहीं है, जीवन का हम अंत नहीं देख पाते, वह निस्सीम है, वैसे मनुष्य का प्रयत्न और चेष्टा भी सीमित क्यों हो? असामर्थ्य स्वीकार करने का अर्थ है, जीवन में प्रयत्नहीन हो जाना, जीवन से उपराम हो जाना ।"

–यशपालः दिव्या

"इच्छाऐं सभी पूरी हो सकती है, यह आपकी जागृति पर निर्भर है।"

– इंजी. ओ. पी. माहेश्वरी

26 सफलता के सहायक, प्रतीकात्मक चिन्ह

भूलने की आदत सबमें होती है। हमारा दिमाग वही बात याद रखता है जो उसे वर्तमान में नजर आ रही हो, क्योंकि मन का गुण है कि जो सामने होता है या दिख रहा है उसी के साथ जुड़ जाता है। दिमाग में घूम रहे प्रश्नों से कई बार आपकी नींद तक उड़ जाती है। भूलने की आदत है तो मुख्य सामान तक भूल कर चले जाते है जीवन में ऐसी अनेक घटनाऐं होती है जिन्हें हम चाह कर भी तुरन्त याद नहीं कर पाते है । सामने आने वाले व्यक्ति, वस्तु को देखकर ही उसके सम्बन्धित कार्य याद आते है। मन नये विषय के साथ जुड़ने की कोशिश करता है और जो सामने नहींहोता है उसे भूल भी जाता है। मगर हमारी तैयारी उस विषय की नहीं होती है। इसी याद को बनाये रखने हेतु आप कुछ ऐसा कर सकते है कि आप उसे देखते ही जो आप करना चाह रहे हो याद आ जाये, जैसे गाड़ी के रिजर्व के निशान को देखते ही उसमें ईधन भराना याद आ जाता है। ऐसे ही आप कर सकते है कुछ प्रतीकात्मक चिन्ह बनाकर ताकि उन्हें देखकर हमारे चेतन मन की इन्द्रियाँ जागृत हो जाये और मस्तिष्क में आवश्यक संदेश पहुँच जाये जैसे मोबाईल चार्ज में लगा ही रह जाता है और साथ ले जाना भूल जाते है तो अपनी सुविधा अनुसार कुछ निशान बना सकते हो जैसे मैंने बना रखा है कि कमर का बैल्ट जिसमें मोबाईल लगा रहता है उस बैल्ट को पूरा लगाने के बाद भी अन्तिम सिरे को खुला छोड़ देता हूँ जिससे मुझे याद आ जाता है कि बेल्ट में लगे कवर में अभी मोबाईल नहीं आया है। परीक्षा में प्रश्न पत्र हल करते समय तो हम लोग यह करते है ही कि जो प्रश्न कर दिया उस पर सही (✓)का निशान लगा देते है, जो प्रश्न कठिन है उस पर प्रश्न वाचक (?) चिन्ह और जो सन्देहास्पद याद हो उस पर चिन्ह (○) लगा देते है ताकि मुख्य प्रश्नों को पहले व सन्देहास्पद प्रश्नों के उत्तर बाद में दे सकें। ये सब चिन्ह आपको समय के उपयोग व याद के लिए होते है। व्यक्ति को देखते ही हम उससे वार्ता चाह रहे है और उस समय मुख्य बिन्दुओं को हमने लिख रखा है तो हमारी वार्ता और अधिक सार्थक हो जाती है। हमें कल जो कार्य करना है उससे जुड़ी वस्तु को आज ही अपनी मेज पर रख देने मात्र से कल हमें यह याद आ जायेगा कि यह कार्य करना है। आपको यदि कुछ करना है तो करना है और यदि नहीं करना है तो नहीं करना है। आप असमंजस की स्थिति में कार्य नहीं

करें। कार्य पूरी तैयारी के साथ ही करें। ज्यादा काम हो जाने पर जब चिन्ता में नींद उड़ जाती हो तो आप उन कार्यों की सूची बनाकर ऐसी जगह रखें कि सुबह उसे देखते ही वो कार्य याद आ जाये इसमे **यह सूची आप को याद दिलाने का प्रतीकात्मक चिन्ह है।**

प्रतीकात्मक चिन्ह आप भी बना सकते है जैसे-

☺ कोई तारीख याद रखने के लिए कलेण्डर मे चौकड़ी लगाकर

☺ कार्यो को याद रखने के लिए कार्य सूची को अपनाकर

☺ लिखी पंक्तियों को याद रखने के लिए हाईलाईटर/ अण्डर लाईन/ रंगीन लाईन लगा कर

☺ पूजा को याद रखने के लिए चित्र अथवा मूर्ति लगाकर

☺ दिन में समय पर याद दिलाने के लिए मोबाईल में अलार्म लगाकर

☺ सामान लाना याद रखने हेतु गाड़ी में खाली थैला लटकाने से

☺ साथ ले जाने वाली वस्तुओं को मुख्य द्वार के पास लाकर रखने मात्र से।

☺ दिखावे वाली चीजों व बाधाओं से।

☺ पोस्टर/बैनर/फोटो/स्लोगन आदि को प्रदर्शित कर।

☺ वार्ता के मुख्य बिन्दुओं को लिखकर

☺ पारदर्शी कवर में बिल आदि याद रखने वाले पेपर को रखकर।

☺ दुबारा लाने वाली वस्तु की थोड़ी मात्रा, पैकिंग, वेपर आदि जेब में अथवा पास रखकर।

"प्रतीकात्मक चिन्ह को देख व्यक्ति यादों को स्मृति पटल पर पुनः ले आता है फिर जिसमें जैसी उमंग है वो उसे कार्यरूप दे देगा।"

– इन्जी. ओ.पी. माहेश्वरी

शुभ-अशुभ

(Omen-Ominous)

27 क्या है शुभ समय?

28 क्या बिल्ली का रास्ता काटना अशुभ होगा?

29 काले कपड़ों का पहनना, अपशगुन क्यों?

30 वार तिथियों का शुभ-अशुभ होना।

31 क्यों हम निश्चित वार को ही करें काम?

32 दूध का उफनना, घी का गिरना अपशगुन होता है?

33 कुत्ते का कान फड़फड़ाना अपशगुन?

34 विधवा के सामने आने पर अपशगुन क्यों?

35 क्या जूता उल्टा हो जाना अपशगुन होगा?

36 क्या अच्छी-बौहनी पर दिन-भर लाभ होगा?

37 काम पर जाते वक्त टोकना या पीछे से बुलाना!

38 नींबू हरी मिर्च को द्वार पर लटकाना।

39 घर से निकलते समय दही खाकर निकले तो ही शुभ होगा?

40 चित्र भी होते है शुभ-अशुभ।

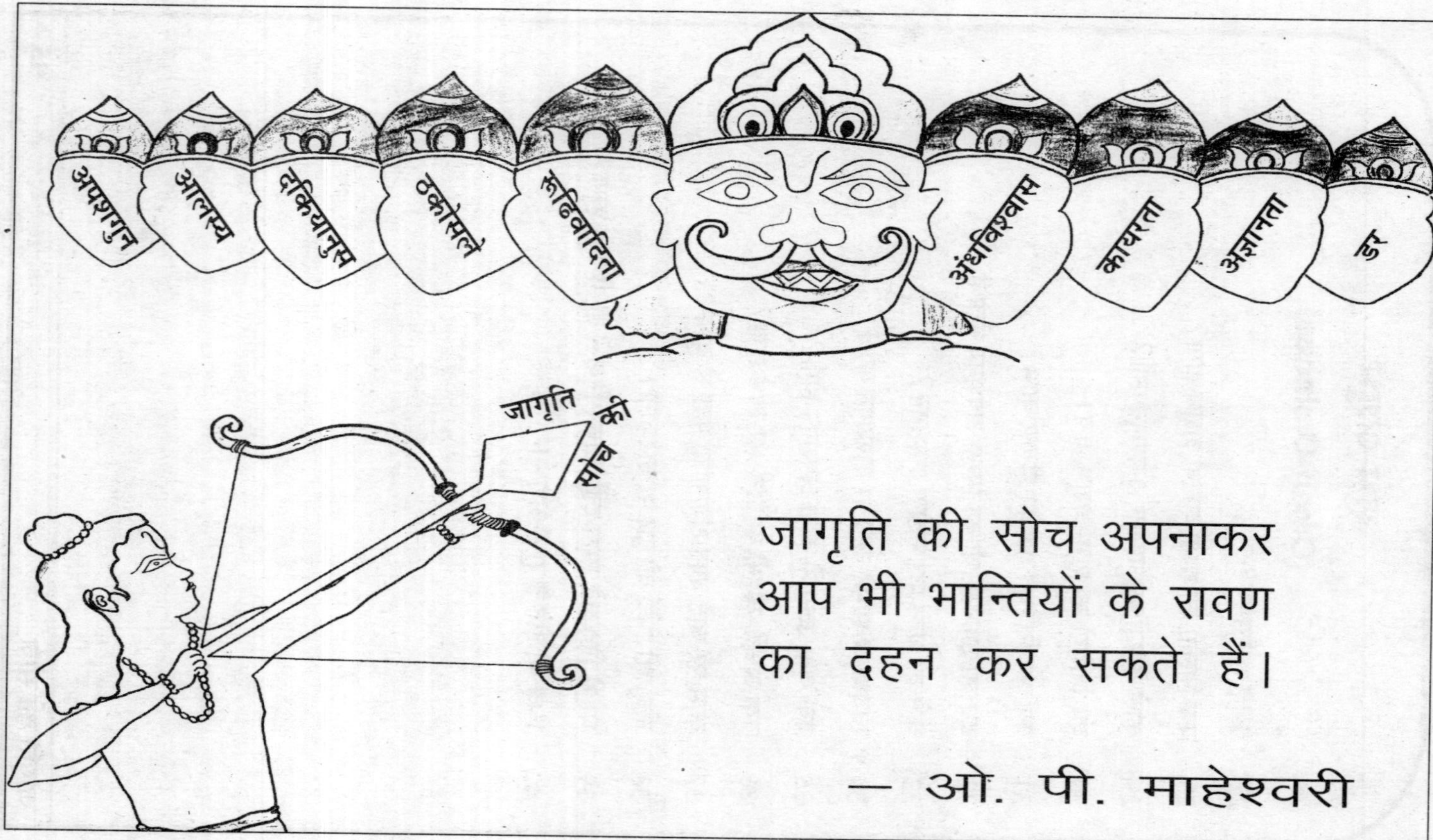
अपशगुन
आलस्य
दकियानुस
ढकोसले
रूढ़िवादिता
अंधविश्वास
कायरता
अज्ञानता
डर
जागृति की सोच
जागृति की सोच अपनाकर
आप भी भान्तियों के रावण
का दहन कर सकते हैं।
— ओ. पी. माहेश्वरी

27 क्या है शुभ समय?

समय की घड़ी कभी उल्टी नहीं चलती, अगर हमने समय के साथ चलना नहीं सीखा तो हाथ में आये हुए अवसर हमें छोड़ आगे बढ़ जायेंगे क्योंकि समय कभी रूकता नहीं है। गर्ग ऋषि के मतानुसार जब भी मन में उमंग हो, साहस व हिम्मत के साथ किया गया कार्य शुभ (Fortune) होगा। शुभस्य शीघ्रम्! अच्छा कार्य शीघ्र करो, बुरे को कल के लिए छोड़ो, कल तक मन कार्य को तौल लेगा, इससे बुरा कार्य होगा ही नहीं। ईश्वर जब सब जगह विद्यमान है तो ईश्वर को साक्षी मानकर जोश के साथ किया गया कार्य सफलता की सीढ़ी को छूता है फिर मुहूर्त (Moment) का क्या देखना? जो मनुष्यकृत है। काम को कल पर टालने वाले एवं डरपोक व्यक्ति शुभ मुहूर्त के चक्कर में ज्यादा रहते है। वे सफलता-असफलता दोनों को ही किस्मत का नतीजा मानते है। ऐसे लोग खुद को किस्मत के भरोसे छोड़ देते है व कुण्डली व भाग्य में विश्वास करते है, वे सोचते है कि जो होना है होकर रहेगा और इसलिए ऐसे लोग कोशिश भी नहीं करते है। वे काम करने की बजाय कुछ होने का इन्तजार करते है।ऐसे लोगों को "स्पून फीडर" कह सकते है क्योंकि ये लोग बिना सहायता व खुद के जोश से काम नहीं करते। ये लोग नक्षत्रों, ताबीज, रत्न, तंत्र, मंत्र, पाखण्ड, कुण्डली में पड़कर तांत्रिक, ज्योतिषियों, आडम्बरियों व ढोंगी लोगों की बातों को सही मान बैठते है और नासमझी की वजह से अंधविश्वास, ढकोसलों, आडंबरों में स्वयं को उलझा देते है और शुभ घड़ी के इन्तजार में जीवन नर्कमय बना देते है। बिना मेहनत की चाह रखने वाले व्यक्ति मंत्र-तंत्र और झाड़-फूंक मे उलझ जाते है अपनी आंखों पर अपनी चाहत का चशमा चढ़ा कर जीवन में कार्य की राह से भटक जाते हैं।ऐसे लोग स्वयं करने की बजाय भाग्यवादी (Fatalistic) नजरिया रखते है। इसका मतलब यह भी नहीं कि कार्य को बिना तैयारी, बिना सोच समझ के साथ किया जाये क्योंकि जब तक परिस्थितियाँ (Situations) काम के अनुकूल नहीं बनेगी, काम सफल नहीं होगा अतः परिस्थितियों को पहले अपने आपके

अनुकूल (Suitable) बनाये फिर कार्य करे, वही शुभ समय है। फिर भी आपकी हिम्मत नहीं हो रही है तो आप इसके लिए साहस बटोर सकते है। इसके लिए उस कार्य के विशेषज्ञ से सलाह ली जा सकती है। गुरूजी का आर्शीवाद, बड़ों का प्यार, दोस्तों से संवाद आपको कार्य की दिशा देगा जिसे हिम्मत के साथ आपको ही पार करना है और आप सफल हो जाते है तो वह कार्य आपके लिए शुभ है। शुभ-अशुभ घड़ी के चक्कर में पड़ने वाले लोग कुछ इस हद तक चले जाते है कि बच्चे का जन्म

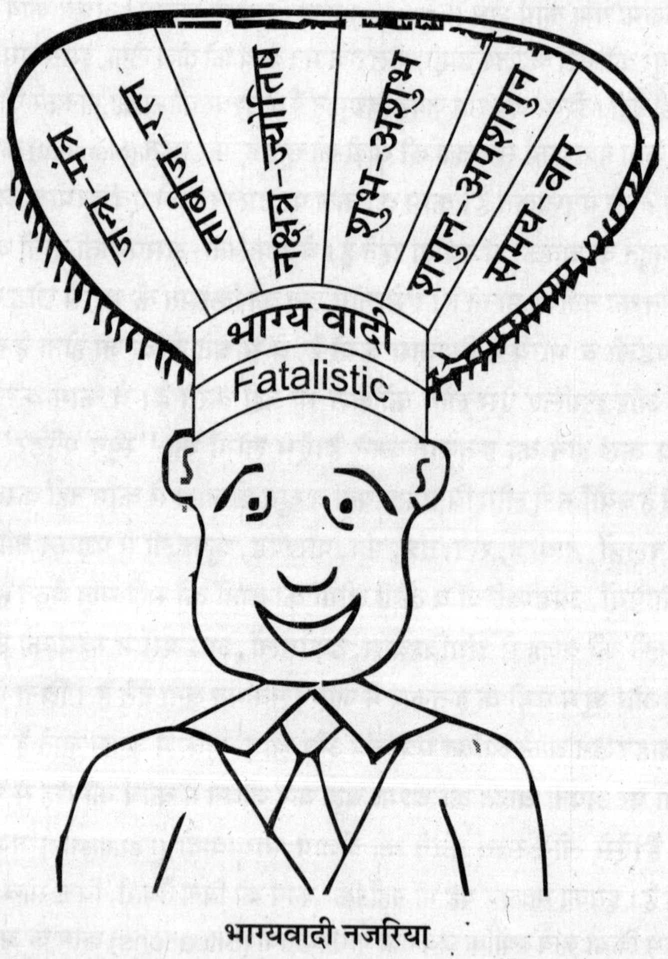

भागयवादी नजरिया

सिजेरियन से करवाने को तैयार हो जाते है स्त्री रोग और प्रसूति विशेषज्ञ डॉक्टर के पास पहुँचे व्यक्ति को डाक्टर ने बताया कि "सब जानते है कि फूलों के खिलने का

भी अपना एक मौसम होता है, ठीक इसी तरह बच्चे का जन्म लेना भी एक ऐसी कुदरती प्रक्रिया है, जिसे बदलने की कोशिश करना एक गंभीर खतरे को बुलावा देना है। पिछले दिनों एक ऐसी महिला आई, जिसके ज्योतिषी ने उसे खास समय पर बच्चे को जन्म देने पर लड़का होने की बात कही थी। मैं (डॉक्टर) यह सोचकर हैरान थी कि प्रसव का समय बदलने से बच्चे का लिंग (Gender) कैसे बदल सकता है ? इसी तरह दूसरी महिला के पारिवारिक पंडित ने उसे सलाह दी कि वह

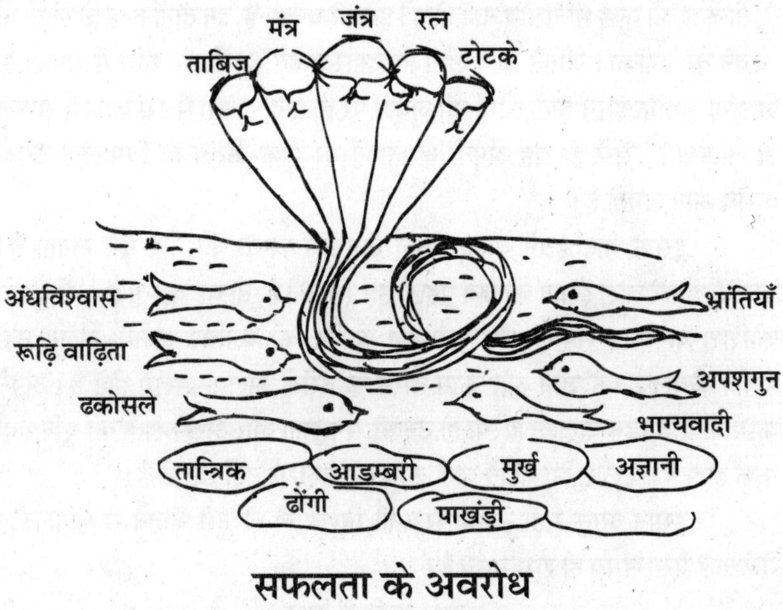

सफलता के अवरोध

अस्पताल से बच्चे को लेकर 21 तारीख से पहले बाहर न निकले क्योंकि ग्रहों की स्थिति अनुकूल नहीं है। इस तरह के अन्धविश्वास से तयशुदा मुहूर्त में बच्चे की डिलीवरी का चलन बढ़ा है जो पूर्णतया गलत है।" इस हेतु न किसी तंत्र या मंत्र, जप या चढ़ावे की जरूरत है, सत्य की समझ ही काफी है क्योंकि भय वहीं होता है जहाँ सच्चाईयों के बारे में हम नहीं जानते और जानने की कभी कोशिश भी नहीं की होती हैं। हम बस यूं ही चलते रहते है हमारी सोच में और हम डरते रहते है, घबराते रहते है। आप आज एक काम करें। शांति से कोई डरावनी घटना का विश्लेषण करें कि घटना कितनी सच्ची है और कितनी झूठी है विश्लेषण की गहराई में आप पायेंगे कि हम तो यूं ही डर रहे थे, लोगों के कहने से हम डर रहे थे। मगर देखने व परखने पर पाया कि ऐसी डरावनी बात कुछ भी नहीं थी। ऐसा करने से आप भय एवं अशुभ

और अन्धविश्वास से मुक्त होते जायेंगे। भय मनुष्य की पौरूषहीनता, सत्वहीनता, मन में पलने वाली नपुंसकता (Cowardness) है। स्वयं में अगर कायरता आ जाती है तो आदमी भयग्रस्त हो जाता है।

डर को मन से निकालें व हिम्मत व कार्य योजना से आगे बढ़ें, आप अवश्य सफल होगें, हर इन्सान को ईश्वर ने फौलादी बाजू और स्वस्थ मस्तिष्क दिया है। फिर भी हम आम जिंदगी में देखते है कि कुछ लोग जीत पर जीत हासिल कर जाते है, तो कुछ को कुछ भी नसीब नहीं होता। इसकी वजह है, इन दोनों तरह के लोगों के सोचने का तरीका। जीतने वाले लोग ज्यादातर कहते है 'मैं इस काम में सफल हो जाऊंगा जबकि हारने वाले लोगों की जुबान पर होता है, 'क्या मैं इस काम में सफल हो जाऊंगा?' जैसे ही वह अपनी क्षमताओं पर शक करता है, विफलता उसके करीब आने लगती है।

इसके बाद हारने वाला इंसान अपनी किस्मत को दोष देने लगता है। जबकि जीतने वाले इंसान को जब पहली हार मिलती है, तो वह कहता है, ''मैं दुबारा कोशिश करूंगा। सफल और असफल व्यक्ति की बनावट अलग-अलग नहीं होती। केक्ल उनके जीने और काम करने के तरीके अलग-अलग होते है। अपने कार्य के प्रति रहने वाला नजरिया ही उनकी सफलता और असफलता का बुनियादी फर्क होता है। ये लोग आज होने वाले काम को कल पर नहीं डालते है।

इंसान अगर सही समय पर सही निर्णय ले तो उसे जीतने से भला कौन रोकेगा? ऐसा समय ही शुभ समय है।

अशुभ घड़ी में शुभ

बुझा हुआ दीपक फिर से जल सकता है।
उजड़ा हुआ बाग फिर से महक सकता है।
ना तू मायूस होना, ना ही हिम्मत हारना।
परिश्रम और मन के विश्वास में होगा हौंसला।
तो अशुभ घड़ी भी बदल जाती है शुभ घड़ी में।

''इन्सान का मस्तिष्क एक कम्प्यूटर होता है जिसमें जैसा इनपुट डालोगे वैसा ही आऊटपुट निकलेगा, भय एक वायरस है अगर वो दिमाग में चला गया तो व्यक्ति की क्रियाओं को जाम कर देगा।''

-इन्जी. ओ.पी. माहेश्वरी

28 क्या बिल्ली का रास्ता काटना, अशुभ (Misfortune) होगा?

ऐसा माना जाता है कि घर से बाहर निकलने पर बिल्ली अगर रास्ता काट जाये तो अपशगुन होगा और कार्य नहीं बन पायेगा। यह एक पौराणिक (Traditional)भ्रान्ति (Terror) है जो आत्मविश्वास (Confidence) की कमी वाले लोगों में बनी हुई है। भय तभी तक रहता है जब तक हम उसकी सच्चाई को गहराई में नहीं परख लेते है। बस यूं ही लोगों के कहने एवं चलती हुई प्रथा के अनुसार हम मान बैठते है कि अब मेरा कार्य नहीं होगा। ऐसे संशयी एवं कमजोर आत्मबल वाले व्यक्ति भय में अपने दिमाग में जैसा सोचते है, वैसा ही आकार उन्हें नजर आने लग जाता है। इसी डर के कारण ही वे अपनी पूर्ण क्षमता से कार्य करने के लिए आगे नहीं बढ़ पाते है और वे असफल हो जाते है। अतः आप बिल्ली द्वारा रास्ता काटने से नहीं घबरायें क्योंकि बिल्ली तो अपने शिकार के लिए एक जगह से दूसरी जगह घूमती रहती है और आदमी ऐसे ही डर कर अपने कार्य को नहीं होना मान लेता

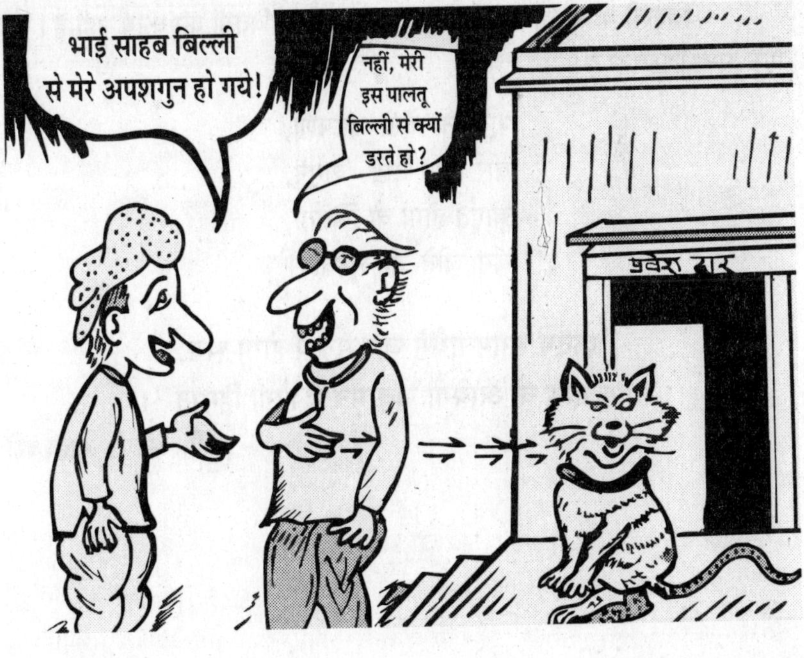

है। बचपन में कई माताएं अपने शिशु को बिल्लियाँ डायन है, बता कर डराती है। तांत्रिक लोगों ने भी राहु की सवारी बिल्ली को बताकर डराया है और राहु की दृष्टि से व्यक्ति वैसे ही भयभीत रहते है। आपकी क्षमता से बड़ी बात है तो आप जरूर सावधानियों को अपनायें, सुरक्षा के उपाय सोचें, मन में हिम्मत बनाकर आगे बढ़ें तो आपका कार्य अवश्य होगा, जरूरत है मन में हिम्मत बनाये रखने की।

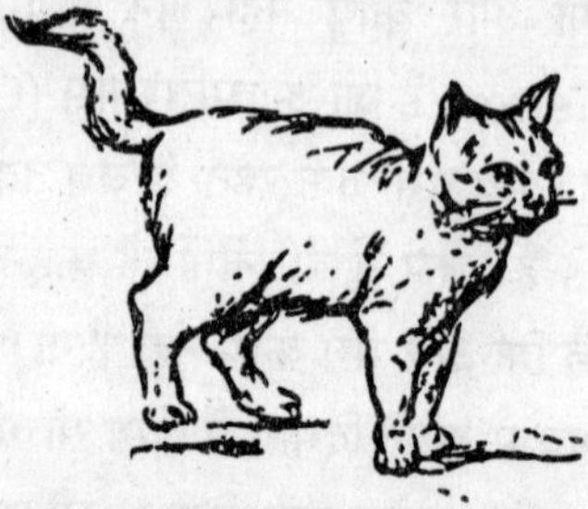

यह सत्य है कि एक जानवर, दूसरे जानवर का शिकार करता है। अतः यह जरूर देख लेना चाहिये कि बिल्ली शिकार करने जा रही है या उसके पीछे दूसरे बड़े जानवर पड़े है तो उससे उसी समय सावधानी कर लें क्योंकि जानवरों की लड़ाई में सज्जन पुरूष का उलझना ठीक नहीं होता है।

बिल्ली के रास्ता काटने से डरना साहसी व्यक्तियों का कार्य नहीं है। यह एक अन्ध विश्वास है।

शुर न देखे टिपणो,
वीर न देखे शगुन,
जागृत होगा वो जितेगा,
जंग जीते वो शूरवीर।

"कदम डगमगायेंगे जब मन में होगा भय,
भाग्य दौड़ के आयेगा जब मन में होगी हिम्मत"।

–इन्जी. ओ.पी. माहेश्वरी

29 काले कपड़ों का पहनना, अपशगुन क्यों ?

एक धर्म में काले कपड़ों को पहनना अपशगुन माना जाता है जबकि दूसरे धर्म में शगुन, यह तो मानव का नजरिया है।

जो काले कपड़े ऊपर पहनते है उनका मानना है कि गहरे रंग के कारण अधोवस्त्र एवं शरीर इसमें से नजर नहीं आते है। अतः यह उपयुक्त रंग होता है। यह वैज्ञानिक तथ्य है कि जहाँ सफेद रंग 20 % ही किरणों को सोखता (Absorb) है वहाँ काला रंग 90 % तक सोख कर खुद को गर्म कर देता है।

काले रंग को अपशगुन मानने वालों का तर्क है कि काला रंग गर्म प्रदेश में आँखों को खाता है क्योंकि काला रंग प्रकाश किरणों को सोखता (Absorb) है, इससे कपड़ों में गर्मी बढ़ेगी। कपड़ों में बढ़ी हुई यह गर्मी त्वचा को गर्म कर देती है जिससे गर्मी में घमौरिया हो जाती है अतः गर्म शुष्क प्रदेश मे धूप में पहनने के लिए यह रंग उपयुक्त नहीं है वैसे भी काला रंग निशा (अन्धेरा) का प्रतीक होता है, जो हमेशा भयभीत करता है। अंधेरा जीवन की हलचल को थाम देता है। उजाला आशा और सकारात्मकता का प्रतीक है जबकि अंधेरा शिथिलता एवं नकारात्मकता का।

रंगों को शुभ-अशुभ की श्रेणी में डालने की बजाय, अनुकूलता पर ध्यान देना चाहिये क्योंकि गर्म प्रदेश में भी सर्दी में काले कपड़े उपयुक्त रह सकते है एवं गर्मियों में काले कपड़े पहन कर धूप में निकलेंगे तो शरीर को गर्मी ही लगेगी जो कतई उचित नहीं है। मगर सर्दी में काले व मोटे कपड़े पहनना कतई गलत नहीं है अतः कपड़े अपशगुनी नहीं रहते है।

"आपके ज्ञान को बाद में जाना जायेगा,
आपकी पोशाक आपकी प्रथम झलक है।"

-इन्जी. ओ.पी.माहेश्वरी

30 वार तिथियों का शुभ अशुभ होना।

जब इन्सान का जन्म किसी भी तिथि को हो सकता है, मृत्यु तिथि देख कर नहीं होती है, मन-मस्तिष्क में विचार व योजनाएं किसी भी वार को आ सकते है, तो इस भ्रान्ति में लोग क्यों रहते है कि काम करने के लिए कुछ वार ही होते है । धर्म कहता है कि हर सांस ईश्वर की दी हुई है, इसलिए जीवन का एक भी क्षण नष्ट न हो, लगन होगी, परिस्थित अनुकुल होगी तो सफलता भी मिलेगी।

किसी भी कार्य को करने के लिए समय का निर्धारण करना अच्छी बात होती है। इसके लिए वार तिथियों में न जाकर कार्य की अनुकूलता को देखें, जिससे किये गये कार्य के परिणाम अच्छे मिले।

सही बात के लिए डरना कोई बुरी बात नहीं होती है। यह एक तरह की सुरक्षात्मक क्रिया है। जो आने वाले समय और परिस्थितियों के लिए हमें सावधान करती है और खुद को तैयार रखने का संदेश भी।

जैसे कुछ लोग 13 की संख्या को अशुभ मानते है। यह गलत धारणा है जो किसी विदेशी लेखक ने कुछ घटनाओं को जोड़ कर भ्रमित किया है। 13 तारीख को भी अच्छे कार्य होते है एवं कई महान विभूतियों का जन्म 13 को ही हुआ है। अतः ऐसी गलत धारणा को बनाना दिमाग की संकीर्णता होगी। वार तिथि के चक्कर में रहने वाले लोग क्या सोचते है, इस सम्बन्ध में एक घटना बताना चाहूँगा। हमारे पड़ोस में एक बार बच्चे के गलत खाने से शरीर में ''फूड पोईज़निंग'' हो गई। परिवार वालों ने उसको अस्पताल में दिखाया तो, डाक्टर ने तुरन्त उसे अस्पताल में भर्ती होने की सलाह दी। मगर परिवार के सदस्य इस बात से सहमत नहीं हुए क्योंकि उस दिन शनिवार और अमावस्या थी। अतः बच्चे को वापस घर ले आये, बच्चा रात भर उल्टी, दस्त से तड़पता रहा और घर वाले रविवार की सुबह के इन्तजार में थे। सुबह होते ही वो बच्चे को अस्पताल लेकर गये मगर तब तक बच्चा बहुत घायल हो गया था। अतः ऐसी रूढ़िवादिता में न जाकर समझदारी से काम लेना चाहिये। कई बार ऐसा होता है कि सामने आए सुनहरे मौके को गलत वार, तिथि सोच कर छोड़ देते है या फिर किसी रिश्ते को छोड़ देते,है, क्योंकि हमारे अंदर एक अनजाना-सा डर होता है। कवि रामधारी सिंह 'दिनकर' ने ठीक ही कहा है कि –

"बुझ जाये शमा तो जल सकती है,
कश्ती हदे तूफां से निकल सकती है।
मायूस न हो, इरादे न बदल,
तकदीर किसी भी वक्त बदल सकती है"

अतः कोई भी वार शुभ कार्य करने के लिए बुरा नहीं होता है। हाथ में आये हुए मौके को छोड़ना ही अशुभ होगा।

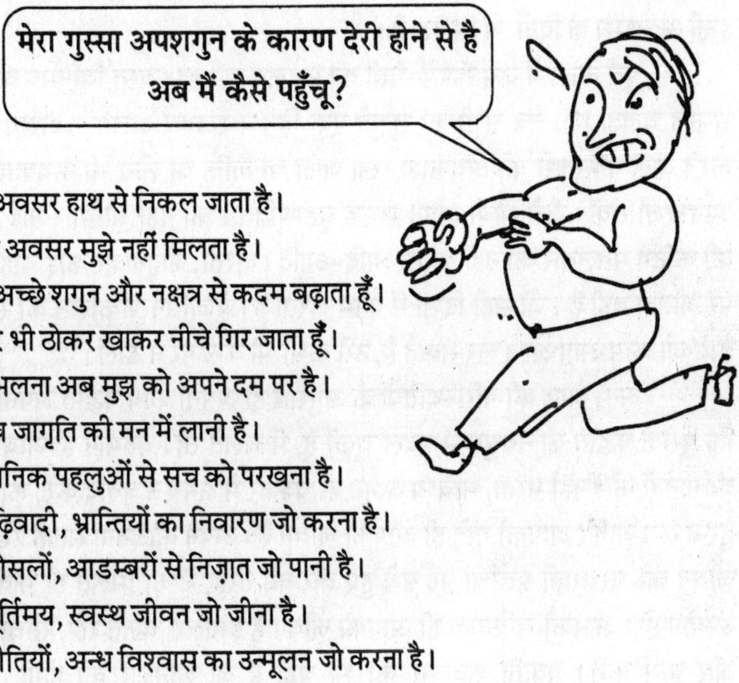

हर अवसर हाथ से निकल जाता है।
शुभ अवसर मुझे नहीं मिलता है।
हर अच्छे शगुन और नक्षत्र से कदम बढ़ाता हूँ।
फिर भी ठोकर खाकर नीचे गिर जाता हूँ।
सम्भलना अब मुझ को अपने दम पर है।
सोच जागृति की मन में लानी है।
वैज्ञानिक पहलुओं से सच को परखना है।
रूढ़िवादी, भ्रान्तियों का निवारण जो करना है।
ढकोसलों, आडम्बरों से निज़ात जो पानी है।
स्फूर्तिमय, स्वस्थ जीवन जो जीना है।
कुरीतियों, अन्ध विश्वास का उन्मूलन जो करना है।
जागृति की सोच मन में बिठानी है।

"भीरू व्यक्ति में आगे बढ़ने का साहस ही नहीं होता है, वह पग-पग पर आपत्तियों तथा कठिनाईयों की शंका करता रहेगा, भीरू व्यक्ति इसी अज्ञात असफलता के कारण अपना अभियान आरम्भ ही नहीं करता।"

–इंजी. ओ.पी. माहेश्वरी

31 क्यों हम निश्चित वार को ही करें काम?

बृहस्पतिवार को कपड़े नहीं धोना, मंगलवार को बाल नहीं कटवाना, रविवार को नमक अलग से नहीं लेना। शनिवार को बाल नहीं धोने चाहिए।

काम करने वाले हर व्यक्ति को आराम की जरूरत होती है। इसीलिए अंग्रेजों ने रविवारीय अवकाश रखा था ताकि मालिक से मजदूर तक अपने घर गृहस्थी सम्बन्धी कार्यों का निपटारा कर सकें। समाज में एक दूसरे के लिए समय इन्हीं अवकाश के दिनों में मिलता है।

पूर्व काल में जब रूपये-पैसों का प्रचलन नहीं था। वस्तु विनिमय के द्वारा समाज चलता था। तब सभी की छुट्टी एक दिन न रखकर अलग - अलग कार्य करने वाले कामगारों को अवकाश रखा जाता था ताकि वो लोग भी अवकाश का आनन्द ले सकें। जैसे धोबी अपने कपड़े बृहस्पतिवार को नहीं धोयेगा। नाई बालों की कटिंग मंगलवार को नहीं करेगा आदि-आदि। दोस्तों, जीतना हर कोई चाहता है, पर जीतता वही है , जो सही दिशा में काम करता है। बेंजामिन फ्रैंकलिन की सलाह है, ''जो काम आप आज कर सकते है, उसे कभी भी कल पर न डालें।''

अतः आज की परिस्थितियों के अनुसार ही अपनी कार्य पद्धति अपनायें, न कि पुरानी पद्धति जो नवयुग में बदल चुकी है, में चलते रहे। वर्तमान ही जीवन है। वर्तमान में कोई नहीं मरता, भविष्य व भूत के चक्कर में समय न बर्बाद करें, काम पर तुरन्त लग जायें। आपकी गति ही आपका जीवन है। अपने को इतना सतर्क रखे कि जीवन की थरथराती प्रत्यंचा पर सधे हुए तीर की तरह, मौका मिलते ही मौके का उपयोग हो। आपकी सक्रियता ही आपका जीवन है इसलिए चलते रहो, सोचते रहो और कर्म करो। प्रकृति शुक्रवार को भी वही है जो शनिवार को होगी, हवा, पानी,सूर्च, पृथ्वी व इन्सान की प्रकृति अगले 24 घन्टे में नहीं बदलेगी फिर हाथ आये आज के अवसर को कल तक टालना आपकी बुजदिली होगी। वार तिथियों की उलझन में न पड़ो। विवेक से काम लो। यही है जागृति, यही काम करने का अच्छा वार होगा।

आँधी तूफान में ईश्वर से प्रार्थना करो,
लेकिन अपनी पतवार लगातार चलाते रहो।

–यूरोपीय कहावत

32 दूध का उफनना, घी का गिरना अपशगुन होता है।

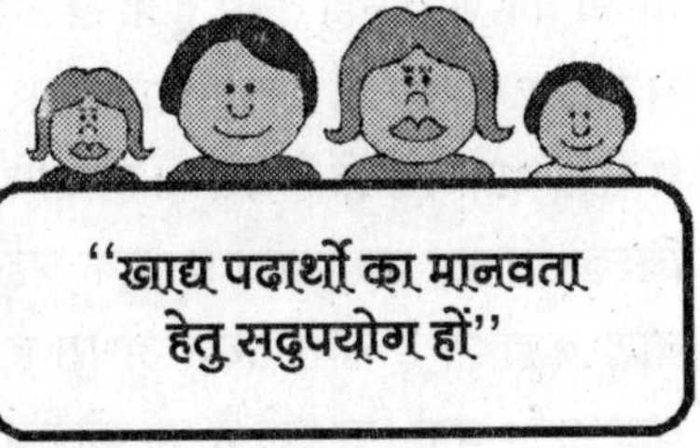

दूध को गर्म करने के लिए चूल्हे पर रखकर भूल जाने पर दूध उफन कर बर्तन के बाहर गिरना शुरू हो जाता है। दुध को जब गर्म करते है तो दूध की मलाई (फैट) ऊपर चादर-सी बना देती है चूंकि घी, मलाई (फैट) का घनत्व दूध से कम होता है अत: ये हमेशा ऊपर की सतह पर तैरते रहेंगे। मलाई की जो चद्दर दूध पर बनती है। उसके नीचे भाप के कारण दूध में उफान आता है जबकि पानी को गर्म करने पर उसमें उफान नहीं आता है अत: दूध का फिजूल में गिरना, घी का बह जाना सीधे तौर पर खाद्य पदार्थों की हानि हैं एवं यह कार्य दर्शाता है कि आपका ध्यान इस कार्य को करने में नहीं है और आपका मन किसी अन्य बात को सोच रहा है उसी वजह से गलती होती हैं। अत: इस आर्थिक हानि से बचें। इसीलिए इसे अपशगुन माना गया है।

"मनुष्य अपने भाग्य का विधाता स्वयं होता है
और भाग्य के निर्माण का निर्णय भी स्वयं को करना होता है।"

– इन्जी. ओ.पी. माहेश्वरी

33 कुत्ते का कान फड़फड़ाना अपशगुन?

घर से बाहर निकलते समय अगर कुत्ता कान फड़फड़ाता है तो ऐसी मान्यता है कि आप जिस कार्य से जा रहे है वो नहीं होगा और इस भ्रान्ति से बचने के लिए कहा जाता है कि कुछ देर बैठ जाएं, रूक जायें और फिर रवाना होवें। कुत्ते घर के द्वार के पास अथवा गली में नींद लेते रहते है और जब घर में से कोई उसके पास से गुजरता है तो सूंघने की शक्ति ज्यादा होने के कारण उसकी नींद खुल जाती है और उठते ही कान फड़फड़ाने लग जाता है जैसे मनुष्य उठते ही आलस मरोड़ता है। कुत्ते

को कान फड़फड़ाता देख हम यह सोच लेते है कि यह संकेत दे रहा है कि आपका कार्य नहीं होगा,कुत्ते में भविष्य जानने की शक्ति नहीं होती है कि आप इसमें भयभीत हो जायें। जैसे आप ज्वैलर्स की दुकान पर जा रहे है और वहाँ आपका आभूषण किसी कारण से नहीं तैयार हुआ तो उसका कुत्ते से कोई सम्बन्ध नहीं है। हर काम अगर एक बार में जैसा आप सोचते है वैसे ही हो जाये जो आप विश्व-विजेता बन सकते है। एक बहुत अच्छी बौद्ध कहावत है चारों तरफ अंधेरा है तो कोई बात नहीं। बर्फ गिर रही है, तो कोई बात नहीं। सूरज कभी मरता नहीं है। अत: जानवरों के ऐसे कृत्य से भयभीत न होवें। इस हेतु रूक, बैठकर जाने की जरूरत नहीं है।

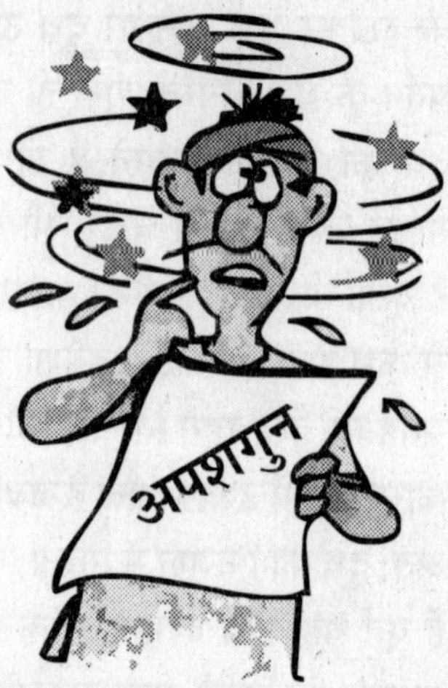

वैसे तो जानवर अपनी निद्रा के बाद उठ कर कानों एवं शरीर को हिलाते है। यह एक सामान्य क्रिया है अत: इससे भयभीत नहीं होना चाहिये। हाँ, अगर आप का जाने का जोश कम होता है तो अपने भय को मिटाने के लिए कुछ समय रूकना कोई बुराई नहीं है क्योंकि भय एक मानसिक कमजोरी है। मन दुर्बल हो जाए, तो शरीर भी दुर्बल हो जाता है। जहाँ घबराए, समझो लक्ष्य की नाव वहीं डूब गई। भय से मनुष्य को आत्मरक्षा की प्रेरणा मिलती है और भय की अधिकता से मनुष्य का मन विकृत होकर निश्चेष्ट होता है। भय मनुष्य की कार्यशक्ति का सबसे बड़ा शत्रु है। अत: मन में उत्साह बनायें रखें। आपका कार्य जरूर पूर्ण होगा।

"कायरों के मध्य सत्य भी गूंगा हो जाता है।"

– मुंशी प्रेमचन्द

**"अपशगुन से वे लोग डरते है जिन्हें खुद में विश्वास नहीं होता।
अगर आप अपनी क्षमता पर अविश्वास करते है तो
श्रेष्ठता नहीं बनाये रख सकते, ऐसे में हार का मुँह देखेंगे।"**

–इन्जी. ओ.पी. माहेश्वरी

34 विधवा का सामने आने पर अपशगुन क्यों ?

यह मान्यता तब बनी जब समाज में पुरूषों का प्रभुत्व था और स्त्री अबला बन कर रहती थी। इसके पीछे एक कारण यह भी रहा होगा कि मुगलकाल एवं गुलामी में अत्याचार हो रहे थे और कुछ लोग औरतों को उठा के ले जाते थे। उनकी रक्षा के लिए ही घूंघट प्रथा, बाल विवाह, सती प्रथा आदि बनी क्योंकि अकेली औरत को सुरक्षित रखना कठिन हो गया था। अत्याचारों से सुरक्षित न रखने वाले पुरूषों में विधवा स्त्री को देखकर भय उत्पन्न हो जाता था कि इसकी रक्षा अब कैसे करेंगे। इसी भय से विधवा को सामने आने पर अपशगुन मान बैठे। पुरूष प्रधान समाज में ऐसी कई मान्यताएं बन गई कि स्त्रियाँ शास्त्र नहीं पढ़ेगी, स्त्रियाँ पंडित बनकर पूजा हवन नहीं करायेगी, स्त्रियाँ दाह संस्कार में भाग नहीं लेगी आदि। मगर अब वो परिस्थितियां नहीं रही है, ऐसे में इस तरह की प्रथा को ढ़ोना दिमाग की संकीर्णता ही मानी जायेगी। जहाँ विज्ञान ने इतनी प्रगति कर ली है, ऐसी बात सोचना भी दिमाग की कमजोरी को दर्शाता है। फिर भी अज्ञानतावश इसमें कुछ लोग उलझ जाते है अतः समाज में औरतों को बराबर का अधिकार देने के लिए ऐसी हीन भावना को छोड़ना ही समझदारी है।

गलत अपशगुन की सोच वाले लोग होते है-

- रूढ़िवादी (Orthodox)
- दकियानूसी (Suspicious)
- डरपोक (Coward)
- भाग्यवादी (Fatalistic)
- अशिक्षित (Illiterate)
- अविश्वासी (Distrusty)
- कमजोर स्वाभिमानी (Poor Self esteem)
- निराशावादी (Pessimistic)

"यह अपशगुन की कृति एक विषैले साँप की तरह है जैसे साँप की फुफकार से पास खड़े व्यक्ति की घन्टी बजती है, वैसे ही यह कृति मानवता के लिए फैला जहर है।"

-इन्जी. ओ.पी. माहेश्वरी

35 क्या जूता उल्टा हो जाना अपशगुन होगा?

ऐसा माना जाता है कि घर में जूते अगर उल्टे रखे हुए है तो घर के कार्यों में सब कुछ उल्टा ही होगा। ऐसा तब होता है जब घर के लोग अपनी वस्तुओं को ठीक से नहीं रख पाते है और जब सभी चीजें अस्त-व्यस्त रहेगी तब परेशानी तो होगी। अतः इस बात को मान लेना चाहिये कि सभी वस्तुऐं सही तरीके से ही रखें ताकि ढूढ़ने में समय की बर्बादी नहीं हो और उल्टे पड़े जूते भी खराब न हो एवं वस्तुएं भी सुरक्षित रह सकें। जूता सही रखने के लिए टोकना संस्कार का हिस्सा है ताकि बच्चे जूते से लेकर अपनी सभी वस्तुऐं सही ढंग से रखना सीखे और हर कार्य मे होनहार बने। अच्छी आदतें बनाने के लिए आवश्यक है-

- ♦सही गलत का अन्तर सिखाना। (Learn about right and wrong)
- ♦समय अवसर और वस्तु की उपयोगिता बताना। (Importance of Time and commodity)
- ♦गलत आदतों से गलत नतीजे मिलेंगे, यह अनुभव कराना। (Bed habits, poor results)
- ♦सर्वोत्तम तरीका सिखाना।(Selection of best method)
- ♦बच्चों से छोटे-छोटे काम करवायें ताकि काम करने की आदत बने। (Habits to do work)
- ♦जीवन में शिक्षा के महत्व को समझाना। (Importance of study in life)
- ♦गलत कार्यो की भरपाई बच्चों की जेब खर्चे से करवाकर एहसास करवायें। (Recopment of losses form pocket money)

''गलत आदतों के साथ जीना
जीवन नहीं है। अच्छे संस्कार मर्यादामय जीना सिखाते है''

– इन्जी. ओ.पी. माहेश्वरी

36 क्या अच्छी बोहनी (माल को बेचना) पर दिन-भर लाभ होगा ?

दुकानदार ग्राहक से अर्थ लाभ लेने हेतु क्या-क्या नहीं करता, अपनी मीठी-मीठी बातों से समान की प्रशंसा/विज्ञापन करता ही है। कोई भी दुकानदार अपने सामान (माल) को खराब नहीं बताता है। वह चाहता है कि येन-केन प्रकारेण मैं अपना सामान बेच ही दूँ। फिर भी कई बार ऐसा होता है कि प्रथम ग्राहक को संतुष्ट नहीं कर पाता है तो सोचता है कि आज के दिन धन लाभ नहीं होगा और अगर पहले ग्राहक से ही काफी कुछ मुनाफा हो जाता है तो ऐसा माना जाता है कि शुरूआत अच्छी होगी तो दिनभर सफलता मिलेगी। ऐसे में अगर दुकानदार के पास सुबह-सुबह ही ऐसा ग्राहक आ जाता जिससे इसको अच्छा लाभ मिल रहा है तो दुकानदार को और जोश के साथ काम करने की हिम्मत मिल जाती है और वह हर ग्राहक की और ध्यान देने लग जाता है। इसके विपरीत अगर सुबह-सुबह ही ग्राहक से बहस हो जाये तो उनके दिमाग में हीन भावना जागृत हो जाती है। हिम्मत हारे हुए व्यक्ति में कार्य करने का जोश ही नहीं रहता हैं जिससे वह ग्राहक को सन्तुष्ट नहीं कर पायेगा। ऐसे में उसे हानि ही उठानी पड़ेगी। निराशा का दूसरा नाम विपरीत परिस्थिति है, जब दुकानदार माल नहीं बेच पाता है तो सरलता से कह देता है कि सुबह बोहनी गलत व्यक्ति की हो गई थी। वह अपने व्यवहार को, अपने माल को, अपने अतिरिक्त मुनाफे को नहीं देखता। अपनी असफलता की गठरी सुबह वाले पहले ग्राहक के नाम फोड़ता है जो सही नहीं है। वह अपने तरीके का मूल्यांकन करके देखें तो वस्तुस्थिति साफ नजर आ जाएगी। आपका जोश ही आपके कार्य की शैली होती है। अतः जोश बनाये रखें।

"कार्य करने के बहुत सारे तरीके हैं,
आपका सही फैसला ही भाग्य का निर्धारण करता है।"

-इन्जी. ओ.पी. माहेश्वरी

37 काम पर जाते वक्त टोकना या पीछे से बुलाना!

ऐसा माना जाता है कि अगर कोई व्यक्ति पीछे से आवाज दे देता है तो आगे काम बिगड़ जायेगा। चूंकि जब व्यक्ति बाहर निकलता है तब मन में कुछ करने की सोच कर निकलता है। ऐसे में टोकने पर वह विचलित हो जाता है और अपने लक्ष्य से भटक जाता है। अतः अति आवश्यक कार्य के लिए प्रस्थान करने पर उसी कार्य

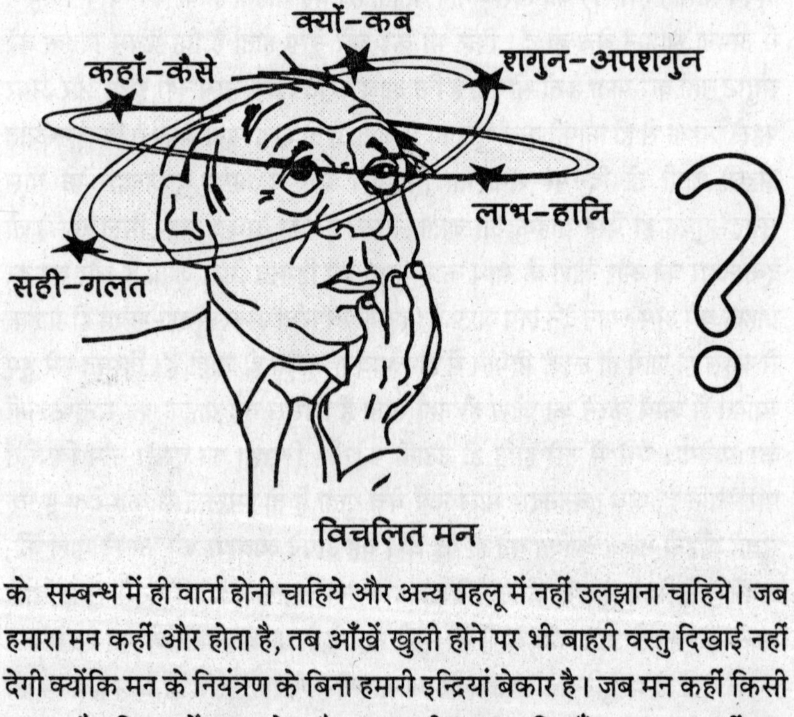

विचलित मन

के सम्बन्ध में ही वार्ता होनी चाहिये और अन्य पहलू में नहीं उलझाना चाहिये। जब हमारा मन कहीं और होता है, तब आँखें खुली होने पर भी बाहरी वस्तु दिखाई नहीं देगी क्योंकि मन के नियंत्रण के बिना हमारी इन्द्रियां बेकार है। जब मन कहीं किसी इच्छा और विषय में लगा होता है तब हमारी बाह्य इन्द्रियाँ कुछ काम नहीं कर सकती। जब मन का संकल्प होगा, इच्छा होगी, तभी सारी इन्द्रियाँ काम करेगी। हमारे अन्दर चेतना काम करती है। जब तक चेतना का प्रसार हमारे शरीर में रहता है, सभी अंग-प्रत्यंग कार्यरत रहते है तथा जहां - जहां से चेतना सिमट जाती है, अंग काम नहीं कर पाते। अतः शुभ कार्य पर जाते समय अचानक पीछे से चिल्ला कर मन को विचलित नहीं करना चाहिये। क्योंकि जीतना हर कोई चाहता है पर जीतता वही है, जो सही दिशा एवं सही सोच से काम करता है। पीछे से बुलाने से प्रभाव होगा

♦ दो नाव में सफर से व्यक्ति मंझधार में डूबता है अतः कार्य ढंग से नहीं हो पायेंगे।

♦ विचलित मन से दुर्घटना की सम्भावनाऐं बढ़ती है।

♦ काम पूरी तैयारी से नहीं होंगे तो परिणाम भी सही नहीं मिलेंगे।

♦ मुख्य कार्य में समय पर न पहुँच पाना, और उससे भटक जाना।

♦ अग्रिम और समयबद्ध कार्य पद्धति में खलल होना।

♦ मन का विचलित (Confused) होना।

♦ नियोजित कार्य नहीं कराना।

"जो काम आप आज कर सकते है, उसे कभी भी कल पर न डालें।"

Never Leave till tomorrow, which you can do today.

- Benjamin Franklin

"भाग्य उसी का साथ देता है जो अपने स्वयं का साथ देता है

विवेकपूर्ण अवसर का उपयोग ही भाग्य है।"

–इन्जी. ओ.पी.माहेश्वरी

38 नींबू, हरी मिर्च को द्वार पर लटकाना!

कई दुकानदारों की ऐसी मान्यता है कि अच्छा लाभ कमाने के लिए अगर कोयले को बांध कर उस पर हरी मिर्च एवं नींबू लगा कर द्वार पर लटका देंगे तो उसे लाभ ही लाभ मिलेगा। इसके पीछे यह तर्क भी है कि कोयला, नींबू एवं हरी मिर्च खुली हवा में नहीं सड़ते है। दुकान पर ग्राहक से नींबू की तरह खट्टी बात, मिर्च की तरह तेज (कड़वी) बात एव कोयले की तरह गलत व (काली) बात को ऊँचा लटका दें एवं अपने धन्धे में पैसा कमाने से मतलब रखें।

मगर मेरा ऐसा सोचना है कि ऐसी मानवकृत कल्पनाओं में न जाये। क्योंकि मिर्च व नींबू खाद्य पदार्थ है जिसका सही उपयोग किसी के पेट में जाने से होगा न कि उसे सुखा कर चौराहे पर फेंकने से। अपने दिमाग को विशाल बनायें और इन छोटी – छोटी बातों में अपना समय भी व्यय नहीं करें।

"अन्धविश्वास को अपने मन से निकाल फेंको,
वर्तमान के हर क्षण में सफलता को ढूंढो,
सत्य है तुम्हारे वर्तमान का एक-एक क्षण,
जब अच्छा करोगे तो अच्छा ही पाओगे।"

–इन्जी. ओ.पी.माहेश्वरी

39 घर से निकलते समय दही खाकर निकले तो शुभ होगा।

दही का निर्माण दूध में जामण (बैक्टीरिया) के द्वारा होता है। यह एक बैक्टीरियोलोजिकल क्रिया है। जिसमें शरीर के लिए लाभप्रद कुछ पैथोलोजिकल जीवाणु से दही का उत्पादन करते है। घर से रवाना होते समय अगर दही का सेवन करके निकलते है तो ये लाभप्रद जीवाणु भोजन पचाने में मदद करते है। हाल ही वैज्ञानिकों ने शोध में पाया कि स्वस्थ मानव आंत में जीवाणुओं की करीब 1000 विभिन्न प्रजातियाँ रह सकती है और **प्रत्येक व्यक्ति में हर समय औसतन 160 प्रजातियाँ रहती है। इनमें से अधिकतर प्रजातियाँ विभिन्न लोगों में एक समान होती है अगर पैथोजनिक प्रजातियाँ शरीर में अधिक रहेगीं तो रोग प्रतिरोधकता (Immunity) ज्यादा रहेगी।** शरीर में खाना पचाने के सारे कार्य इन्हीं जीवाणुओं द्वारा ही संचालित होते है। अतः दही का उपयोग स्वास्थ्यप्रद होता है। अगर दही खाने के बाद आराम से बैठ गये तो भोजन पचाने की क्रिया में जो उष्मा बनती है उससे आलस्य व नींद आनी शुरू हो जायेगी। दिन में सोना वैसे ही अहितकर रहता है, अतः वर्कआऊट से पहले दही का उपयोग करें। ऐसे फायदेमंद पदार्थ के सही उपयोग हेतु ही यह मान्यता बनी कि दही खाकर ही घर से रवाना होंगे तो कार्य भी सिद्ध होते जायेंगे।

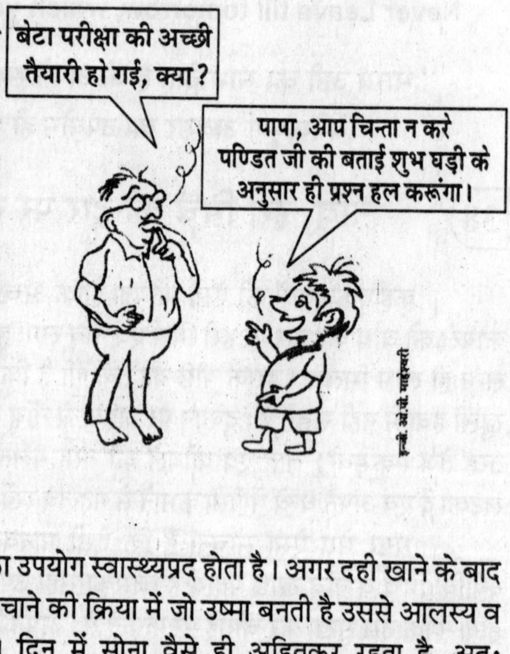

"यदि आपने सही अवसर पर अपनी बुद्धि का सही इस्तेमाल किया तो आप उस कार्य में आसानी से सफलता प्राप्त कर सकते है।"

–इन्जी. ओ.पी.माहेश्वरी

40 चित्र भी होते है शुभ-अशुभ

प्रकृति में हर वस्तु का अपना अलग महत्व होता है। विभिन्न चित्रों में भी यही रणनीति चलती है। सोचो, प्रार्थना एवं आरती के स्थान पर फिल्मों के अभद्र चित्र कोई देखना चाहेगा ? नहीं ना।

घर में कौनसा चित्र कहां होगा, इस हेतु कुछ मान्यताएं बनी हुई है। इन मान्यताओं द्वारा, आपके लगाये गये चित्रों से दिल - दिमाग पर कुछ असर भी होता है, तो समझो चित्र कुछ कह रहे हैं। लेखक राम चरण महेन्द्र की पुस्तक "जीवन में नया प्रकाश" में मस्तिष्क में उत्पन्न होने वाली कल्पनाओं को उजागर किया है कि **'किसी भी गुण को विकसित करने का पहला नियम, उस गुण को अपने व्यक्तित्व में कल्पना करना, आप सोचिए, मुझमें साहस है तो साहस की कल्पना से साहस आपके कार्यों में धीरे-धीरे प्रकट होने लगेगा**, अपने आप को शांत रखके (क्रोध से बचने) कल्पना कीजिए, तो निश्चय ही शांत भाव आप के चरित्र में प्रकट होने लगेगा, धैर्य, कष्ट, सहिष्णुता आदि की कल्पना करने से ही ये गुण प्रकट हो जाएंगे" **अगर लगाये चित्रों से मन में शान्ति, खुशी एवं जोश मिलता है जो उसे शुभ चित्र मान सकते है और जिन चित्रों से मन में तनाव, गलत कार्य करने की प्रेरणा और हीन भावना बने, तो सभी चित्र अशुभ की श्रेणी में आते है** जैसे कांटेदार वृक्ष, जन्तुओं के कंकाल, गिद्ध, कौआ, बाज, आदि हिंसक पक्षियों के चित्र, उदासी भरे या रोते हुए चेहरे, दुर्घटना ग्रस्त वस्तु स्थित, ठहरे हुए पानी एवं सड़ती हुई सामग्री के चित्र रहवासियों के घरों में वर्जित माने गये है। इन चित्रों से नीरसता का भाव मन में जागृत होता है, इसी तरह दैत्य, महाभारत युद्ध के चित्र, नाग, अस्त्र-शस्त्र, श्मशान, आग, बाढ़ और शत्रु से सम्बन्धित चित्र अशुभ श्रेणी में रखे गये है। वही देवताओं के चित्र, उदय होते हुए सूर्य, चांद-तारों का चित्र, फल, फूल, लताओं का चित्रण, हंस और पक्षियों का चित्रण, खेलते हुए बच्चों, आभूषण, वस्त्र धारण की हुई नारियों का चित्रण शुभ माना जाता है। क्षत्रिय लोगों के लिए अस्त्र-शस्त्र, दहाड़ते हुए जानवर, वीर लोगों के चित्र, सन्देश देते हुए महात्माओं के चित्रों को भी शुभ माना गया है क्योंकि इनसे उमंग और जोश उत्पन्न होता है। इसी तरह प्राकृतिक घटाओं का चित्रण, विभिन्न भवनों के चित्र, श्रृंगार और

आभूषण के चित्र लगा सकते है। खाने की टेबल के पास मिठाई एवं फलों के चित्र, शयन कक्ष में सुन्दर स्त्री और पुरूष के चित्र ड्रेसिंग रूम में आभूषण एवं श्रृंगार के, प्रार्थना स्थल पर महात्माओं और बुजुर्गों के, बच्चों के कमरे में खेल एवं महापुरूषों के, ड्राईग रूम में प्रकृति के एवं व्यवसाय सम्बंधी चित्र लगाना प्रशस्त माने गये है। हमारे यहां ऐसी मान्यता है कि गर्भधारण करते ही स्त्री के मन में जिसके विचार उत्पन्न होते हैं वैसी ही सन्तान उत्पन्न होगी। शयन कक्ष में लगे सुन्दर बच्चे या बुजुर्गों की तस्वीर निहारती है तो उसी अनुसार संतान का रंग-रूप भी हो जाता है। ऐसी मान्यताओं का प्रचलन है मगर मन में खुशी का बीज बोने के लिये सुन्दर चित्रों को देखना, मन में जोशभरी आशाएं उत्पन्न करता है। आपके लिए क्या शुभ और क्या अशुभ, चित्रों के देखकर मन में उत्पन्न होने वाले भावों पर निर्भर है।

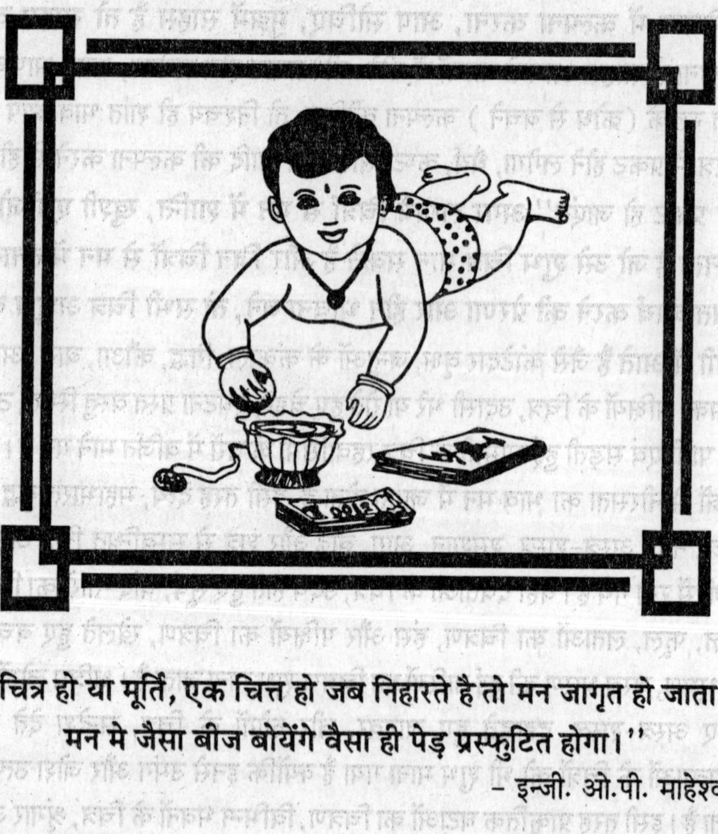

"चित्र हो या मूर्ति, एक चित्त हो जब निहारते है तो मन जागृत हो जाता है मन मे जैसा बीज बोयेंगे वैसा ही पेड़ प्रस्फुटित होगा।"

– इन्जी. ओ.पी. माहेश्वरी

मान्यताएं/धारणायें
(Notions)

41 मान्यताएं क्यों बनी ?

42 क्यों मानते है किसी के अच्छे व बुरे शगुन ?

43 जुबान का दांतों से कटने पर क्या नुकसान होगा ?

44 मुर्दे के शगुन अच्छे क्यों ?

45 सोते हुऐ को क्यों नहीं लांघना चाहिये ?

46 क्या हाथ में खुजली होने पर पैसा मिलेगा ?

47 घर की दहलीज पर क्यों न बैठने दें ?

48 क्या कौआ बोलने से मेहमान आते है ?

49 क्या खाली कैंची चलाने पर झगड़े होंगे ?

50 क्या खड़े व उल्टे रखे झाडू में भूतनी आ जाती है ?

51 क्या टूटता तारा देखने पर मनोकामना पूर्ण होगी ?

52 रात्रि के समय श्मशान घाट से क्यों नहीं गुजरना चाहिए ?

53 छोटे बच्चों के गाल पर काला टीका क्यों ?

54 क्या मुखिया के बाहर जाने के बाद तुरन्त घर में झाडू नहीं लगाना चाहिये ?

55 घर से रवाना होते समय गुड़ खाना।

56 क्या कुर्सी पर बैठे-बैठे पैर हिलाने से मामा पर संकट आता है ?

57 क्या भगोनी में खाने से शादी नहीं होगी ?

58 देव वृक्ष पीपल एवं बड़ घर से दूर क्यों ?

59 घर से रवाना होने के बाद पीछे मुड़कर न देखना।

60 क्या ग्रहण के समय गर्भवती स्त्री अगर बाहर निकलेगी तो बच्चा विकलांग होगा ?

61 क्या शाम के समय नाखून काटने पर घर में चोरी होगी?

62 रात को झाड़ू लगाकर कचरा फेंकेंगे तो भगवान की थाली में जायेगा?

63 रात को आरती करोगे तो क्या सोते हुए भगवान जग जायेंगे?

64 सिर बड़ा सपूत का, पग बड़ा कपूत का?

65 क्या अमावस्या की रात भूत-प्रेत विचरण करते हैं?

66 तीन लोग साथ में जायेंगे तो काम बिगड़ जायेगा?

67 क्या कुत्ते का रोना अशुभ होगा?

68 गीला आटा रात में बासी रखना अशुभ?

69 जलते दीप का बुझना-अपशगुन?

70 क्या छोटे बच्चों को दर्पण दिखाने पर दाँत नहीं आते?

71 छोटे बच्चों के पहली सर्दी में ऊनी वस्त्र निषेध क्यों?

72 विधवा स्त्री का सजना-संवरना!

73 कमर झुका कर बैठोगे तो होगा घाटा?

74 क्या छींक आ जाने पर गंतव्य स्थान पर नहीं पहुचेंगे?

75 क्या बच्चे के फुड़कने से बुजुर्ग का स्वर्गवास होता है?

76 आधुनिक प्रबल मान्यताएं क्या रखें?

41 मान्यताएं क्यों बनी?

मान्यताएं (Notions) हमारे पूर्वजों के जीवन के अनुभवों के आधार पर बनी। डर भी कई बार अच्छा रहता है जो हमें बुरे कार्य करने से रोकता है। मगर बिना कारण जाने ही डरते रहना एक तरह से हमारे अंदर की कमी है। जो जीवन की रफ्तार को रोक-सी देती है जिससे आगे कार्य करने से डरते रहते हैं। अज्ञान का क्षेत्र ज्ञान के क्षेत्र से बड़ा होता है, इसको जानना और सीखना भी नहीं पड़ता है। जहाँ ज्ञान के स्थान पर अज्ञान प्रबल हो जाता है भ्रान्तियाँ बन जाती है। एक को देखकर दूसरे द्वारा अनुसरण करना मान्यता बन जाती है। प्राचीन काल में हमारे पूर्वज जंगलों में रहते थे। रहने के लिए पक्के मकान, रोशनी के लिए बिजली, दक्षता के लिए मशीनों, पढ़ने के लिए पुस्तकों, बीमार के लिए चिकित्सा का अभाव था। सुविधाएं अगर थी तो वो भी गिने-चुने लोगों के पास ही रहती थी। अतः हमारे पूर्वजों ने समय के हिसाब से कुछ बातें तय की, ताकि डर के मारे गलत कार्य न हों। बीमार हो जाने पर औषधि भी साधारण व्यक्ति को नहीं मिल पाती थी। हजारों लोग संक्रमण रोग चेचक, हैज़ा, प्लेग, ओरी आदि से मर जाते थे। अतः इससे सावधानियां रखने हेतु ही मान्यताएं बनी। सावधानियां रखना कोई बुरी बात नहीं है। मन में अगर थोड़ा-सा भय होगा तो सुरक्षा के बारे में सोचा जायेगा, **मान्यताएं भी सुरक्षात्मक क्रिया है। जो आने वाले समय और परिस्थितियों के लिए हमें सावधान करती है और खुद को तैयार रखने का संदेश भी।** शादी-विवाह भी समाज की मान्यता का ही हिस्सा है, अगर यह मान्यता न हो तो समाज में कितनी कुरीतियां जन्म लेगी, सोचा आपने? समाज इन्सानों का समाज ही नहीं रहेगा, आदमी और जानवरों की हरकतों में अन्तर ही नहीं रह पायेगा। ये मान्यताएं ही है जिन से मनुष्य बंधा रहकर गलत दिशा में नहीं जा पाता है। ऐसे ही बीमारी से जिस घर में मृत्यु हुई, वह घर सूतक की श्रेणी में आ जाता था। ताकि उस घर के संक्रमित खाद्य पदार्थों से अन्य लोग प्रभावित न हो सके। रोशनी के लिए बिजली व टॉर्च नहीं होने से अंधेरे से पूर्व ही निवृत होने के लिए मान्यताएं बनी थी ताकि खाना सूर्यास्त से पूर्व ही खा लिया जाये। मगर आधुनिक काल में जब विज्ञान ने रोशनी पर विजय पा ली हैं, समाज पक्के मकानों में रहने लग गया है, मोबाईल से सूचनाएँ तुरन्त एक जगह से दूसरे स्थान पर पहुँच जाती है, बीमारी के ईलाज हेतु कई सारी औषधियां आ गई है। ऐसे में पुरानी मान्यताएं जो समय के तर्क पर खरी नहीं उतरती है। उन्हें त्याग देना ही समझदारी है। **गलत**

मान्यताएं काली नागिन की तरह होती है, जो विषैली फुफकारें छोड़ती है। सत्यता को जाने बिना, ऐसे ही डरते रहना भीरू प्रवृति बना देती है फिर हम कोई भी नया काम नहीं कर पाते है और अनुसरण करने की आदत-सी बन जाती है। बिना दिमाग की भेड़ व बकरियाँ ही है जो आगे वाली को देखकर पीछे-पीछे चलती रहती है। इंसान का मस्तिष्क हर बात नये तरीके से करने की सोचता है। तभी तो आज मानव सभ्यता का इतना विकास हो पाया है। इतिहास गवाह है कि सफलता उन्हीं लोगों को नसीब हुई हैं जो धारा के विपरीत बहे हैं और जिनके मन में डर नहीं बसा व अपना रास्ता स्वयं तय किया है।

गलत मान्यताएं इंसानी कम्प्यूटर का वायरस है जिसके पनपने से आप कमजोर और रूढ़िवादी (Conservative) बनेंगे। इस वायरस पर विजय तो वैज्ञानिक तथ्यों को जान कर पाई जा सकेंगी। शिक्षा के विकास के साथ काफी गलत मान्यताओं का प्रचलन कम हुआ है। आप भी इस कमजोरी से बाहर निकलें एवं अपने को निर्भीक बनायें।

गलत मान्यताओं का प्रभाव कहां होता है ?

- ♦ जहां रूढ़िवादी (Orthodox) लोगों का प्रभुत्व होता है।
- ♦ जहां विज्ञान (Science) की शिक्षा का अभाव होता है।
- ♦ जिन लोगों को कर्म में विश्वास न होकर भाग्य (Fortune) में विश्वास होता है।
- ♦ जहां निराशावादी (Pessimistic) नजरिया होता है।
- ♦ जहां लोग भावुक (Imotional) होते है।
- ♦ जहां खुद में विश्वास (Confidence) की कमी होती है।

"हर बात को, हर नियम को, हर मान्यता को उसके अपने ही गुणों पर तौलो, परखो, अगर तुम्हें वे ठीक जंचे, तो उन्हें मान लो, अगर गलत मालूम हो, तो उन्हें किनारे फेंक दो। हो सकता है एक समय में कोई नियम विशेष, बिलकुल साथ रहा हो, उस की उपयोगिता रही हो, लेकिन समय और परिस्थितियाँ के साथ ही उस की उपयोगिता और सत्यता भी समाप्त हो सकती है।"

-डा. द्वारिका प्रसाद : घेरे के बाहर

**"जागृति का सम्बन्ध सफलता, सजगता, ज्ञान,
सोच, जीवन शैली, स्वास्थ्य व मानवता से है।"**

-इन्जी. ओ.पी. माहेश्वरी

42 क्यों मानते है किसी के अच्छे व किसी के बुरे शगुन?

शगुन हमारे पूर्वजों के अनुमान के आधार पर बने थे जो कार्य की सफलता–असफलता के सम्बन्ध में सूचना के लिए बनाये गये। साधारणतया समाज में शगुनों को पाँच श्रेणियों में बांट सकते हैं–

1. विभिन्न मनुष्यों के कार्य, व लक्षणों के आधार पर शगुन।
2. पशु पक्षियों के क्रिया कलापों से प्राप्त शगुन।
3. अच्छी व बुरी घड़ी (समय–काल) अनुसार शगुन।
4. मनुष्य की सोच, कल्पना, स्वप्न व मन के भाव अनुसार शगुन।
5. गृह नक्षत्रों की गति अनुसार शगुन।

दुःख के वर्ग में जो स्थान अपशगुन का होता है वैसे ही सुख के वर्ग में अच्छे शगुन का है। कोई भी व्यक्ति जब काम के लिए निकलता है तो वह घर से बाहर आकर अच्छे शगुन का इन्तजार करता है और सोचता है कि अगर शगुन अच्छे हो जायेंगे तो काम भी हो जायेगा। यह एक भ्रान्ति है जिसमें व्यक्ति की ऊर्जा काम के लिए न लगकर सहारा ढूंढ़ता है। घर से जिस कार्य के लिए जाना होता है अगर उस काम के बारे में और ज्यादा सोचा जाये, हम क्या भूल रहे हैं सोचें। मन में कार्य सम्पन्न करने की रूप रेखा बनाई जाये, कार्य के लिए क्या–क्या तैयारियां करें कि कार्य सफलता के साथ पूर्ण हो जाये अगर इन बातों पर ध्यान दिया जाये तो कोई कारण नहीं कि आपका कार्य सफलता से पूर्ण न हो जाये। अगर शगुन–अपशगुन के फेरे में पड़ जाये तो कार्य पर जाने से पहले ही आपकी आधी ऊर्जा का ह्रास (क्षय) इसी क्रिया में हो जायेगा। आप अपने तयशुदा कार्य के बारे में सोचना कम कर देंगे और अच्छे शगुन के इन्तजार में रहेंगे, जब पूरी तैयारी के साथ काम नहीं होगा तो सफलता भी ऐसी–वैसी ही मिलेगी फिर आप कोसने लगेंगे अपने शगुन, भाग्य और कुन्डलि को। जबकि आपके कार्य सफल होने व करने की सोच मन के भाग्य भरोसे ही थी। जो दिमाग अपने ध्येय को सफल बनाने के लिए साधन, कार्य योजना (प्लानिंग) व परिस्थिति के सही उपयोग पर लगना चाहिये था वो आपने शगुन के लिए व्यय कर दिया। केवल शगुन–अपशगुन को अपने कर्म से जोड़ देना कायरता का

परिचय है। शगुन–अपशगुन एक भ्रान्ति है। जिसमें समाज सेवा करने वाले व्यक्तियों के शगुन अच्छे माने जाते है जैसे सफाई कर्मचारी आदि, ताकि वे लोग प्रोत्साहित होकर अपना कार्य करते रहे। जबकि समाज के कुछ व्यक्तियों के सामने आने पर अपशगुन माने जाते है जैसे दूध वाला। इसमें भी यही कारण रहा है कि जो लोग समाज से नाज़ायज़ फायदा लेने की कोशिश करते है उन्हें समाज में स्थान नहीं दिया गया था, प्राचीन काल में भारतवर्ष एक खेती प्रधान राष्ट्र रहा है। जहाँ पशुधन समृद्धि का हिस्सा होता था। हर घर में दूध–दही प्रचुर मात्रा में रहता था और आवश्यकता पड़ने पर सहयोग रूप में एक दूसरे को बिना मूल्य के दे भी दिया जाता था। आज भी ग्रामीण क्षेत्र में दही की छाछ कुछ घरों में बनती है मगर इन घरों से अन्य सभी लोग भी मुफ्त में ही ले जाते है। यह प्रथा रही है कि दूध व दही के कोई भी व्यक्ति पैसे नहीं लेगा व जरूरत होने पर एक दूसरे को मुफ्त ही दे देंगे। ताकि पशु पालन की आदत बनी रहे मगर कुछ लोगों ने लालचवश, आबादी बढ़ने व पशुपालन की प्रथा का धीरे–धीरे कम होने के कारण दूध बेचना शुरू कर दिया। शुरू से इस प्रथा को गलत माना गया और गाँवों में आज भी दूध बेचने को पूत (पुत्र) बेचने के समान समझा जाता है। अतः ऐसे व्यक्तियों के तिरस्कार हेतु यह प्रथा बन गई कि दूध वाला सामने आ गया अब मेरे कार्य नही होंगे क्योंकि अपशगुन हो गये है। ऐसे ही पणिहारिन जब पानी का घड़ा लेकर सामने आती है तो उसके शगुन अच्छे माने जाते हैं क्योंकि पानी हर घर की जरूरत होती है।

आज के समय मे ऐसी प्रथा में न जाएं और इन भ्रान्तियों को त्यागने में ही सार्थकता है क्योंकि पशुपालन के अलावा भी समाज में कई कार्य होने लग गये हैं अतः शगुन–अपशगुन को न मानें। आचार्य श्रीराम शर्मा इस हेतु बड़ी गहराई से कहते है– **"हम चलने के पहले अपनी बैठी हुई असफलता का दोष तीन चीजों में आरोपित कर देते है– भाग्य, ईश्वर और दुनिया।" जबकि हम स्वयं का आंकलन नहीं करते हैं। सफलता हमारे विश्वास के कदमों में छुपी है,** कहाँ, कब और कैसे मिलेगी, इसकी फिक्र छोड़ो और कदम पर कदम बढ़ाये चलो।" शुभ शगुन स्वयं सफलता के रूप में मिलेंगे।

"बात इसलिए सच्ची नहीं हो सकती कि वह बहुत दिनों से बहुत लोगों द्वारा कही जाती रही है।"

– शरतचंद्र चट्टोपाध्यायः पथ के दावेदार

43 जुबान दाँत से कटती है तो नुकसान होता है।

शरीर में गति का नियंत्रण मस्तिष्क से होता है और अगर आपका ध्यान भोजन करते समय अन्य बातों में है तो खाने को चबाते समय जुबान दाँतों के मध्य आ जाती है एवं कटने का दर्द सहना पड़ता है। वैसे तो जुबान का दाँतों व ग्रास के साथ बहुत अच्छा तालमेल होता है। मगर जब चित्त ही कहीं और लगा होगा तो जीभ कटेगी और भी कार्य जब करेंगें तो उसमें गलतियाँ होने की सम्भावना रहेगी क्योंकि मन कहीं और एवं काम कहीं और, में गलतियों की सम्भावना बहुत अधिक रहती है। ऐसे समय में एकाग्र होकर ही कार्य करें।

एकाग्रचित्त (Concentrate) होने के निम्न तरीके हो सकते है-

- मन में भाव है, जो विचार (Thoughts) है वो कर डालें।
- अगर काम अभी नहीं कर पा रहे है तो उसे लिखकर (List out) अपने पास रख लें।
- एक समय में एक ही काम पर ध्यान लगायें। (Concentrate on main activity)
- हाथ में लिए काम को शांति से पहले निपटायें। (Complete first work to take another work.)
- माहौल शांत बनाये रखें। (To keep peaceful environment)
- शरीर को आराम भी देते रहें। (Take rest as required)
- मन में सन्तोष (Satisfactions) बनाये रखें।
- ध्यान व योग (Meditations) को अपनाकर।

"जागृति का अर्थ-किसी का विरोध नहीं, अपितु अपनी समझ को विकसित करना है।"

-इन्जी. ओ.पी. माहेश्वरी

44 मुर्दे के शगुन अच्छे क्यों?

ऐसा माना जाता है कि जब लाश सामने आती है तो आपका कार्य सफल होगा। जब जनाजे को देखता है तो घर से निकलने वाले को जीवन की हकीकत का अनुभव होने लगता है और सोचता है कि सब कुछ यहीं रह जायेगा और मैं क्यों बुरा कार्य करूं? सत्य से किये हुए कार्य को सभी याद करते है। इसी भावना से आगे बढ़ने एवं शान्त चित्त रहने के कारण ही शगुन अच्छे माने जाते है। मगर यह एक अंधविश्वास है।

जिन्दगी की सत्यता यह है कि आपका कार्य समाज हित में हो ताकि भाई-चारा बना रहे एवं जोश-जोश में निडर होकर बुरा काम न हो। जीवन की सफलता आपकी शक्ति, आपके आत्मविश्वास, मन के भाव से निर्मित होती है अगर मन में जोश व उमंग है तो बाधाएं आपको नहीं रोक सकती। आपके शगुन कुछ भी रहे हों आपके कार्य आपके काम करने के तरीके से पूर्ण होंगे। अतः अच्छे शगुन के लिए समय बर्बाद न करें।

मंजिल बहुत है, अफसाने बहुत है
जिंदगी की राह में इम्तिहान बहुत है
मत कर गिला उसका जो नहीं मिला
इस दुनिया में जीने के बहाने बहुत है।

"कायर पुरूष अपनी मृत्यु से पूर्व ही अनेक बार
मृत्यु का अनुभव कर चुके होते है, जबकि वीर पुरूष
कभी भी एक बार से अधिक नहीं मरते है।"

– शेक्सपियर

"जागृति का मतलब मन में जोश उमंग के साथ कर्म पथ पर आगे बढने से है।"

-इंजी. ओ.पी. माहेश्वरी

45 सोते हुऐ को क्यों नही लांघना चाहिये?

सोते हुए बच्चे अथवा व्यक्ति को लांघने (leap over) पर प्रायः घरों में यह कहा जाता है कि बच्चे का विकास रूक जायेगा एवं बड़े व्यक्ति के सारे काम उल्टे होने लग जायेंगे। ऐसा कह कर लांघने के कार्य को रोका जाता है क्योंकि बच्चे को लांघने पर उसके हाथ-पैरों पर बड़े व्यक्ति का पैर आ सकता है। जिससे बच्चा दुर्घटना ग्रसित हो सकता है और लांघते समय अगर कोई वस्तु हाथ में है तो वह उस पर गिर भी सकती है लांघने में पैर बिस्तर में अटक जाने पर गिर भी सकता है अतः ऐसे गलत कार्य से बचना ही सुरक्षा है। ऐसे गलत कार्यों के निम्न कारण होते है-

- बहुत ज्यादा उतावला (Aggressive) होने से।
- लापरवाही (Uncaring) की आदत से।
- दिमाग का संतुलन (Mental Balance) न रखने से।
- ध्यान में न आने से। (Lack of Concentrations)
- सामान बिखरा (Scattered) होने से।
- भूलने (Forget) की आदत से।
- अस्थिर मस्तिष्क (Fecal Mind) का होना।

आपकी कार्यप्रणाली और जागृति पर परिणाम टिका होता है अगर आप संभल कर कार्य करेंगे तो परिणाम अच्छे मिलेंगे अन्यथा जल्दी-जल्दी में और लापरवाही से किये कार्य आपको श्रेष्ठता की ओर नहीं ले जा सकते और जिन्दगी में कई जगह नुकसान भी उठाना पड़ सकता है अतः इस मान्यता को मानने में कोई बुराई नहीं है।

"हर अति विष होती है
अज्ञानता भय का कारण होता है।"

-इन्जी. ओ.पी. माहेश्वरी

46 क्या हाथ में खुजली होने पर पैसा मिलेगा ?

शिथिल शरीर में हर समय कहीं न कहीं रक्त प्रवाह के कारण खुजली की अनुभूति होती है। मगर इसका मतलब यह नहीं कि बिना काम किये ही पैसा मिल जायेगा। अगर खुजली से पैसा मिल सकता है तो भिखारियों के हाथों में गन्दगी के कारण खुजली चलती रहती है उन्हें पैसा क्यों नहीं मिलता, पैसा आपके कर्मो से मिलता है न कि हाथ की खुजली से।

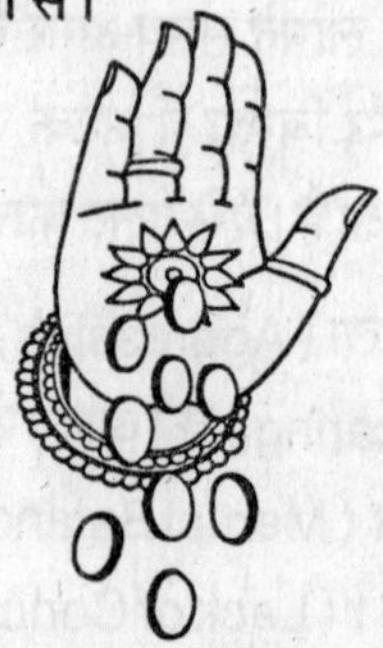

मनुष्य का दिमाग करोड़ों नर्व सेल्स का बना होता है जिन्हें न्यूरॉन्स कहा जाता है। ये न्यूरॉन्स पूरे शरीर में संदेश पहुँचाने का काम करते है। संकेतों को आगे बढ़ाने के लिये न्यूरॉन्स न्यूरॉट्रासमीटर्स केमिकल्स की मदद लेते है।

शरीर में फैले इन केमिकल्स की वजह से शरीर में होने वाली गतिविधि दिमाग तक पहुँच जाती है। जिसे खुजली कर रसायन को वहाँ से आगे बढ़ने के लिये गति दे दी जाती है। अत: खुजली से पैसे का आना सत्य नहीं है।

"मत ढूंढो भाग्य हाथ की लकीरों में, तुम्हारी सक्रियता ही तुम्हारा भाग्य है। तुम्हें वही मिलेगा जो तुम चाहते हो, तुम्हारे प्रयत्न ही तुम्हे वहां पहुचाएंगे।"

– इन्जी. ओ.पी. माहेश्वरी

"तुम अपने हाथों में बनी भाग्य रेखाओं को टटोलने की बजाय, कठिन परिश्रम और संघर्ष के लिए अपने हाथों का उपयोग करो।"

– इन्जी. ओ.पी. माहेश्वरी

47 घर की दहलीज पर क्यों न बैठने दें ?

कोई व्यक्ति घर में आकर बैठना चाहता है। मगर घर वाले उसको अन्दर नहीं आने देते तो वह कुछ देर तो द्वार पर खड़े-खड़े ही बात करने की कोशिश करता है और घर के मालिक के न चाहने पर दहलीज (Gate Sill) पर बैठ जाता है। चूंकि यह मालिक की इच्छा के विरुद्ध है एवं झगड़ा होने पर द्वार भी अवरूद्ध कर सकता है। यह अतिथि सत्कार के लिहाज से भी सही नहीं है क्योंकि अगर सम्माननीय व्यक्ति है तो उसे घर में बैठक कक्ष में ले जाना होता है और अगर गलत वृति का व्यक्ति है वो पड़ोसियों को बताने के लिए वह द्वार रोक कर ही खड़ा होगा और बतायेगा कि घर का मालिक कैसा है। अगर व्यक्ति लेनदार है तो अपनी धाक जमाने व घर के मालिक को नीचा दिखाने के लिए जोर-जोर से चिल्ला-चिल्ला कर लोगों को बतायेगा कि यह मेरा कर्जा नहीं दे रहा है ऐसे में द्वार पर भीड़ इकट्ठी होगी। अतः दहलीज पर बैठना अशुभ माना जाता है।

"अगर समय अनुसार आप नहीं बदलते है तो यह कार्य समय स्वयं कर देगा।"

–इन्जी. ओ.पी. माहेश्वरी

48 क्या कौआ बोलने से मेहमान आते है?

ऐसी मान्यता है कि कौआ (Crow) घर की मुंडेर (Parapet) या सामने के पेड़ पर कांव-कांव बोलता है तो घर में मेहमान आते है। इस बात में थोड़ी भी सत्यता नहीं है। कुछ घरों पर जहां पेड़ होते है वहाँ तो हर रोज ही कौएं काँव-काँव बोलते रहते है एवं एक घर से उड़कर दूसरे घर पर बैठकर बोलना जारी रखते है और ऐसा भी नहीं है कि वहां हर रोज ही मेहमानों का जमघट बना रहता हो। यह एक भ्रान्ति है। **भ्रान्ति वह उष्ण हवा है जो लू की भांति मानसिक शक्तियों को झुलसा कर राख बना देती है।** प्राचीन काल में जब पक्षियों द्वारा सन्देश भेजे जाते थे तब बनी होगी, मगर अब कोई पक्षी सन्देश भी नहीं लाता है। अतः अब इस मान्यता में स्वयं को उलझाना मूर्खता का कार्य है।

"आप भले ही अपने मेहमानों को नहीं जानते हो, मगर कांव-कांव करने वाला कौआ आपको बता देता है कि आपके घर मेहमान आयेंगे, क्यों है न हंसी की बात?"

–इंजी. ओ.पी. माहेश्वरी

49 क्या खाली कैंची चलाने से झगड़े होंगे?

कैंची (Scissors) एक औजार है जिसका दुरूपयोग उसे काम लेने वाला कभी भी नहीं चाहेगा। यह नुकीला औजार है जिसे खाली चलाने पर अनावश्यक वस्तु कट सकती है, अंगुलियों के लग सकती है। बच्चे अगर ध्यान नहीं रखेंगे तो कैंची की धार भी खराब हो सकती है इन्हीं बातों को ध्यान में रखने हेतु खाली कैंची को चलाना वर्जित है।

नाई बाल काटते समय खाली कैंची चलाता रहता है ताकि फंसे हुए बाल हट जायें व कैंची सरलता से चल सके अतः इससे झगड़ा नहीं होता है। हाँ, औजार का सुरक्षित उपयोग जरूर होना चाहिये।

और हाँ, घर में झगड़े होने के साधारणतया निम्न कारण हो सकते है-

- ★ खुदगर्जी (Selfishness)।
- ★ दूसरे पर संदेह (Suspicious)।
- ★ क्रोध (Anger)करने की आदत।
- ★ बहुत ज्यादा तनाव (Stress) में होना।
- ★ बात-बात में टकराव (Conflict) की आदत।
- ★ सच्चाई का अभाव। (Lack of honesty)।
- ★ आपसी संवाद की कमी। (Lack of interaction)।
- ★ हठी/ अड़ियलपन (Arrogance)।
- ★ पूर्वाग्रसित (Prejudice)रहना।
- ★ अनुशासन की कमी (Lack of discipline)।
- ★ टीम स्पिरिट की कमी (Lack of Team Spirit)।
- ★ असहयोग की भावना (Uncooperative Attitude)।
- ★ गरीबी (Poverty) का मातम।
- ★ बचपना (Childhood)।
- ★ स्वाभिमान (Self Esteem) की कमी।

★ आलस्य (Laziness) दिखाना।

★ समय का पाबन्द ना रहना (Non Punctual)।

★ चिड़चिड़ा (Irritation) हो जाना।

★ आदतों (Habits) में मतभेद होना।

★ संवाद (Conversation) न होना।

★ असन्तोष (Discontent) की आदत से।

"कैंची का काम काटना, सोचने का काम आपका, परिणाम आपके हाथों में होगा।"
–इन्जी.ओ.पी माहेश्वरी

50 क्या खड़े व उल्टे रखे झाड़ू में भूतनी आ जाती है?

प्राय: घरों में झाड़ू को उल्टा एवं खड़ा रखने पर यह कह कर डराया जाता है, इससे झाड़ू में भूतनी आ जायेगी। ऐसा डराना निम्न बचाव के लिए होता है।

○ गीले झाड़ू को अगर खड़ा रखा जायेगा तो उसके तिनके चारों और फैल कर मुड़ जायेंगे। जिससे झाड़ू का आकार ही बदल जायेगा। जिसको फिर से उपयोग करना असुविधाजनक होगा एवं झाड़ू की उम्र भी कम हो जायेगी।

○ उल्टे रखे झाड़ू के तिनके जल्दी टूटते है व बच्चों पर गिरने की सम्भावना रहती है।

○ झाड़ू में लगी गन्दगी से बार-बार न धुलने वाली दीवार गन्दी हो जायेगी।

यह मान्यता हमें सिखाती है –

1. घर में अच्छी आदतों को बनाये रखना। (To maintain good habits in house)
2. सफाई की आदत। (Cleaning habits)
3. व्यवस्थित रखने की आदत। (habits of Proper arrangements)
4. वस्तुओं का संरक्षण। (Conservation of articles)

"भावना के आधार पर कोई विचार स्थिर कर लेने में सदैव कष्ट होता है क्योंकि भावना स्थायी नहीं होती, परिस्थिति बदलते ही मान्यताएं बदल जाती है। भावना से दूर हट कर बुद्धि की कसौटी पर कसने के पश्चात ही किसी निश्चय में स्थायित्व प्राप्त हो सकता है।"

–भगवती प्रसाद वाजपेयी : रात के अंधेरे में

51) क्या टूटता तारा देखने पर मनोकामना पूरी होगी?

आकाश में टूटता हुआ तारा कभी-कभी ही नजर आता है, जिसे लाखों लोग देखते है। ऐसी भ्रान्ति है कि टूटते हुए तारे को आँखों से देखोगे तो मन में जो बात चल रही है वह पूर्ण होगी, मगर यह सत्य नहीं हैं क्योंकि ग्रामीण क्षेत्र में लोग खुले में ही सोते है और अक्सर यह नज़ारा देखते रहते है और आज भी ग्रामीण समाज पिछड़ा हुआ है। हाँ, यह जरूर होता है कि मन में कार्य होने की आशा बन जाती है जिसके लिये कोशिश होगी तो कार्य भी होगा अन्यथा बिना कोशिश के फल नहीं मिलेगा।

सफलता में प्रेरणा का योगदान महज 1 प्रतिशत और मेहनत का योगदान 99 प्रतिशत मानने वाले जाने माने वैज्ञानिक थॉमस अल्वा एडिसन बल्ब, ग्रामोफोन आदि यंत्रों के अविष्कारक रहे हैं। इन्हें बनाने में वे कई बार असफल हुए, मगर अन्त में अपने कार्य को सफलता के साथ पूर्ण किया। अतः कोशिश करें, मन की इच्छा जरूर पूरी होगी। **मनोकामना (Willing) निम्न तरीके से पूर्ण हो सकती है-**

- कोशिश (Persistence) से।
- हिम्मत (Encourage)
- प्रयत्न (Efforts) से।
- ज्ञान (Knowledge) से।
- सही दिशा (Proper way) से।
- क्षमता (Capabilities) अर्जन से।
- साधनों (Well Equipment) से।
- सहयोग (Co-ordination) से।

"जीवन में दुर्घटनाओं और संकटों का भी स्थान है, किन्तु मनुष्य में जितनी अकर्मण्यता और क्लांति इन से आती है वह अन्य कारणों की तुलना में अत्यंत अल्प है। कई व्यक्तियों का जीवन अधूरा होता है और यह अधूरापन जीवन में नहीं, उन में स्वयं होता है, अधूरेपन की भावना हमें अधूरा बनाती है।

-डॉ. कांति कुमार : बढ़ो

52) रात्रि के समय श्मशान घाट से क्यों नहीं गुजरना चाहिए?

समाज में भूत-प्रेतों की बहुत-सी कहानियाँ प्रचलित रहती है और भूतों का निवास स्थल श्मशान घाट को मानते है। शरीर की हड्डियों का निर्माण कैल्सियम और फॉस्फोरस से होता है और फॉस्फोरस खुली हवा के संम्पर्क में आते ही कैल्शियम सल्फाईड के उड़ जाने पर जलने लग जाता है। ऐसे में अगर कोई सोचे कि यह स्वयं आग कैसे लग गई तो भयभीत हो जायेगा। मगर निडरता के साथ देखने पर मालूम होता है कि भूत-प्रेत कुछ नहीं होते है। भूतों की आकृति मनुष्य अपने दिमाग से परिकल्पित (Visualized) करता है और उसी कल्पना के अनुसार मन में भूतों की उपस्थिति मान बैठते है और भूत-प्रेतों से डरते रहते है। मगर साहसी व जागृत व्यक्ति इन बातों से नहीं घबराते है और ऐसे लोगों को श्मशान घाट से गुजरने में कोई बाधा नहीं आयेंगी। महाकवि दिनकर ने 'कुरूक्षेत्र' में कितना सही लिखा है "जीवन उसका नहीं युधिष्ठिर, जो उससे डरते है, वह उसका है जो चरण रोप, निर्भय हो आगे बढ़ते है।" श्री कृष्ण के इस उपदेश से प्रेरणा लें, भय को भूल जाइए और निर्भय होकर आगे बढ़िये।

भूत-प्रेत ज्यादा कहाँ होते है?

- ♦जिन परिवारों में शिक्षा की कमी होती है। (lack of education)
- ♦जहाँ इलाज हेतु चिकित्सा नहीं मिल पाती है। (lack of Treatment)
- ♦जहाँ भीरू प्रवृति के लोग होते है। (Coward)
- ♦जो लोग सुनने में ही विश्वास कर बैठते है और जिनमें परखने की क्षमता नहीं होती हैं। (Lack of Examination)

"आपत्ति सदा दुर्बलों के सामने आती है, हार कर कमजोर बैठते है। होनी-होनी चिल्ला कर उस के पंख काटने का प्रयत्न निष्फल है। मनुष्य चाहे तो भाग्य के लिखे को बदल सकता है।"

-रघुवीर शरण : पहली हार

53 छोटे बच्चों के गाल पर काला टीका क्यों?

प्रायः माताएं अपने लाडले को तैयार करते समय नहलाकर उनके गाल अथवा कान के नीचे काला टीका लगा देती है और मन में यह सोचती है कि अब मेरे लाडले को किसी की नज़र नहीं लगेगी। नज़र लगना यानि ईर्ष्या करना होता है। मगर यह सत्य नहीं है माताएं अपने लाडले को और सुन्दर दिखाने के लिए ही काला टीका लगाती है ताकि तुलना में उसका लाडला ज्यादा सुन्दर लगे। सिनेमा में हीरो तभी हीरो बनता है जब विलेन के कार्यो से उसकी तुलना होती है। खराब को देख कर ही अच्छे की समझ आती है वर्ना तो अच्छी चीजें कितनी भी मिल जाये मनुष्य का मन नहीं भरता है। अतः जरूरी है कि देखने वाले के मन में भी उतार-चढ़ाव हो। इसी को ध्यान में रखकर यह टीका लगाने की प्रथा रही है। इसी तरह से कमर में काला धागा पहनना, नई ट्रक के आगे जूता लटकाना, नये मकान पर काली हांडी लगाना, नई खरीदी वस्तु पर काली चोटी लगाना आदि भ्रांतियाँ है मगर इन सबके पीछे मुख्य उद्देश्य ध्यान आकर्षित करना होता है जैसे लिखावट पर ध्यान आकर्षित करने के लिए उस पर हाईलाईटर लगा देना, अक्षरों के नीचे गहरी लाईन लगा देना, अलग रंग के अक्षरों से लिखना आदि। बच्चे के गाल पर लगा टीका भी यही कार्य करता है।

हर व्यक्ति के देखने का नज़रिया अलग होता है। यह बात उसके देखने के दृष्टिकोण पर निर्भर करती है। दृष्टि समान नहीं रहती है। दृश्य भी समान नहीं रहते है। दोनों बदलते रहते है। एक भवन का मालिक अपने भवन को देखता है तो उसका दृष्टिकोण दूसरा होता है। उसे कोई दूसरा देखता है तो वह भवन मालिक से भिन्न दृष्टिकोण से देखता है, एक ही वस्तु के अनेक कोण बन जाते है। सामान्य आदमी उसे सामान्य दृष्टि से देखेगा और सूक्ष्म दृष्टि वाला उसे सूक्ष्म दृष्टि से देखेगा। एक है ज्ञेय, जिसे हमें जानना है। दूसरा है। ज्ञाता, जो अपने ज्ञान से ज्ञेय को जानता है।

"भय से मनुष्य को आत्मरक्षा की प्रेरणा मिलती है और भय की अधिकता से मनुष्य का मन विकृत होकर निश्चेष्ट होता है, भय मनुष्य की कार्य शक्ति का सबसे बड़ा शत्रु है।"

–सत्यकाम विद्यालंकार

54 क्या मुखिया के बाहर जाने के बाद तुरन्त घर में झाड़ू नहीं लगाना चाहिए?

रेगिस्तानी क्षेत्र जहाँ मिट्टी खूब उंड़ती है वहाँ ऐसा माना जाता है कि मुखिया के पीछे झाड़ू लगाने से और मिट्टी को बाहर फेंकना मुखिया के पीछे मिट्टी उड़ाना (धूड़ डालना) होगा। मगर यह छोटी सोच की बात है क्योंकि यह परम्परा इसलिए बनी थी ताकि महिलायें समय पर अपना काम निपटा कर दिन की प्लानिंग हेतु मुख्य कर्ता को अवगत करा सकें। आप ऑफिस जा रहे है एवं मालूम पड़ता है कि चाबियां घर पर ही रह गई है तो यह गलत होगा। अतः झाड़ू अगर पहले लगा कर नीचे गिरी हुई वस्तुओं को ठीक से रख देंगे तो मुख्य कर्ता ऐसी छोटी-छोटी भूलें नहीं करेगा एवं घर में संवाद बना रहेगा। झाड़ू लगाना सफाई का हिस्सा है। इसे गलत नहीं लें।

"जो काम आज कर सकते हो उसे कभी भी कल पर न डालें।"

–ब्रेंजामिन फ्रेंकलिन

55 घर से रवाना होते समय गुड़ खाना !

अगर कोई कार्य जोश के साथ किया जाये तो वह अवश्य ही पूर्ण होता है और इसी जोश को प्राप्त करने के लिए ऊर्जा के रूप में गुड़ मुँह में दिया जाता है। गुड़ कार्य करने की क्षमता बढ़ाता है। गुड़ जिससे शक्कर बनती है और शक्कर की कमी होने पर व्यक्ति कमजोरी से नीचे तक गिर जाता है।

रिसर्च ग्रुप के हैड सेंट एंड्रयू युनिवर्सिटी के प्रोफेसर डेविड पेरेट के मुताबिक "स्वस्थ रहने के लिए जरूरी नहीं है कि कितना खाएं बल्कि यह जरूरी है कि क्या खाएं।" ऐसे में गुड़ की एक डली ऊर्जा की टेबलेट का काम करेंगी।

"एनर्जी टेबलेट (गुड़) को लेना शक्तिवर्धक है मगर असली शक्ति व्यक्ति का उच्च मनोबल है।"

– इन्जी. ओ.पी. माहेश्वरी

56 क्या कुर्सी पर बैठे- बैठे पैर हिलाने से मामा पर संकट आता है?

प्राय: सभ्यता से नहीं बैठने वाले बच्चे को यह कह कर डराया जाता है कि तू अगर पैर हिलाता रहेगा तो तेरे मामा पर भार बढ़ेगा। इससे बच्चा डरकर ढंग से बैठ जायेगा। यह तथ्य बच्चे में सुधार लाने के लिए अपनाया गया है ताकि उसके स्वयं के भी शैतानी करते हुए चोट वगैरह नहीं लगे। बड़े लोग अब भी कुर्सी पर बैठे-बैठे योग करते है तो इसमें कोई बुराई नहीं है। **बच्चों में सीखने की आदत होती है वो साधारणतया सीखते है-**

- बच्चा, अच्छे माहौल में अच्छी बातें सीखता है।
- सभ्यता, बड़ों के आचरण से सीखता है।
- झगड़ना, आस-पास के माहौल से सीखता है।
- बहादुरी, महान लोगों के आदर्श से सीखता है।
- चोरी, बड़ों की शह से सीखता है।
- फैशन, फिल्मों के कलाकारों से सीखता है।
- तहज़ीब, अपनों को देखकर सीखता है।
- बच्चा, गन्दे माहौल में बुरी बातें ही सीखता है।
- बच्चा ज्ञान अच्छी शिक्षा से लेता है।

"सत्य भाषण, बड़ों का आदर, नम्रता, दया, लज्जा, प्रेम और सुशीलता का बीज बच्चों में स्वभाव से ही होता है। यदि उन्हें भय दिखाकर साधारण बातों पर झूठ बोलने को लाचार न किया जाए, उनसे निकम्मी ठिठोलियां न की जाए, उन्हें अनुशासन में किन्तु प्रेमपूर्वक रखा जाए, उन्हें रोगियों की सेवा, अनाथों से प्रेम, दरिद्रों की सहायता की ओर प्रवृत्त कराया जाए, तो **प्रत्येक बालक एक महान् पुरूष बन सकता है।**"

-चतुरसेन शास्त्री: बदनाम रास्ते

57

क्या भगोनी में खाने से शादी नहीं होगी?

बच्चे जब भगोनी लेकर खाना खाने बैठ जाते है तो उन्हें यह बताया जाता है कि भगोनी में खाने से उसकी शादी नहीं होती है ? ऐसा इसलिए कहा जाता है ताकि बच्चे सभ्यता से बैठकर खायें, भगोनी में रखी अधिक वस्तु को, बच्चे झूठा न करें । बच्चे जब बड़े हो जाते है तो स्वतः ही समझ जाते है कि असभ्यता से खाना अच्छी बात नहीं है। **सभ्यता (Civilizations) सिखाने के लिए निम्न कार्य कर सकते है।**

◀ बड़ों द्वारा वही आचरण (Behaviour) करना जैसा हम बच्चों से चाहते है।

◀ बात समझाने के लिए बेइज्ज़ती (Humiliation) न करना।

◀ बच्चों को उत्साहित (Encourage) करना।

◀ बच्चों को सम्मान (Respect) देना।

◀ दूसरों से तुलना (Comparison) नहीं करना।

◀ सिखाने के लिए प्रायोगिक (Practical) तौर पर करके दिखाएं।

◀ अनैतिक (Unmannered) बातें घर के वातावरण में न हो।

◀ समय-समय पर दिशा (Proper direction) दिखाना।

ज्ञान कभी व्यर्थ नहीं जाता। आपका अर्जित ज्ञान जीवनभर के लिए आपकी अमूल्य निधि बन जाता है। आपकी अच्छी आदतों से ही आपका आचरण और कार्यशैली ठीक रहेगी।

"बड़ों का बड़प्पन अपने अनुभव के आधार पर दिशा दिखलाना है फिर छोटों का फर्ज बनता है कि अपने कर्म से सफलता सिद्ध करें।"

" वैज्ञानिक भाषा में मनुष्य भी मेमेलिया ग्रुप का जीव होता है। वो तो सभ्यता, संस्कार है जिससे मनुष्यता का रूप पाता है।"

– इन्जी. ओ.पी माहेश्वरी

58 देव वृक्ष पीपल एवं बड़ घर से दूर क्यों?

श्रीमद् भागवत गीता में उद्‌धृत है, जिसमें भगवान श्री कृष्ण ने अर्जुन को अपनी दिव्य विभूतियों के बारे में बताते हुए कहा कि मैं महर्षियों में भृगु, स्थिर रहने वालों में हिमालय पर्वत, यज्ञों में जययज्ञ, ज्योतियों में किरणों वाला सूर्य, वेदों में सामवेद, जलाशयों में समुद्र, वचनों में ओंकार तथा समस्त वृक्षों में पीपल का वृक्ष हूँ। हिन्दू संस्कृति में इस वृक्ष में भगवान कृष्ण को देखा जाता है और पूजा होती है। पीपल का पेड़ बहु-उपयोगी होते हुए भी घर के पास लगाना वर्जित है और इसे मन्दिर अथवा सार्वजनिक स्थानों पर लगाया जाता है क्योंकि इस पौधे की जड़ें बहुत लम्बी एवं चूने खड्डी के गारे में से होते हुए निकल जाती है। समय के साथ इनकी वृद्धि पर ये दीवारों एवं फर्श को तोड़ कर अपना स्थान बनाती है। अतः भवनों की सुरक्षा की दृष्टि से इन्हें भवनों से दूर लगाया जाता है। इन वृक्षों की उम्र भी बहुत होती है और फैलते भी बहुत अधिक है अतः भवनों से थोड़ा दूर लगाने में कोई बुराई नहीं है। साथ ही मान्यता यह भी है कि इन पेड़ों में भूत प्रेत का वास रहता है चूंकि ये पेड़ बहुत ही सघन व विशाल होते है अतः यह गलत मान्यता बन गई और इसी डर से भी इन्हे घर से दूर रखा गया। ये वृक्ष कार्बन-डाई-ऑक्साईड हानिकारक गैस का अवशोषण एवं लाभकारी गैस ऑक्सीजन का उत्सर्जन करते हैं। साथ ही पीपल की पत्तियां अपनी टहनी पर अलग-अलग लहराती है। अतः थोड़ी-सी हवा से ही हिलना शुरू हो जाती है यही कारण है कि इसके नीचे बैठने पर गर्मियों में भी ठण्डक का अहसास होता है। इनके औषधीय गुणों को भी हमें नहीं भूलना चाहिये। इनकी हवाई जड़ों में एंटी ऑक्सीडेंट की उपलब्धता होती है। जिसका इस्तेमाल कर मनुष्य को वृद्धावस्था की ओर ले जाने वाले कारकों को दूर भगाया जा सकता है। शरीर के अंदर विभिन्न मार्गों से स्वतंत्र फ्री रेडिकल्स (मूलक) पहुंचते रहते है। ये विभिन्न बीमारियों व अमान्य शारीरिक स्थितियों के कारक होते है। शरीर के कई एन्जाईम एवं एण्टी ऑक्सीडेंट की मात्रा को बढ़ा कर फ्री रेडिकल्स पर काफी हद तक काबू पाया जा सकता है।

" लहरों से डरने वाले की नौका पार नहीं होती,
कोशिश करने वालों की कभी हार नहीं होती" -अज्ञात

59 घर से रवाना होने के बाद पीछे मुड़ कर न देखना!

प्रगति का रास्ता आगे बढ़ने पर मिलता है। पीछे छोड़ी गई बातों को नजर अन्दाज कर आगे क्या करना है, बारे में सोचने से ही लक्ष्य हासिल किया जा सकता है। इसीलिए कहा जाता है कि 'पीछे से आवाज न लगायें' पीछे मुड़कर न देखें ताकि मन में सोचे हुए कार्य में मग्न रहकर सफलता प्राप्त की जा सके । कहते है कि मन के हारे हार, मन के जीते जीत। जो अपने मन से हारा, वो चाहे बाहर दुनिया जीत ले फिर भी पराजित ही माना जाता है। अतः मुखिया के कार्य पर जाते समय मन की एकाग्रता भी उस कार्य पर रहे। इस हेतु पीछे छोड़े गये कार्य को नजरअन्दाज़ करना होगा। आगे क्या करता है उसे ही ध्यान रखना होगा।

"संसार में सबसे बड़ा दिवालिया वह है, जिसने अपना उत्साह खो दिया है। चाहे उसका सब कुछ क्यों न चला गया हो, यानि उस ने अपना उत्साह बचा लिया, तो वह मुसीबतों से निकल कर फिर सफलता प्राप्त कर लेगा।"

–एच.डब्लू.अरनाल्ड : सबसे बड़ा दिवालिया

60 ग्रहण के समय गर्भवती स्त्री अगर बाहर निकलेगी तो क्या बच्चा विकलांग होगा?

यह सत्य है कि सूर्य ग्रहण के समय कुछ हानिकारक किरणें निकलती है। जिन्हें अगर खुली आँखों से देखें तो आँखों में विकार आ सकता है। इसी बात को ध्यान में रखते हुए हमारे पूर्वजों ने गर्भवती स्त्री को ग्रहण के समय घर से बाहर खुले में आने के लिये वर्जित किया होगा। ताकि गर्भ में पल रहे बच्चे पर इन हानिप्रद किरणों का दुष्प्रभाव न पड़े। मगर ये मान्यता भी गलत है क्योंकि ग्रहण का गर्भ में पल रहे बच्चे पर कोई दुष्प्रभाव नहीं होता है। इसका प्रभाव केवल खुली आंखों से देखने पर आंखों की रेटिना पर ही होता है।

"सही तथ्यों की जानकारी ही वैज्ञानिक तरीका है।"

–इंजी. ओ.पी. माहेश्वरी

61 क्या शाम के समय नाखून काटने पर घर में चोरी होगी ?

यह मान्यता तब बनी जब बिजली की रोशनी घरों तक नहीं पहुँची थी। नाखून शरीर का एक ऐसा पार्ट है जिन्हें जीवाणु अपना भोजन नहीं बना पाते है। शरीर में भोजन पैथोजैनिक जीवाणुओं द्वारा पचाया जाता है। अगर शाम के समय नाखून काटेंगे और वो हमारे खाद्य पदार्थ में मिल जायेगा तो नाखून शरीर के लिए हानिकारक होगा क्योंकि इसे शरीर पचा नहीं पायेगा। अत: इसी सावधानी हेतु जब बिजली, टेबल कुर्सी आदि का विकास नहीं हुआ था तब से यह प्रथा चलती आ रही है। वर्तमान समय में इसकी कोई उपयोगिता नहीं रह गई है। अब घर में शाम के समय रोशनी रहती है, खाना भी टेबल कुर्सी पर बैठकर खाते है, नाखून काटने के भी कई सारे औजार आ गये है अत: ऐसी रूढ़िवादिता में न जायें।

" बिना सुधार के जीवन संवरता नहीं है,
और ऐसा कोई नहीं है, जिससे गलतियां न होती हो।
आपको उसका अहसास जरूरी है।"

–इन्जी. ओ.पी. माहेश्वरी

62 क्या रात को झाड़ू लगाकर कचरा फेंकेंगे तो भगवान की थाली में जायेगा ?

यह मान्यता भी जब घरों में बिजली नहीं थी, तब बनी होगी। इस मान्यता द्वारा गृहणी के झाडू शाम को आरती से पूर्व निकालने की हिदायत हेतु बनी ताकि कचरे में घर की कोई कीमती वस्तु भूलवश न चली जाये, साथ ही अन्धेरा होते ही जब अभिभावक घर पर आ जाते थे तो उन्हें घर में साफ–सफाई मिले। इस मान्यता का भी वर्तमान में औचित्य नहीं रह गया है।

**"आपका काम आपके सशक्त विचारों का दर्पण होता है
जागरूक मस्तिष्क वाला व्यक्ति ही जीवन में सफल होता हैं।"**

– इन्जी. ओ.पी. माहेश्वरी

63 रात को आरती करेंगे तो क्या सोये हुए भगवान जग जायेंगे?

इस मान्यता के पीछे यह तर्क रहा होगा कि सभी लोग नियमित, समयबद्ध कार्य करें। संध्या से पूर्व घर में दीपक जलाने की तैयारी होगी तो उस घर में रोशनी एवं सभी कार्य सही तरीके से समयबद्ध होंगे क्योंकि जब भगवान की आरती समय पर नहीं होगी तो गृहस्थी के अन्य कार्य भी समय पर नहीं होंगे। इस हेतु यह डर बैठाया गया कि आप आरती के लिये रात्रि में घण्टियां बजायेंगे तो सोते हुए भगवान उठ जायेंगे और नाराज हो उठने के कारण आप को हानि पहुँचायेंगे। यह सत्य है कि बिजली के कारण आरती का समय जो सूर्यास्त से पूर्व था, वह आगे बढ़ गया है। फिर भी अगर रात को घंटियां बजाकर पड़ोसियों की नींद खराब करेंगे तो वह कभी भी समाज के लिये हितकर नहीं रहेगा। यह मान्यता हमें सिखाती है-

☺ समय प्रबन्धन (Time Management)

☺ ऊर्जा संरक्षण (Energy Conservation)

☺ अभिभावक का सम्मान (Respect of Parents)

☺ भक्ति में संगीत (Music)

☺ नियमितता (Continuity)

"भावना जल है, उस पर देश, काल, गति का प्रभाव बड़ी जल्दी पड़ता है, विवेक चट्टान है, उस पर छाया पड़ कर हटती-मिटती रहती है। जल में तैरा जा सकता है, उस पर पक्का घर नहीं बनाया जा सकता, घर चट्टान पर ही बन सकता है, घर में रहने वाला अधिक सुरक्षित, व्यवस्थित अनुभव करता है, पर अपनी प्रकृति से लड़ कर कोई सफल भी नहीं होता है।"

–डा. हरिवंशराय बच्चन : क्या भूलूं क्या याद करूं?

"जीवन रहे सरल, कर्म बने धर्म।
यह सोच है जागृति की।"

– इंजी. ओ.पी. माहेश्वरी

64 सिर बड़ा सपूत का, पग बड़ा कपूत का?

राजस्थान में जिस बच्चे का सिर बड़ा होता है उसे सपूत पुत्र (Obedient Son) मानते हैं। जबकि जिसके पैर बड़े हो उसे कपूत (Dutful) माना जाता है। इसके पीछे मान्यता भगवान गणेश से बनी होगी, साथ ही यह माना गया कि जिसका सिर बड़ा होगा उसमें अक्ल भी ज्यादा होगी और ज्यादा अक्ल वाला बच्चा सपूत बनेगा। जबकि पैर छोटे अच्छे माने गये हैं क्योंकि बड़े पैर के लिए जूते भी बड़े बनाने पड़ते थे। नंगे पैर रहने पर बड़े पैर वाले बच्चे के लगने की सम्भावना भी ज्यादा रहती है। इसी को ध्यान में रख कर यह सपूत-कपूत की मान्यता बन गई। सपूत बच्चे के साधारणतया निम्न गुण होते है -

☺ आज्ञाकारी (Obedient) होते है।

☺ बुजुर्ग व्यक्तियों का आदर (Respect) करते है।

☺ महत्वाकांक्षी (Ambitions) होते है।

☺ होशियार (Intelligent) होते है।

☺ व्यावहारिक (Behavior) होते है।

☺ मेहनती (Laborious) होते है।

☺ कार्य कुशल (Skilled) होते है।

☺ पारिवारिक सामंजस्य (Co-ordination) रखते है।

☺ मनोबल (Morale) ऊँचा रखते है।

☺ ज्यादा कमाना (Earn) जानते है।

"दुनिया केवल दुकान ही नहीं है, बाट से तौल कर दर निश्चित कर देने से ही मनुष्य का मनुष्य के प्रति जो कर्त्तव्य है, वह समाप्त नहीं हो जाता, अक्षम मनुष्य को भी तो जीने का अधिकार है, जीवित रहने पर उस का अधिकार केवल इसलिए छीना नहीं जा सकता कि आज उस में काम करने की सामर्थ्य नहीं रह गई है।"

-शरत चन्द्र : दो राह

65 क्या अमावस्या की रात में भूत-प्रेत विचरण करते है?

आज भी अशिक्षित भीरू लोगों में ऐसी मान्यता है कि अमावस्या के दिन अगर घर से बाहर निकलेंगे तो भूत-प्रेतों का सामना करना पड़ेगा। इसी डर से कई महत्वपूर्ण कार्यों को अमावस्या के दिन में शुरू नहीं करते है एवं महत्वपूर्ण यात्रा के लिए निषेध माना गया है। इस मान्यता के पीछे निम्न कारण रहे होंगे।

1. जहाँ पूर्णिमा की रात रोशनीमय होती है वहीं अमावस्या की रात में अंधेरा छाया रहता है।
2. अंधेरे को भय का सूचक मानने के कारण।
3. अंधेरा अवसाद व विषाद का प्रतीक माना गया है।
4. अंधेरा शिथिलता और नकारात्मकता का द्योतक होता है जबकि उजाले में जीवन की हलचल समाई होती है।

हमारे पूर्वजों के समय में बैलगाड़ियों पर हैड लाईट नहीं होती थी। रास्तों में स्ट्रीट लाईट नहीं लगी होती थी। जानवरों, डाकुओं व लुटेरों के उत्पात मचाने का समय अंधेरी रातें ही होती थी। इसी को ध्यान में रखकर भूत-प्रेतों से भयभीत किया गया था ताकि व्यक्ति अपना काम रोशनी में ही करें व अन्धेरी रात में चोटिल न हो पायें। **अमावस्या की रात से डरने वाले लोग होते है-**

◀ रूढ़िवादी (Conservative) ◀ पिछड़े (Backward)
◀ डरपोक (Coward) ◀ अन्धविश्वासी (Superstitious)
◀ साधन रहित (Unequipped) ◀ भावुक (Emotional)

वर्तमान समय में इस मान्यता का कोई औचित्य नहीं रह गया है क्योंकि ऐसे कई सारे साधन आ गये है जिनसे सुरक्षित यात्रा कर सकते है। नया काम भी शुरू कर सकते है।

"जागरूक व्यक्ति अपने उद्देश्य को प्राप्त करने में विषम परिस्थितियों से विचलित नहीं होता है, वह सुरक्षा के उपायों को ढूंढ ही लेता है।"

-इन्जी. ओ.पी. माहेश्वरी

66 तीन लोग साथ में जायेंगे तो काम बिगड़ जायेगा।

यह प्रथा प्रचलित है कि तीन-तेरह से बिगड़े काम, मिलकर सब बनाये काम। यह माना जाता है कि कोई भी महत्वपूर्ण काम में तीन व्यक्ति नहीं होने चाहिये। इसके पीछे बात न बिगड़े, विचारों में मतभेद न हो, कोई भी निर्णय समझदारी व संवाद से हो न कि वोटिंग से हो। इंग्लिश में एक कहावत भी है कि - " So Many Cooks, Spoils The Food" अर्थात जैसे बहुत सारे हलवाई मिलकर खाने को खराब कर देते है, वैसे ही तीन व्यक्ति साथ होंगे तो गलत बात पर भी दो व्यक्ति जोर देंगे तो वोटिंग की तरह गलत निर्णय भी हो सकता है, चाहे तीसरा व्यक्ति कितना ही जानकार हो पर दूसरों के विचारों से संचालित होना पड़ेगा, ऐसे में आप भीड़ का हिस्सा बन जायेंगे, भीड़ को भेड़-चाल भी कहते है। ऐसे में आपकी सही बात को भी कोई नहीं समझ पायेगा और आपकी शालीनता व ज्ञान धरा का धरा रह जायेगा। भीड़ में जाने की बजाय जब दो व्यक्ति किसी बात पर निर्णय करेंगे तो काफी सही निर्णय मिलेगा और दो लोगों में जब गुप्त बात होती है तो मना करने के बाद बाहर लोगों में फैल जाने की सम्भावना कम रहती है, जबकि तीसरा जुड़ जायेगा तो यह बहाना मिल जायेगा कि मैंने नहीं, इसने बात बताई होगी। इसी को ध्यान में रखते हुए तीन व्यक्तियों का साथ में पहुंचने की मनाई की गई है।

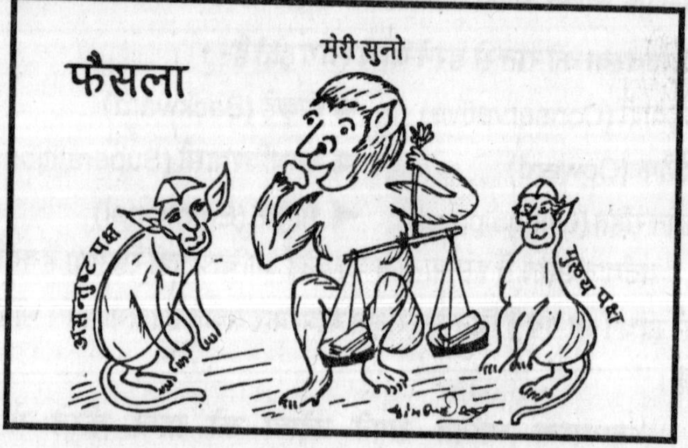

"पारिवारिक निर्णय मतों से नहीं, सही समझ से होते है।"

-इन्जी. ओ.पी. माहेश्वरी

67 क्या कुत्ते का रोना, अशुभ होगा?

इस में कोई सन्देह नहीं कि कुत्ते के सूंघने की शक्ति इन्सान से बीस गुना अधिक होती है और ये 20 किलो हट्र्ज से अधिक आवृति वाली अनुदैर्घ्य तरगों को भी सुन सकते हैं। यह शक्ति कुते के अलावा चमगादड़, बिल्ली आदि जानवरों में भी होती है। इसी सुनने की शक्ति एवं पालतू जानवर होने के कारण सुरक्षाकर्मी बम निरोधक दस्ते में कुत्ते से बम का होना या नहीं होना पता करते हैं। कुत्ते की इसी सूंघने की शक्ति को ध्यान में रख कर पूर्वजों ने यह मान्यता बनाई कि कुत्ता अगर किसी विशेष घर के बाहर जाकर रोता है तो उस घर में काल का आना यानि मुत्यु होगी क्योंकि कुत्ते को यम का दूत मानने की मान्यता बन गई। अगर कुत्ता दौड़ते हुए रोता है तो हैजा, प्लेग, चेचक आदि महामारी आयेगी। वैसे सभी जानवरों में आभा मंडल में होने वाले बदलाव को महसूस करने की शक्ति होती है इसीलिए तूफान आने से पूर्व जानवर सुरक्षा के लिए अपना स्थान ढूंढने लग जाते है। मगर इससे इन्सान को भयभीत होने की आवश्यकता नहीं है। क्योंकि विज्ञान ने अब इन महामारियों पर काफी कुछ नियन्त्रण कर लिया है। मनुष्य जानवरों से अधिक समझदार होता है अत: डरने की आवश्यकता नहीं है।

कुत्ते का रोना सुरीला नहीं होता है कि उससे आनन्द लिया जाये। मगर इससे घबराने की जरूरत भी नहीं है, कुत्ते की यह नैसर्गिक क्रिया समझ कर आप हमेशा सकारात्मक ही सोचें।

मुश्किलें दिल के इरादे आजमाती है,
स्वप्न के परदे निगाहों से हटाती है।
हौंसला मत हार, गिर कर ओ मुसाफिर,
ठोकरें इंसान को चलाना सिखाती है।।

"जब कभी मनुष्य को दु:ख होता है, अपने ही भ्रम के कारण होता है, यदि मन में भ्रम न रहे तो उसे किसी का भय न रहे।"

– वृंदावनलाल वर्मा: विराटा की पद्मिनी

68 गीला आटा रात में बासी रखना अशुभ

ऐसा माना जाता है कि गीले आटे के पिण्ड बनते है और मगर रात में गीला आटा घर में रख देंगे तो पिण्ड को बुलाने की क्रिया हो जायेगी। इस मान्यता के पीछे यह कारण रहा होगा कि धान का सदुपयोग रहे, क्योंकि जब फ्रिज वगैरह नहीं होते थे तब गीला आटा ज्यादा समय तक रखने पर उसमें खमीर उठ जाता है और आटा खट्टा हो जाता है। इसी से बचने के लिए गीले आटे को रात भर स्टोर करने की मनाही की गई थी।

जीवाणु की उत्पत्ति एक अनुकूल तापक्रम पर ही होती है। अतः किसी वस्तु को संरक्षण (प्रिजर्व) करने हेतु अगर अधिक तापक्रम पर या बहुत कम तापक्रम पर रखेंगे तो जीवाणु की उत्पत्ति नहीं हो पाती है और वह वस्तु जब तक उस तापक्रम पर है तो खराब नहीं होती हैं। अतः गीले आटे को कुछ समय तक फ्रिज में रख सकते है चूंकि फ्रिज का दरवाजा बार-बार खुलता है अतः लम्बे समय तक रखने पर फिर जीवाणु पनप जाते है। अतः इस मान्यता को अपनाने में कोई बुराई नहीं है कि गीला आटा रात को न रखा जाये। यह कभी भी स्वास्थ्यप्रद नहीं रहेगा अतः यह अशुभ कृत्य हुआ।

"अपने उत्तरदायित्व का ज्ञान बहुधा हमारे संकुचित विचारों का सुधारक होता है, जब हम राह भूल कर भटकने लगते हैं तब यही ज्ञान हमारा विश्वसनीय पथप्रदर्शक बन जाता है।"

– प्रेमचंद: पंच परमेश्वर

69 जलते दीप का बुझना -अपशुगन

ऐसा माना जाता है कि दीप जलाने से ईश्वर खुश होगा और यह पूजा की पद्धति भी है। मगर किसी कारण से अगर दीप अचानक बुझ जाता है तो इसे बड़ा अपशुगन मानते है। कई परिवारों में इसे आत्मा/मृत्यु से जोड़ देते है तो कुछ परिवार के बड़े-बुजर्ग दीप बुझने के बाद का भोजन सूर्योदय तक त्याग देते है ।

दीप बुझने के पीछे कई कारण हो सकते है जैसे दीप की बत्ती में तेल "कैपिलरी एक्शन" द्वारा नीचे से ऊपर चढ़ता है और अगर सूत की बत्ती कठोर बना देंगे तो पूर्ण आवश्यक तेल ऊपर तक नहीं पहुँच पायेगा जिससे तेल के बजाय बत्ती खुद जलकर बुझ जायेंगी । ऐसे कई कारण है जैसे तेज हवा के झोंके से, दीप को तेज हिलाने से, पतली बत्ती बन जाने आदि कारणों से जलता हुआ दीप बुझ जाता है। यह एक भौतिक क्रिया है अतः इसके अन्ध-विश्वास में न जायें, बुझे हुए दीप को फिर जलाया जा सकता है। रात भर भोजन को छोड़ने की बजाय फिर रोशनी व्यवस्था कर खाना खाया जा सकता है। दीप के बुझ जाने को मृत्यु से न जोड़ें।

दीप बुझने से कौन डरते है -

- भीरू (Coward) व्यक्ति
- निराशावादी (Pessimistic) व्यक्ति
- अन्धेरे से डरने ((Feared) वाले व्यक्ति
- भूत-प्रेतों से भयभीत रहने वाले व्यक्ति
- स्वयं की सोच न रखने वाले भावुक (Touchy) व्यक्ति
- अज्ञानी (Uneducated) व्यक्ति
- रूढ़िवादी (Superstitious) व्यक्ति
- जागृत (Awaken) न रहने वाले व्यक्ति

मन के हारे हार है, मन के जीते जीत,
जो दृढ़ निश्चय मन करे, अवश्य मिलेंगे मीत।

– अज्ञात

70 छोटे बच्चे को दर्पण दिखाने पर दांत नहीं आते?

प्राय: घरों में जब छोटा बच्चा रोता है तो बच्चे को उठाकर ड्रेसिंग टेबल के दर्पण में स्वयं व बच्चे का प्रतिबिम्ब दिखाकर चुप कराने की कोशिश की जाती है। ऐसे में माताऐं यह कहकर डांटती है कि अगर बच्चे को दर्पण दिखायेंगे तो इसके दाँत नहीं आयेंगे। यह मान्यता इसलिए बनी क्योंकि रोते हुए बच्चे को कोई आवाज से या एक्शन से चुप कर सकते है। छोटा बच्चा जो अभी चित्र, प्रतिबिम्ब, अपने पराये, कलाकृति, फोटो आदि के बारे में नहीं जानने लगा है- और आप दर्पण में उसको प्रतिबिम्ब दिखा कर चुप कराना चाह रहे है तो वह रोता हुआ चुप नहीं होगा। इसलिए यह डराने हेतु मान्यता बनाई गई कि दर्पण में फोटो दिखाने पर दांत नहीं आयेंगे। अत: बच्चे को चुप करने के लिए आवाज वाले अथवा चलते हुए खिलौनों का उपयोग करें।

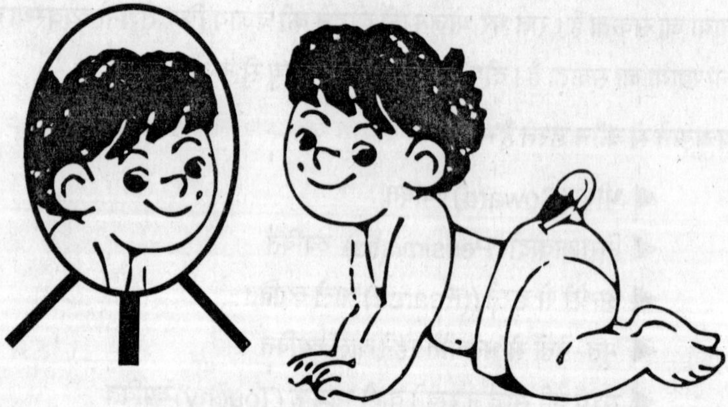

"जागरूकता समझ का प्रतिबिम्ब होता है
अबोध बच्चा न समझे मगर अभिभावक तो परख सकते है।"

– इन्जी. ओ.पी. माहेश्वरी

71 छोटे बच्चे को पहली सर्दी में ऊनी वस्त्र निषेध क्यों?

ऐसी मान्यता बनी हुई है कि छोटे बच्चे को अगर प्रथम सर्दी मे ऊनी वस्त्र पहनाये जायेंगे तो बच्चा बीमार-बीमार रहेगा। इस मान्यता के पीछे निम्न कारण रहे होगें:-

1. पहले भेड़ की शुद्ध ऊन के वस्त्र ही बनते थे जो कि काफी चुभने वाले एवं खुरदरे होते थे। इस कारण से छोटा बच्चा उनमें अपने को आरामदायक महसूस नहीं करते थे।
2. छोटे बच्चों का विकास काफी तेज गति से होता है और उनके लिए बनाये गए वस्त्र दूसरी सर्दी में पहनने के काम नहीं आ पाते है।
3. बच्चों के बार-बार मल-मूत्र करने के कारण, महंगे कई सारे ऊनी वस्त्र साधारण परिवारों में खरीदना मुमकिन नहीं हो पाता था।

मगर अब परिस्थितियां बदल गई है। ऊनी वस्त्र भी मुलायम मिलने लग गए है। लोगों के खरीदने का स्तर भी बढ़ा है एवं बच्चे को सर्दी में बचाव हेतु ऊनी वस्त्र अवश्य पहनाना चाहिए नहीं तो जुकाम,खाँसी,निमोनिया आदि बीमारियों की सम्भावना रहेगी। बीमारियों में पलने वाले बच्चे के विकास की गति सही नहीं रह सकती। ऐसी गलत मान्यता के लिए आप लकीर के फकीर मत बने रहिए, समय के साथ, मौसम के अनुरूप परिवर्तन होना ही चाहिये। अतः ऐसी गलत मान्यता में विश्वास न करें।

"चिंता ऐसी डाकिनी, काट कलेजा खाए।
वैद्य बेचारा क्या करे, कब तक दवा लगाए।।"

– अज्ञात

" जिस तरह ठण्ड का बचाव गर्म कपड़ों से, वायरल का बचाव नाक -मुँह पर मास्क लगाकर, संक्रमण का बचाव सफाई से करते है ऐसे ही गलत मान्यताओं, ढकोसलों से बचने के लिए जागृति की सोच (ज्ञान) विकसित करनी होगी।"

–इंजी. ओ.पी. माहेश्वरी

72 विधवा स्त्री का सजना-संवरना !

आचार्य चतुरसेन की पुस्तक 'आत्मदाह' में बताया है कि –"पति के असह्य वियोग की वेदना सभी देश की विधवा नारी सहन करती है, परंतु दरिद्रता, बेकारी, असहायावस्था, संतानशून्यत्व और लांछन जैसे कष्ट भारतीय विधवाओं को सहन करने पड़ते है, वैसे संसार की किसी भी जाति की स्त्री को सहन नहीं करने पड़ते।" आज भी विधवा स्त्री के सजने-संवरने पर पुरूष प्रधान समाज ने पाबंदी लगा रखी है। वे लाल कपड़े नहीं पहन सकती, वे कपोल पर लाल बिन्दी नहीं लगा सकती, लिपिस्टिक एवं पाऊडर आदि का भी उपयोग नहीं कर सकती ताकि वो अपने श्रृंगार द्वारा किसी को भी आकर्षित न कर पाये। यह प्रतिबंध समाज में नारी के पुनः विवाह पर पाबंदी के तौर पर लगाये गये थे। मगर आज नारी, पुरूष के साथ-साथ कंधे से कंधे मिलाकर आगे बढ़ रही है और राष्ट्रपति तक के पद पर आसीन हो गई है। समाज में औरतों का अनुपात पुरूषों के बदले 8:10 का रह गया है। ऐसे में न तो पुनः विवाह पर पाबन्दियां होनी चाहिए और ना ही नारी स्वतन्त्रता पर। आज समाज में नर और नारी के समान अधिकार की बात हो गई है मगर विधवा नारी, जो पराधीन रहती है उसके श्रृंगार पर पाबन्दियां रहती है और जो औरत व्यवसाय से जुड़ गई है, खुद को सम्बल और प्रभावी बना चुकी है उन पर इतनी पाबन्दियां नहीं है। हाँ, शादी की निशानी मंगल-सूत्र और सिन्दूर से परहेज तक तो ठीक है मगर अन्य श्रृंगार पर पाबन्दियाँ नहीं रहनी चाहिए।

सर्प यदि फुंफकारना छोड़ दे, शेर यदि दहाड़ना छोड़ दे तो यह आदमी सर्पों को रस्सी की जगह और जंगल के राजा को कोल्हू में जोत देगा। अतः जरूरी है कि नारी स्वयं को उन ऊंचाईयों तक ले जाये ताकि उन पर गलत पाबन्दियां न लगे।

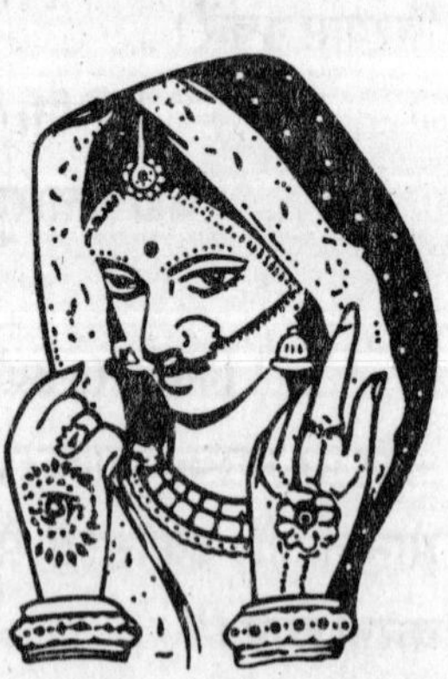

"ज्ञानी कहता है, होंठो पर मुस्कराहट न आए, आंखों में आंसू न आए, मैं कहता हूँ अगर तुम हंस नहीं सकते और रो नहीं सकते, तो तुम मनुष्य नहीं हो, पत्थर हो, वह ज्ञान जो मानवता को पीस डाले, ज्ञान नहीं, कोल्हू है।"– मुंशी प्रेमचंद : गोदान

73 कमर झुका कर बैठोगे तो होगा घाटा।

जब भी हम आराम से बैठ कर कार्य करते है तो बुजुर्ग व्यक्ति हमें सीधा बैठने के लिए टोकते है। इस मान्यता के पीछे निम्न कारण रहे होंगे-

1. सुस्ताते हुए कार्य करने से कार्य में रूचि नहीं रहती है। ऐसे में कार्य सही ढंग से सम्पन्न नहीं होगा।
2. कमर झुकाकर बैठने से शरीर भी कुबड़ा हो सकता है।
3. आलस्य एवं उबासी से पाचन तन्त्र भी कमजोर होगा।
4. एनर्जी लेवल में कमी और वजन में बढ़ोतरी होगी।

यह सही है कि खड़े होने की तुलना में बैठे रहने से रीढ की हड्डी पर अधिक भार पड़ता है। रीढ की हड्डी को सीधा रखने से हृदय तथा फेफड़ों के कार्य में रूकावट नहीं आती है। जबकि कमर मोड़ कर बैठने से दिल तथा फेफड़े की माँसपेशियों पर दबाव पड़ता है, इससे ऑक्सीजन तथा कार्बन डाई ऑक्साईड का अच्छी तरह आदान-प्रदान (Exchange) नहीं हो पाता है। इससे शरीर में शुद्ध रक्त (Oxygenated Blood) के स्थान पर अशुद्ध रक्त (De-oxgenated Blood) कार्बोलिक एसिड परिभ्रमण करता है।

परिणामतः शरीर में थकान, उबासी एवं आलस्य की अनुभूति होती है और ऑक्सीजन की शरीर में कमी के कारण ही उबासियां चालू हो जाती है। जबकि सीधी कमर रहने से ऑक्सीजेनेटेड ब्लड परिभ्रमण करता है। रीढ के निरन्तर झुके रहने से जहाँ कुबड़ापन की सम्भावनाएं बढ़ जाती है, वहीं स्नायु और पाचन तंत्र कमजोर एवं बीमार हो जाता है अतः ऐसी मान्यता को मानना ही समझदारी है।

"मन एक उपजाऊ खेत की भांति है, यहां आप जैसा बोएंगे, वैसा काटेंगे, अगर सुन्दर विचार उगाएंगे तो आप का मस्तिष्क समृद्ध बनेगा, दुर्विचार इसी मस्तिष्क को घासझंखाड़ से भरा जंगल बना देंगे, बबूल के बीज बोने से गुलाब पैदा नहीं होते।"

स्वेट मार्डन : अपने आप को पहचानिए।

74 क्या छींक आ जाने पर गन्तव्य स्थान पर नहीं पहुँचेंगे?

जब भी कोई व्यक्ति घर से रवाना होता है और उसे या उसके परिवार के सदस्य को छींक आ जाये तो कहते है कि घर से अभी मत जाओ, इस समय जाना अपशुगन माना जाता है। यह मान्यता इसलिए बनी होगी क्योंकि जब संयुक्त परिवार थे काम सभी सदस्य मिलकर करते थे, उस समय बीमार व्यक्ति को रोकने हेतु यह प्रथा बनी होगी। छींक आना बुखार, जुखाम, सर्दगर्म के लक्षण होते है। मन में साहस है काम पर जाने का और शरीर बुखार से पीड़ित है तो घर के अन्य सदस्य उसे बाहर जाने से रोकने हेतु यह प्रथा चली होगी। घर में भी बीमार व्यक्ति को छोड़ कर आप बाहर जायेंगे तो आप सुकून के साथ कार्य नहीं कर पायेंगे। मगर आज की परिस्थितियों में छींक होने पर न जाना केवल रूढ़िवादिता रह गई है क्योंकि संचार के माध्यम बढ़ गये है।

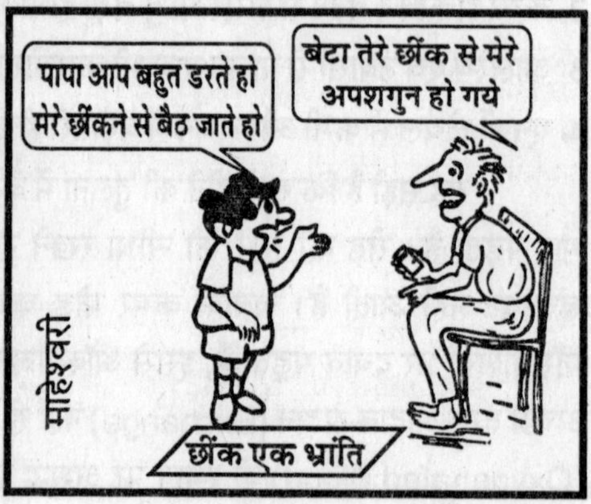

यात्रा में भी पहले के मुकाबले बहुत कम समय लगने लग गया है। बीमारी होने पर इलाज भी संभव है अतः शरीर की आवश्यकता अनुसार निर्णय लिया जा सकता है। इसीलिए किसी कवि ने भी कहा है कि 'हिम्मते मर्दा, मददे खुदा।' यानि जो हिम्मत कर लेता है उसकी भगवान भी सहायता कर लेते है।

बात-बात में डरना नहीं, जीवन में हर समय रोना नहीं।
तैयारी रख कर आगे बढ़ो, शगुन की भ्रांति में न उलझो।।

–इंजी. ओ.पी. माहेश्वरी

"मनुष्य की सबसे बड़ी दुर्बलता यही है कि वह विचारों के धरातल को छोड़ कर भावना के आकाश में उड़ता है, और भावना प्राणी के जीवन के संघर्ष तथा विषमता में उस का साथ नहीं देती, वह छाया की भांति प्राणी का साथ छोड़ देती है। तब प्राणी विगत के क्षणिक परम सुख को स्मरण कर के अपने लिए कल्पनातीत दुःख की सर्जना करता है।"

–यादवेंद्र शर्मा 'चन्द्र': आंचल में दूध आंखों में पानी

75 क्या फुड़कने (मुँह से थूक उछालने) से बुजुर्ग का स्वर्गवास होता है?

कभी-कभी छोटे बच्चे पालने में झूलते समय और खेलते समय अपने मुँह से फड़फड़ाहट की आवाज निकालते है। यह एक बच्चे की हरकत है जिसका बुरी आपदा से कोई सम्बन्ध नहीं होता है। हाँ, इसे रोकने के लिए बच्चे के होठों पर अंगुली लगा कर रोकी जा सकती है। मानव मस्तिष्क कोई मूर्ति नहीं है, जो एक जगह एक ही अवस्था में पड़ी रहे। चंचल मन में हर समय गति बनी होती है, इसी से शरीर के सारे अंग गतिमान बने रहते है। अतः फुड़के करने की क्रिया के बारे में गलत अनुमान न लगायें। कई लोग इसे पूर्व जन्म की याद भी मानते है मगर यह भी सत्य नहीं है।

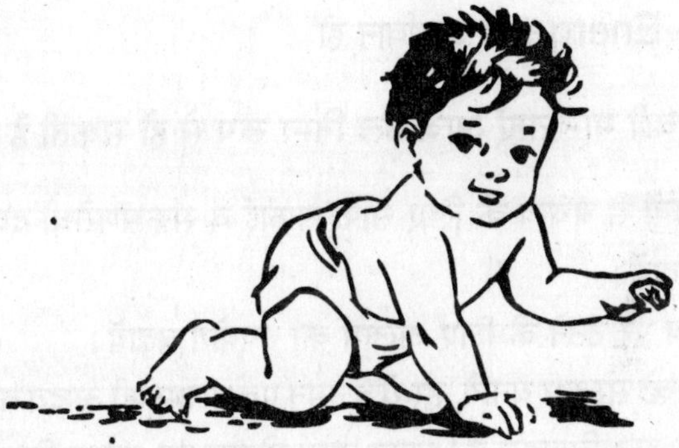

"पूर्व जन्म का संस्कार केवल मन को समझने की चीज है, जिस दंड का हेतु ही हमें न मालूम हो, उस दण्ड का मूल्य ही क्या? वह तो जबरदस्ती की लाठी है, जो आघात करने के लिए कारण गढ़ लेती है।"

– प्रेमचन्द : गबन

76 आधुनिक प्रबल मान्यताएं क्या रखे?

अच्छी मान्यताएं हमारे अच्छे जीवन के साथ इन्सान में नैतिकता, पवित्रता, रक्षात्मकता, सर्जनता की आदत के साथ ऊर्जावान व आदर्शवादी बनने के तौर तरीके सिखाती है। इसलिए मान्यताएं साधारण सिम्पल (Simple) होनी चाहिये यानि–

S- Securely रक्षात्मक हो
I - Ideal आदर्शवादी हो
M - Moral नैतिकता हो
P- Piously पवित्रता हो
L - Learnable सीखने योग्य हो
E - Energetic ऊर्जावान् हो

(अ) कुछ अच्छी मान्यताएँ आजकल निम्न रूप से हो सकती है

1. संक्रमण रोगों से बचाव के लिए साफ सफाई व संक्रमणरोधी दवाओं का उपयोग बढ़ायें।
2. सुबह समय पर उठने के लिए अलार्म का उपयोग बढ़ायें।
3. बच्चों में अच्छे संस्कार बनाये, हर रोज नमन एवं प्रणाम की आदत बनायें।
4. शगुन रूपी अन्धविश्वास की जगह कार्य योजना पर अमल सिखाएं।
5. घर में कृपया (Please), धन्यवाद (Thanks) आदि शब्दों का उपयोग की आदत बनायें।
6. परिवार के सभी लोगो में संरक्षण की आदत बनायें जैसे पानी,बिजली, पुस्तकें, पुरानी वस्तुओं का।
7. स्वस्थ जीवन की दिनचर्या अपनायें।
8. सुरक्षात्मक उपायों का ज्ञान बढ़ायें। जैसे दुपहिया पर हेलमेट, वाहन में बेल्ट, दूषित हवा के निकास के लिए एग्जॉस्ट पंखा, रसायनों को हटाने के लिए धुलाई आदि।

9. प्राकृतिक तरीकों एवं प्रकृति से सांनिध्य बढ़ायें।
10. नई तकनीक को अपनायें।
11. शिक्षा एवं ज्ञान अर्जन के तरीके अपनाएं।
12. सामुदायिक कार्यों में हिस्सा बढ़ायें।
13. नशा मुक्ति की आदत बनवायें।
14. विज्ञान के विभिन्न पहलुओं का ज्ञान बढ़ायें।
15. संस्कृति को बनाये रखने के लिए नई प्रेरणाओं को अपनायें।
16. भौतिक सुखों की बजाय मानसिक सन्तुष्टि के तरीके अपनाएं।
17. मानवता से बढ़कर कोई धर्म नहीं है इसे अपनाएं।
18. समय की पाबन्दी व उपयोगिता का पाठ पढ़ायें।
19. संक्रमित पानी से बचाव के लिए घर में भी फिल्टर लगाना।

(ब) सामाजिक प्रबल मान्यताएं

ये अच्छी सामाजिक मान्यताएं ही है जिनसे इन्सान समाज में बंधा रहकर गलत दिशा में नहीं जा पाता है। अच्छी मान्यताओं से समाज में अच्छा नागरिक, अच्छे सम्बन्ध, आपस में एक दूसरे से जुड़े रहना व आने वाली समस्या को जान कर व्यवहारिकता के साथ अच्छा जीवन जीना सिखाती है। आपका ज्ञान कभी व्यर्थ नहीं जा सकता, आपकी अच्छी आदतें जीवन भर के लिए आपकी अमूल्य निधि बन जाती है। अच्छी मान्यताएं सोसियल (Social) यानि सामाजिक हो-

S - Secular Way व्यावहारिक हो।
O - Organized Way संगठन हेतु हो।
C - Civilized Way अच्छा नागरिकता हेतु हो।
I - Integrity Way मजबूत सम्बन्धों हेतु हो।
A - Alert सावधान करने वाली हो।
L - Livelihood जीवन हेतु हो।

अच्छे समाज के लिए कुछ मान्यताएं निम्न रख सकते हैं-

1. बच्चे के जन्म पर थाली बजाना।

2. दूल्हे को घोड़ी पर बैठाकर घुमाना।
3. जूते पहने व्यक्ति को रसोईघर में न आने देना।
4. बड़ों के अभिवादन में झुक कर प्रणाम करना।
5. महिलाओं का भी धन अर्जन में योगदान देना।
6. विवाह उत्सवों पर गुड़- पतासे मेवे आदि बाँटना।
7. स्वागत के लिए आरती करना।
8. खुशी के मौकों पर पारिवारिक नृत्य- संगीत।
9. उत्सवों में एक ही तरह की पोशाक पहनना।
10. सम्मान करने के लिए साफा पहनाना।
11. दूल्हा बनने पर शेरवानी धारण करना।
13. साथ में बैठना व हर रोज वार्ता करना।
14. दुपहिया वाहन में साफे की जगह हेमलेट पहनना।
15. सामूहिक कार्यक्रम रखना।
16. निमन्त्रण में पीले चावल बांटना।
17. विवाह में उबटन लगाना।
18. बच्चे का मुंडन करवाना।

"जलते दीपक से दीपक जलता है, बुझे दीपक से दीपक नहीं जला करता है, फिर जिस दीए में तेल ही नहीं वह क्या जलेगा? पहले मन रूपी दीए में ज्ञान का तेल डालो, फिर देखोगे कि जलते दीप की लौ लगने मात्र से दीपमाला जगमग-जगमग कर उठेगी"

– गुरूदत: प्रवंचना

" सिर्फ कम्प्यूटर पर माउस को क्लिक करने मात्र से जीवन में बदलाव नहीं आ सकता, इसके लिए वास्तविक जीवन में कुछ नियमों (जागृति की सोच) को अपनाना होगा।

–इंजी. ओ. पी. महेश्वरी

परम्पराएं एवं रीति-रिवाज
(Traditions and Customs)

77 परम्पराएं क्यों?
(Why Traditions)

परम्पराएं एवं रीति रिवाज ऐसे है, जो बरसों से चले आ रहे है। समय की कसौटी पर जो तथ्य सही नहीं उतर रहे है ऐसी परम्पराओं में खुद को बांधे रखना थोथी भावुकता है। शिक्षा के साथ लक्ष्यहीन प्रथाओं में बदलाव आया है मगर आज भी समाज की बेड़ियों से निकलना इतना सरल नहीं है। ऐसी प्रथाओं को चलाने की समाज के कुछ ठेकेदारों ने अपनी जागीर बना रखी है जिसमें भीरू लोग फंसे ही रहते है, जागरूक व्यक्ति अब गलत प्रथाओं से निकल रहे हैं।

परम्पराओं के बारे में जवाहर लाल नेहरू ने अपनी प्रसिद्ध पुस्तक 'विश्व इतिहास की झलक' में लिखा है कि "परम्परा में बहुत कुछ अच्छाई होती है, लेकिन कई वक्त वह एक भयंकर बोझ बन जाती है। जिस की वजह से हम लोगों की प्रगति मुश्किल हो जाती हैं। जो अटूट जंजीर धुंधले और प्राचीन अतीत से हमारा संबंध जोड़ती है। उस की कल्पना करने से और वृतांत पढने से चित्त मोहित हो जाता है। लेकिन इस **जंजीर में एक आदत यह है कि जब हम आगे बढ़ना चाहते है तो यह हमारे पैरों में लिपट जाती है और हमें इस परम्परा के शिकंजे में कसकर कैदी जैसा बना देती है।** यह सच है कि अपने अतीत से जोड़ने वाली बहुत सी लड़ियों को हमें कायम रखना पड़ेगा, लेकिन अगर **यह पंरपरा हमें आगे बढ़ने से रोकने लगे तो हमे उसके कैदखाने को तोड़कर बाहर भी निकलना होगा।**" कैलीफोर्निया में हुए एक अध्ययन से खुलासा हुआ कि ऐसे लोग जिनके सामाजिक संबंध कमजोर थे, उनके हृदय रोग, कैंसर और अन्य बीमारियों का शिकार होने की आशंका अधिक थी।

भगवान महावीर ने कहा है कि जहां एकान्त होगा, वहां टक्कर होगी, संघर्ष होगा, कलह होगी, विवाद होगा, युद्ध होगा, महायुद्ध होगा। और जहां अनेकान्त होगा, संवाद होगा, प्रेम होगा, आनंद होगा, मैत्री होगी, विचारों का आदान-प्रदान होगा, सत्य से साक्षात्कार होगा। ये तो समाज के रीतिरिवाज़ ही है जो हमें एक दूसरे से जोड़े रखती है अगर हम जागरूक है तो समझ सकते है गलत परम्पराओं को। इनसे भयभीत होने की बजाय सत्यता को समझ सकते हैं। परम्पराएं जिंदगी को नए सिरे से खोजने का मौका देती है ताकि व्यक्ति अपने जीवन में अपनत्व का मूल्यांकन कर सके। प्रेम,समर्पण,ऊर्जा,शिक्षा, हिम्मत व साहस में वो ताकत होती है जो परम्पराओं में बदलाव ला सकते है। जब ज्ञान पर परम्पराओं और रूढ़ियों का

आवरण छा जाता है तो यथार्थ छुप जाता है। जो कुछ दिखाई पड़ता है उसी को व्यक्ति यथार्थ मान बैठता है जैसे पानी में डाली गई खड़ी लकड़ी मुड़ी हुई (टेढ़ी) नजर आती है मगर वो होती नहीं है और सिर्फ नजर आती है।

परम्पराओं की लकीरें जब धुंधली पड़ जाती है तो नई लकीरें खींचने से परहेज नहीं करना चाहिये।परम्पराएँ इन्सान की भलाई के लिए होनी चाहिये, बोझ समझ कर ढोने के लिए नहीं। ग्लोबलाईजेशन के कारण जब पूरा संसार सिमट गया है, ऐसे में अपने को घिसी-पिटी प्रथा तक ही सीमित रखना कहाँ उचित है? आपको चिन्तन करना है कि हम क्या-क्या सही कर रहे हैं और क्या-क्या गलत? जब तक गलत तरीकों को हम नहीं पहचान पायेंगे तब तक हम अपनी संस्कृति (Culture) में सुधार नहीं कर पायेंगे। हमारी प्रथाओं के पीछे क्या-क्या कारण रहे है और जब आज सभ्यता ने इतना विकास कर लिया है, तब घिसी-पिटी प्रथा में अपने को सीमित रखना कहाँ तक उचित होगा? **हम क्यों भूल जाते है कि हमारे पास तन्त्र-मन्त्रों की शक्ति होते हुऐ भी हम कई सौ वर्षों तक गुलाम रह चुके थे।** वैज्ञानिक पद्धति में केवल कहना नहीं होता है, उसे सत्यापित कर परीक्षण करते है ताकि जो बात सही उस तक आप पहुँचे है या केवल कल्पना ही है, देखा जा सकता है।

"अपने बंधनों से बिछुड़ते हुए भी मनुष्य को दुःख होता है, बहुत सी बातें है जिन्हें हम इसलिए करते जाते है कि वह एक परंपरा बन गई है जिसमें शक्ति होती है, वह सदा ही झटका देकर अपने को छुड़ा लिया करता है, जिसमें शक्ति के स्थान पर सिर झुकाने की घृणित परवशता होती है, वह उसे सामंजस्य कहता है।"

– रांगेय राघवः मुर्दो का टीला

"यह मत सोचो कि लोग कैसे जा रहे है एक के पीछे एक का अनुसरण करना ही तो भेड़ चाल है अगर आप में सूझ-बूझ है तो अपना रास्ता छोटा व अलग से बनायें। मंजिल कौन हासिल करता है यह आपकी जागृति पर निर्भर है।"

– इन्जी. ओ.पी. माहेश्वरी

78 दहेज अपराध है फिर भी सामाजिक मान्यता क्यों?

रिश्तेदारों के मध्य लेन-देन से प्रेम बढ़ता है मगर इसे थोपना प्रेम नहीं होगा। प्रेम कोई ऐसी राशि नहीं है जिसे बैंक में जमा करा कर अपनी पास बुक में एन्ट्री करवाई जा सके। यह तो एक दूसरे के प्रति उठने वाले भाव समर्पण है जो मन से उठते है। शादियाँ अब सामाजिक भ्रष्टाचार की सबसे बड़ी प्रतीक बनती जा रही है। आशीर्वाद देने के नाम पर बड़े एवं प्रतिष्ठित लोग शरीक होकर दहेज (Dowry) से लेकर काले धन के पैसे से शानो-शौकत के प्रदर्शन को मान्यता देने का काम कर रहे है। शादी में लोग आराम से दहेज मांगते है और अपने परिवार को सन्तुष्ट करने के लिए लड़की वालों पर बोझ डालते है। दहेज के सामान का अपने आंगन में प्रदर्शन कर लोगों में धन की विवेचना कराई जाती है। अधिकतर रिश्तों में कटुता का कारण धन ही है। जो मानव को मानव से पृथक् कर देता है, लोगों ने अपने सुख का पैमाना विलासिता के साधनों के उपयोग से नापना शुरू कर दिया है। ये भौतिक साधन आराम दे सकते है मगर सुख चैन नहीं, क्योंकि मानव और मानवता का मापदंड धन नहीं, एक दूसरों के प्रति उत्पन्न भावों में विद्यमान है। जिसके मध्य यह दहेज रूपी सांप फुंफकार कर रहा है। जब स्वार्थ साधन की इच्छा से प्रेम जताया जाता है तो समझ लो कि वह प्रेम नहीं अपितु व्यापार है, **इस हाथ से दे, उस हाथ से ले। यह दुकानदारी हुई** और यह दुकानदारी समाज में कटुता का मुख्य कारण बनता जा रहा है। समाज में दहेज ज्यादा लाने व ज्यादा वसूलने की होड़-सी मच गई है। अतः इस सामाजिक बुराई पर सरकार के साथ, समाज को भी प्रतिबन्ध लगाना चाहिये एवं पूरे जोर से इस प्रथा का विरोध होना चाहिये।

''बुराई के जड़ जमाने के लिए इतना काफी है
कि अच्छे लोग कुछ न करे, और बुराई खुद पनप लेगी।''

-एडमंड बर्क

"For evil to flourish, good people have
to do nothing and evil shall flourish."

-Edmund Burke

79 स्त्रियों के माँग में सिन्दूर क्यों?

हिन्दू मान्यताओं में सिन्दूर लगाना सुहागिन स्त्री का सूचक है। स्त्रियां उसे अपने पति की दीर्घायु के लिए जीवनभर लगाती है। साथ ही समाज में यह पहचान हो सके कि स्त्री शादीशुदा है या कुंआरी अथवा विधवा है। इस प्रथा के पीछे यह मूल भावना ही रही है ताकि देखने वाला उसी नजर से देखे एवं व्यवहार करे। शादी ही एक ऐसा संबंध है जो दो व्यक्तियों को रक्त संबंध न होने पर भी एक कर देता है और यह मधुर सम्बन्ध समाज को भी दिखे, इस हेतु यह श्रृंगार की प्रथा बनी होगी।इसमें कोई दोराय नहीं कि सिन्दूर व लाल तिलक से नारी के सौन्दर्य में निखार आता है और नारी अपने को सुन्दर दिखाने के लिए ही आभूषण व विविध सोलह श्रृंगार करती है। उनमें से एक श्रृंगार मांग में सिन्दूर लगाना है । सिर पर काले बालों के मध्य ललाट से लगाते हुऐ लाल रंग की रेखा इस सुन्दरता में और निखार ला देती है। सिन्दूर का रासायनिक नाम लैड ऑक्साईड ($Pb_3\ O_4$) होता है। जो वातावरण की खुली हवा से अभिक्रिया नहीं करता है और अपना रंग लाल ही बनाये रखता है। जबकि अन्य कोई पदार्थ होता तो वो शरीर की उष्णता व वातावरण की हवा में अपना रंग ही बदल देता। काले घने बालों में सुन्दरता के निखार "हाईलाईटर" हेतु इसका उपयोग सुन्दरता में चार चांद लगा देता है। इसे सही तरीके से लगाने के लिए सिक्के को सिन्दूर की डिबिया में खड़ा कर डुबोयें व माथे पर हाथ टिका यह खड़ा रूपया लकीर की तरह बिना हाथ उठाये मांग में पीछे तक चला दे। इससे न तो मांग का सिन्दूर फैलेगा न ही बिगड़ेगा।

प्रश्न यह उठता है कि बालों में यह श्रृंगार औरतों को ही क्यों अपनाना पड़ा? जबकि पुरूषों ने तो नहीं अपनाया। इसके पीछे भी यही कारण रहा होगा कि एक तो श्रृंगार करना औरतों को ज्यादा रास आता है दूसरा प्रायः औरतों के सिर पर हमेशा बाल रहते है वे गंजी नहीं होती है। जबकि पुरूष तो गंजे हो जाते है, अपनी गंज को ढकने के लिए एवं सुन्दर दिखने हेतु कई लोगों ने मुकुट, टोपी, साफा, पगड़ी आदि को अपनाया था। मगर भाग-दौड़ की जिन्दगी में इनका प्रचलन धीरे-धीरे कम हो गया। लाल रंग के तिलक, सिन्दूर व वस्त्र सुन्दरता में निखार लाते है और सुन्दर दिखना हर व्यक्ति की चाह होती है। इसी कारण से यह परम्परा अभी तक चल

रही है। "हर कोई यार नहीं होता, हर किसी से प्यार नहीं होता।
ये तो दिल मिलने की बात है, वरना सात फेरों में भी प्यार नहीं होता।।"

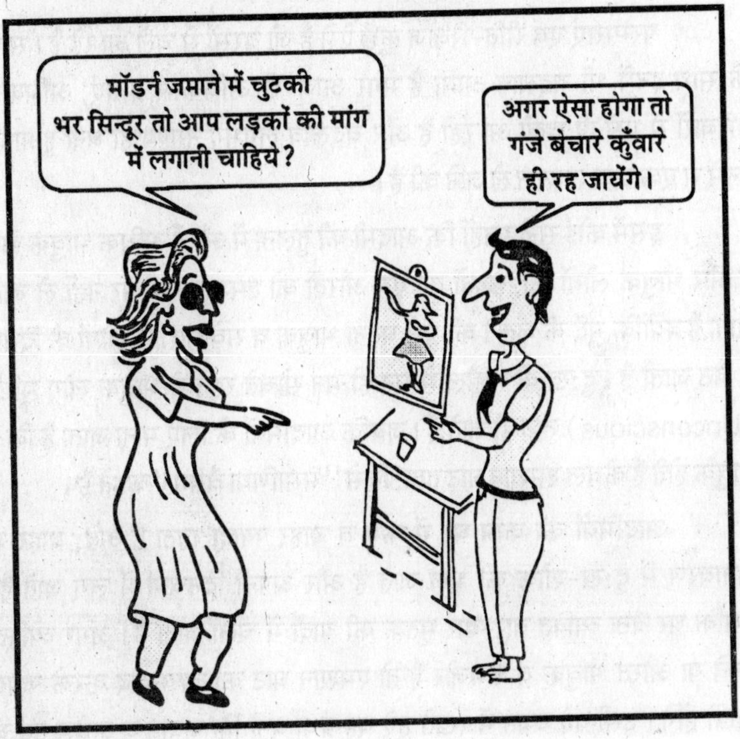

लेखक रामवृक्ष बेनीपुरी ने अपनी पुस्तक आम्रपाली में लिखा है कि–

"सौंदर्य सिर्फ विधाता के हाथों से गढ़ा जाता है– यह सोलह आने दैवी देन है यह दैवी देन तुच्छ मानवीय कामनाओं की पूर्ति में न व्यर्थ होकर, उच्च आदर्श की पूर्ति में लगे।"

"सात फेरों का ऐसा प्यारा बन्धन,
मांग सजे सिन्दूरी लाली लेकर,
गले में मंगलसूत्र माथे पर बिंदिया,
सुहागिन की ये सब निशानी"

–इंजी. ओ.पी. माहेश्वरी

80 लड़कियों को श्मशान घाट नहीं जाना चाहिए?

परम्पराएं एवं रीति-रिवाज कुछ ऐसे है जो बरसों से चले आ रहे है। समय के साथ इनमें भी बदलाव आया है मगर आज भी अधिकतर प्रथाएं, अधिकतर परिवारों में ऐसे ही चली आ रही है और बदलाव लगभग नगण्य ही बना हुआ है। इनमें से एक प्रथा श्मशान ले जाने की है।

इसमें कोई सन्देह नहीं कि आदमी की तुलना में औरतें अधिक भावुक होती है और भावुक लोगों को, बच्चों को एवं औरतों को श्मशान घाट पर नहीं ले जाया जाता है क्योंकि मुर्दे के जलने की पूरी घटना भावुक व संवेदनशील लोगों के दिमाग में बैठ जाती है। दु:ख के माहौल में मन ही मन सोचते रहने से भावुक लोग मूर्छित (Unconscious) तक हो जाते है। जबकि आदमियों के लिए माना जाता है कि वे भावुक होते है केवल श्मशान घाट तक, जिसे "मसाणिया वैराग" कहते है।

आदमियों का काम घर में कम व बाहर ज्यादा रहता है अत: बाहर के वातावरण में दु:ख-शोक को भूल जाते है और अपनी दिनचर्या में लग जाते है। जबकि घर बैठा व्यक्ति बार-बार मृतक की यादों में चला जाता है। अगर व्यक्ति, बच्चे या औरत भावुक व कमजोर है तो श्मशान घाट का दृश्य याद करके ज्यादा दु:खी होंगे। उसी को ध्यान में रखते हुऐ यह प्रथा बनी कि जवान व अधेड़ उम्र के व्यक्ति ही लाश को श्मशान घाट में जलाने के लिए लेकर जायेंगे। मगर अब समय बदल गया है लड़कियां भी अब किसी भी क्षेत्र में पीछे नहीं रहना चाहती है अत: कुछ परिवारों में हाल ही में यह प्रथा शुरू हुई है और लड़कियों ने अर्थी को कंधा लगाने से लेकर अग्निदाह में भाग लेना शुरू कर दिया है। अब चूंकि लड़कियां भी बाहर के क्षेत्र में आ गई है अत: वे भी आदमियों की तरह ही अपने काम में व्यस्त होने लग गई है जिसमें कोई बुराई भी नहीं है।

"दु:ख तो मानने का है, मानो तो दु:ख का अन्त नहीं है
और मानो तो मौत भी सुखदायी है।"

– विष्णु प्रभाकर : मेरी प्रिय कहानियां

81 सावन की तीज को सत्तु (सातु) क्यों खायें?

सावन की तीज राजस्थान, पंजाब, हरियाणा, हिमाचल प्रदेश, उत्तर प्रदेश व दिल्ली के ग्राम्यांचलों में विशेष उत्साह व उंमग से मनाया जाता है। इस त्यौहार को बरसाती मौसम में स्त्रियाँ पेड़ों पर झूले लगा कर आनन्द लूटती है और नदी, नालों, तालाबों पर सज धज कर जाती है, साथ ही दिनभर व्रत रखती है ताकि उनके पति को दीर्घायु मिले, कुंवारी लड़कियां सुन्दर पति की आशा में इस दिन व्रत रखती है। स्त्री के लिए आदमी का क्या महत्व है, इस हेतु लेखक यादवेन्द्र शर्मा ने अपनी पुस्तक ''युग देवता'' में लिखा है कि - ''पति कितना ही कठोर हो, नीच हो, घृणित हो, किंतु पत्नी उसे अपने अंतःकरण में उसी तरह बिठाती है जिस तरह आराधक अपने आराध्य को, फूल की पंखुडियां मधुप को और धरती अपने बीज को, क्योंकि पृथ्वी और आकाश से भी विशाल पत्नी का हृदय होता है।'' इस व्रत एवं त्यौहार को ही खुशी के साथ मनाने के लिए ही सावन की हरियाली में सबका मन करता है कि प्रकृति का आनन्द लेने हेतु गोठ (पिकनिक) में जाया जाये, इस हेतु पानी के स्त्रोत के पास, हरियाली का आनन्द लिया जाता रहा है और ऐसे समय में घर से सत्तु बनाकर साथ ले लिए जाते है। सिके हुऐ आटे व घी शक्कर से बने सत्तु कई दिनों तक खराब नहीं होते है। उन्हें ऐसे पिकनिक स्थल पर साथ में बैठ कर उपलब्ध व्यवस्था में खाया जाता है। चूंकि पिकनिक स्थल पर बर्तन वगैरह नहीं होते है। अतः पेड़ (आकड़ा) के पत्ते पर ही खाना खाया जाता है और आनन्द के लिए चाँद की परछाई को पानी में देखना आदि चर्चा होती रहती है। जिसे अब कहानियों का रूप दे दिया गया है और इन्हीं कहानियों और बातों को सुनकर, चाँद देखने के बाद स्त्री अपने पति से बधारने (काट कर 'सर्व' करने) को कहती है। पति उसे किसी सिक्के से काट कर अपनी पत्नी को खिलाता है। सब साथ मिलकर, प्राकृतिक स्थल पर उसी सत्तु का भोजन किया जाता है। यह पिकनिक का एक तरीका था जो अब रिवाज़ बन गया है।

पं. विजयशंकर मेहता के छपे लेख (दैनिक भास्कर) के अनुसार -''विवेक हमें इस बात के लिए सजग कर देता है कि देश, काल, परिस्थिति और उपयोगिता के हिसाब से परंपरा और मान्यताओं को स्वीकार करो, जरूरत हो तो बदलो भी। विवेक बता देता है कि बुद्धि और व्यवहार में जब तक बात खरी न उतरे कभी उसे स्वीकार मत करो।''

''त्यौहार जिन्दगी की एकरसता में बदलाव लाते है। ये समाज में एक दूसरे के मध्य सामीप्य लाते है। यही कारण है कि भारतवर्ष में विवाह सम्बंध अटूट होते है। विवाह दो लोगों का बन्धन ही नहीं,यह समाज का बन्धन है।''

–इन्जी.ओ.पी.माहेश्वरी

82 नेग (नेक) होना चाहिये या नहीं?

नेग (नेक) एक प्रोत्साहन का तरीका है। सामाजिक, रीति रिवाजों में जब सभी रिश्तेदार इकट्ठे होते है तभी वह समारोह सम्पन्न होता है आगन्तुक को सम्मान देने के लिए यह प्रथा बनी है नेक नगद रूपये से, मिठाई, गुड़ अथवा वस्तु आभूषण आदि किसी तरीके का हो सकता है। नेक लेना या देना तो ठीक है मगर इस नेक के पीछे पारिवारिक तुलनाएं होती है तो ज्यादा या कम, पहले या बाद में पाने के कारण विवाद उत्पन्न हो जाते है और कई रिश्तेदारों के मन में कटुता घर कर जाती है। अपने को धनी व सम्पन्न बताने की होड़ में भी मूल्यवान वस्तुओं का वितरण समाज में गलत प्रथा को जन्म दे चुका है अतः समदृष्टि से एवं कम मूल्य के पुरस्कारों (नेक) का वितरण सभी में बराबर होनी चाहिये। यह मानव का स्वभाव है कि वह हर जगह कुछ पाने की लालच में रहता है। गुरू एवं संत महात्मा ही ऐसी हस्तियां होती है जो देने में विश्वास करती है मगर आये दिन अखबारों में पढते रहते है कि इनमे भी कुछ धन संग्रह में लगे हुए है। जब व्यक्ति समय निकालकर इन उत्सव में भाग लेने आता है तो उसे समय का पुनभुगतान भी मान सकते है। मगर मेरा मानना है कि पैसे लेने के लिए आने वाले व्यक्ति कभी भी अपनत्व नहीं दे सकते जो सामाजिक कार्यों में नहीं होना चाहिये। समदृष्टि एवं सूक्ष्म सामग्री का लेन-देन ही समाज के हित में है।

रिश्तों की जान संवेदना में होती है लेकिन अब रिश्ते भी बोझ बनते जा रहे हैं। आर्थिक दृष्टि से कमजोर व्यक्ति तो इन रिश्तों के बोझ में डूबता ही जा रहा है। रिश्तों में बढ़े इस व्यापार पर अंकुश लगाना होगा ताकि रिश्तों में संवेदनशीलता बनी रह सके। रिश्ते बने रहेंगे तो स्वस्थ समाज बना रहेगा अन्यथा समन्वय के अभाव में प्रतिस्पर्धा लगा-लगा कर समाज का ढांचा और अधिक बिगड़ेगा।

"सामाजिक समारोह में पैसे का लेन-देन व्यापार से कम नहीं होता है। एक हाथ ले व दूसरे हाथ दे, यह तौल मोल ही है। इसमें प्यार, भाई-चारा नहीं होता, यह सौदा होता है।"

-इंजी. ओ.पी. माहेश्वरी

83 भोजन की थाली के चारों ओर पानी का छिड़काव व रोटी क्यों रखें?

खाने की थाली के बाहर, खाने से पहले रोटी का टुकड़ा निकाल कर थाली के चारों ओर पीने का पानी छिड़का जाता है। यह पुराने समय से चली आ रही विधि है ताकि रोटी में अगर जहर किसी कारण से मिल गया है तो उसे जानवर को खिलाने पर ज्ञात हो जायेगा कि विषैला खाना खाने से ही व्यक्ति बीमार हुआ है।

पुराने समय में जब घर के आंगन गोबर मिट्टी के होते थे एवं आंगन में पालथी लगाकर भोजन करना होता था। ऐसे समय में खाने की थाली में जीव जन्तु न आये इस हेतु पानी को फर्श पर छिड़क देते है ताकि बाहर से जीव जन्तु भोजन की थाली तक नहीं पहुँच सके और अगर पानी जहरीला होगा तो जीव जन्तु भी मरने लगेंगे ऐसे में उस पानी के उपयोग से बचा जा सकता है और अपने खाने की सुरक्षा जाँच से परखा जा सकता है। भोजन का हमारे जीवन में बड़ा महत्व होता है इसी को ध्यान में रखते हुऐ खाने की थाली को फर्श से भी कुछ ऊपर रखा जाता है जिसके लिए पाट्टा (कम ऊचाई कि मेज) लगाने की प्रथा बनी व भोजन को देवता कि श्रेणी में माना गया।

इस बाहर रखी गई रोटी को गाय (गऊ) को खिलाने की प्रथा भी रही है ताकि **अपना भोजन करने के बाद अपने पालतू जानवरों को भी भोजन कराना न भूलें**। उन्हें छोटे से ग्रास के साथ अन्य भोजन दे दिया जाता है अब जिन घरों में पालतू जानवर नहीं है वहाँ इस तरीके का कोई औचित्य नहीं रह गया है। अब इन छोटी-छोटी जाँच का भी कोई औचित्य नहीं रह गया है अब स्वच्छता व हाइज़ेनिक तरीकों की समझ भी बढ़ गई है अत: इस प्रथा का औचित्य नहीं है।

"वर्तमान का उपयोग ही भविष्य को इंगित करता है।
वर्तमान का कर्म ही भावी कार्यफल बनता है।"

-गुलाब कोठारी : राज. पत्रिका

84 औरतों के पैरों में भारी कड़े क्यों?

राजस्थान में यह प्रथा है कि औरतों के पैरों में चांदी अथवा सोने का बहुत बड़ा कड़ा अथवा पायजेब पहनायी जाती है और इसे नारी श्रृंगार की श्रेणी में रखा गया है। इस प्रथा के पीछे यह मान्यता रही होगी कि औरतें जिन्हें घर-खेत तक ही रहना होता है उनमें उछलने, कूदने, दौड़ने की आदत नहीं बने, क्योंकि भारी चीज़ जब पैरों में बंधी होगी तो पैर मुश्किल से ऊपर उठेंगे और वो शान्ति के साथ अपने परिवार का निर्वाह कर पायेगी। प्राचीन काल में गुलामों के पैरों में लोहे की जंजीरों की बेड़ियां, जानवरों के पैरों में बेड़ियां उन्हें नियन्त्रित करने के लिए डाली जाती थी। आभूषणों के सम्बन्ध में लेखक चतुर सेन ने अपनी पुस्तक "अनमोल बोल" में लिखा है कि -"सोने का रंग पीला होता है और खून का रंग सुर्ख, पर दोनों की तासीर एक ही है, खून मनुष्य की रगों में बहता है और सोना उस के ऊपर लदा हुआ है, खून मनुष्य को जीवन देता है और सोना उस के जीवन पर खतरा लाता है", अतः आधुनिक समाज में, नारी स्वतन्त्रता को ध्यान रखते हुए इन भारी भरकम बेड़ियों का वजन भी कम हो गया है जो पूर्णतया उचित भी है। यह श्रृंगार तक रहे, इच्छा से पहने तो ठीक है मगर यह प्रथा बनाकर भारी बेड़ियां डालना गलत तरीका है।

भारी पायजेब व कड़े पहनने के मुख्य कारण रहे है-

- पाजेब की मधुर झन्कार से नारी की चंचलता उजागर हेतु
- गृहस्वामिनी का अहसास दिलाने हेतु
- श्रृंगार के रूप में
- आपात समय में सुरक्षा हेतु
- मूल्यवान धातुओं पर अधिकार देने हेतु
- नारी के सम्मान हेतु
- उद्दण्डता के नियन्त्रण हेतु

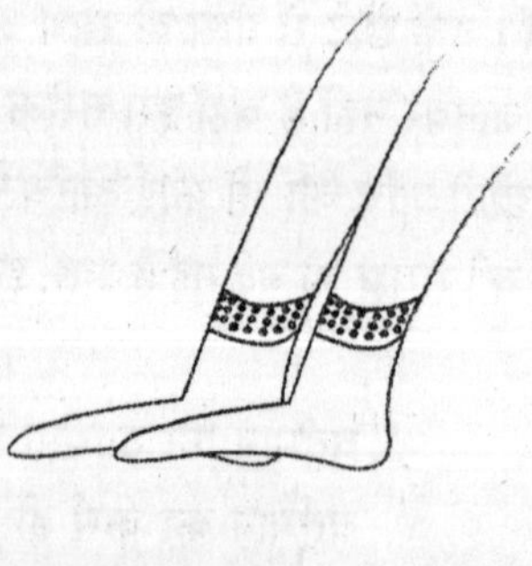

"मित्रता में सर्वोपरि वस्तु प्रेम है और
प्रेम का सबसे उत्तम रूप वही है, जिस में स्वार्थ की गन्ध भी न हो"
-स्वेट मार्डेन : महत्वाकांक्षा के मोती

85 क्यों न बोले सम्बोधन में नाम?

हमारे ग्रन्थों में लिखा है कि स्त्री को कभी अपने पति का नाम नहीं लेना चाहिये। (पत्युनीम न गृहीयात् कदाचन् पतिव्रता।- शिवपुराण, रूद्र. पार्वती. 54/19) आज भी कई ग्रामीण क्षेत्र में औरतें अपने पति का नाम नहीं बोलती है। अगर बाहर का व्यक्ति आकर पूछता है तब भी अपने परिवार के अन्य सदस्य को बुलाकर कहा जाता है कि ''तू उनका नाम इन्हें बता'' इस प्रथा के पीछे निम्न कारण रहे होंगे।

1. बाल अवस्था में बच्चों को परिणय-सूत्र में बांध देना।
2. घर वाले छोटु, पप्पु, बाबु या अन्य लाड प्यार के नाम से पुकारते हो और उसी नाम को पत्नी पुकारे इसे सही नहीं मान सकते।
3. शिक्षा की कमी, किससे क्या और कैसे व्यवहार किया जाये की जानकारी न होना।
4. पत्युनीम न गृहीयात् कदाचन् पतिव्रता।

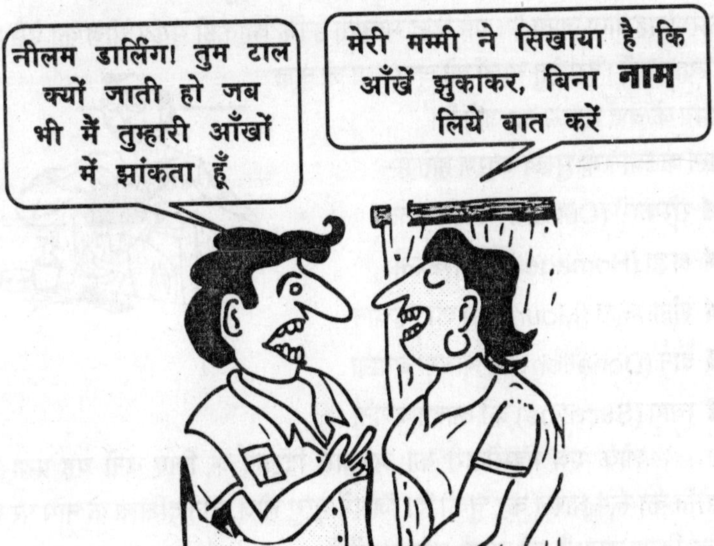

यह प्रथा जिसमें पति-पत्नी को नाम से व पत्नी-पति को नाम से नहीं पुकारते है समय के अनुरूप बदल देनी चाहिये। आज कल शादियां वयस्क एवं

शिक्षित होने पर ही होती है अतः गलत नाम से अथवा लाड़ के नाम से सम्बोधन नहीं होगा। ऐसा हमारे शास्त्रों में भी है कि सत्यं ब्रूयात् प्रियं ब्रूयात् न ब्रूयात् सत्यमप्रियमं प्रिय नानृतं ब्रूयादेषधर्मः सनातनः।। यानि प्रिय बोलो, सत्य बोलो, किन्तु अप्रिय सत्य मत बोलो। नग्न सत्य मत बोलो। उसे प्रियता के कपड़े पहना कर बोलो। बोले गये हर शब्द से नजरिया झलकता है गलत शब्द भावनाओं को चोट पहुंचा सकते है, रिश्तों को तोड़ सकते है, गलत शब्दों की चोट, कुदरती विनाश से भी गहरी लगती है। अतः उचित नाम से ही वार्ता हो, भगवान का नाम लेने से ईश्वर के प्रति प्रेम बढ़ता है वैसे ही सही नाम से सम्बोधन करने पर प्रेम बढ़ता है जो गलत नहीं हैं।

"पुराने रीति-रिवाजों को ढोना, नई जानकारी को ग्रहण नहीं करना है।"

-इन्जी. ओ.पीः माहेश्वरी

86 बड़े-बूढ़ों की मौत पर बालों का कटवाना।

अलग-अलग काम करने वाले व संस्थाओं के कर्मचारी जिस तरह से पौशाक (ड्रेस) से पहचाने जाते है। ऐसे ही शोकाकुल व्यक्ति सिर के मुण्डन के कारण पहचाना जाता है। यह हिन्दू मान्यता है कि बहुत ही मुख्य चीज का ऐसे शोक में त्याग करें। इस हेतु बालों को चुना गया जो कुछ समय के बाद वापस आ जाते है।

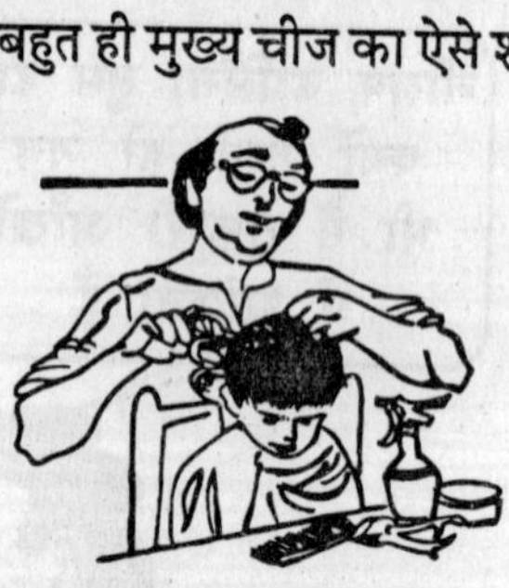

बाल कटवाने के मुख्य कारण होते हैं-

- संस्कारों (Culture) का निभाना
- श्रद्धा (Homage) अर्पण करना
- शोकाकुल (Mournful) की पहचान
- दान (Donation) की भावना जगाना
- त्याग (Sacrifice) की आदत बनाना

शोक एवं जिम्मेदारी का अहसास दिलाने के लिए बनी यह प्रथा एक कुरीति का रूप धारण कर चुकी है। जिसमें मृत्यु भोज, दान दक्षिणा के नाम पर खूब खर्चा किया जाता है, जो कतई उचित नहीं हैं।

"संबंध भावनाओं के गुंथने, विचारों के मिलने तथा संस्कारों के जुड़ने से संधते है।" – पं. श्रीराम शर्मा 'आचार्य'

87 शीतल सप्तमी को ठण्डा क्यों?

हमारी परम्पराओं में एक त्यौहार आता है शीतला सप्तमी का। यह त्यौहार होली के बाद हिन्दी माह चैत्र कृष्ण सप्तमी को आता है। इस समय वातावरण में गर्मी की शुरूआत हो जाती है। इस त्यौहार में एक दिन पहले खाना बनाया जाता है, जिसे अगले दिन पूजा करके खाया जाता है। यह त्यौहार उस समय काफी महत्वपूर्ण था जब साधारण जन समूह के पास चिकित्सा उपलब्ध नहीं रहती थी और चेचक, ओरी और बुखार से लड़ने हेतु इस त्यौहार को मनाने की मान्यता बनी। ठण्डा खाना जिसे हम हल्का बासी खाना भी कह सकते है। इस बासी खाने में भोजन सामग्री पर सफेद रंग की फंगस उत्पन्न हो जाती है। यह फंगस रोग प्रतिरोधक दवाई पेनिसिलिन का कार्य करती है। जिसके इस्तेमाल से बुखार, चेचक, ओरी आदि नहीं पनप पाते है। आज भी चेचक के ईलाज में पेनिसिलिन के टीके बनाकर लगाये जाते है। सबसे पहले पेनिसिलिन की खोज कर सर एलेक्जेंडर फ्लेमिंग ने बासी खाने पर फंगस उत्पन्न कर इन्जेक्शन बनाया था।

चेचक एक ऐसी बीमारी है, जिसको चिकित्सकों ने फैलने से नियन्त्रित कर दिया है और उसे जड़-मूल से ही उखाड़ फेंका है। इस चेचक से जहां हजारों लोग प्रभावित हो जाते थे उसे टीकाकरण से रोक दिया गया।

आज के समय में गृहिणियां ठण्डा बना कर फ्रिज में रख देती है और अगले दिन इसका सेवन करते है। अगर ठण्डा खाने से फायदा होता तो खाना बना कर फ्रिज में भी ठण्डा कर सकते है। मगर यह तरीका भी गलत है क्योंकि फ्रिज में रखे भोजन पर एक-दो रोज में फंगस उत्पन्न नहीं हो पाती है और एक दिन के अन्तराल पर इसे खा लेने पर फ्रिज का खाना बासी नहीं हो पाता है। अतः ठण्डे में काम आने वाला खाद्य पदार्थ फ्रिज से बाहर ही रखना चाहिये।

आज के समय जब वैज्ञानिक अविष्कार बहुत हो गये है। चिकित्सा साधारण व्यक्ति की पहुँच में आ गई है। ऐसे में बासी खाने का कोई औचित्य नहीं है क्योंकि अगर ठण्डे खाने में फंगस ज्यादा उत्पन्न हो जाती है जो साधारणतया हरी व काली रंग में फैलती है और उसके इस्तेमाल से खाना विषाक्त बन जाता है। ऐसे

विषाक्त खाने से उदर में पीड़ा, पसीना, उल्टियां, ज्वर, सिरदर्द आदि खतरनाक बिमारियां भी फैल जाती है और विषाक्त खाने से मृत्यु तक की सम्भावना बन जाती है। अतः चिकित्सा के उपलब्ध होने से इस त्यौहार का महत्व धीरे-धीरे कम होता जा रहा है।

"सही तथ्यों की जानकारी ही वैज्ञानिक तरीका है।"

–इन्जी. ओ.पी. माहेश्वरी

88 क्या दाह संस्कार में घी उड़ेलना चाहिये?

हिन्दू रीति-रिवाजों में मृत शरीर पर दाह से पूर्व काफी सारा घी मला जाता है क्योंकि मृत शरीर में कई सारे जीवाणु रहते है और जलने पर शरीर में उत्पन्न बदबू चारों ओर वातावरण में फैल जाती है। जो हानिकारक भी होती है अतः इसके पीछे यह मान्यता रही है कि घी ज्वलनशील पदार्थ है। जिसमें मृत शरीर आसानी से जल जायेगा एवं जलने से श्मशान घाट में भी घी की सुगन्ध हो जायेगी।

शुद्ध घी गरीब परिवारों में खाने को भी नसीब नहीं होता है ऐसी कीमती खाद्य वस्तु को जलाने में काम लेना कहाँ तक उचित है? एक संभ्रान्त परिवार में एक व्यक्ति के दाह-संस्कार पर जितना घी खर्च करता है। उसकी मात्रा एक गरीब व्यक्ति, एक वर्ष तक अपने भोजन में उपयोग होने से अधिक होती है।

अतः खाद्य पदार्थ का खाने में उपयोग हो, जलाने के लिए तो कई सारे पदार्थ उपलब्ध रहते है जो इन्सान पेट में उपयोग नहीं कर सकता जैसे कपूर, अगरबत्तियां, मोम, चन्दन, नीम आदि।

"परंपरा के बारे में बहुत कुछ कहा जा सकता है। सिर्फ बढ़ने के लिए ही बढ़ना कैंसर की बीमारी की फिलोसॉफी है। यह गलत रूप से चारों ओर फैलता है। इस बढ़ने को बर्बादी कहते हैं सही अर्थों में तरक्की वही है जो सही दिशा में होती है, वरना यह तरक्की नहीं, बल्कि सर्वनाश है।"

– शिव खेड़ाः जीत आपकी

89 सुतक में तुलसी के पौधे से दूरी क्यों?

यह सत्य है कि तुलसी का पौधा एक पवित्र पौधा है जिसके कई औषधीय गुण भी है। तुलसी की पत्तियों में संक्रामक रोगों को रोकने की अद्‌भुत शक्ति होती है। इसी कारण से इसकी अपनी पवित्रता बनी हुई है। कई महिलाएं तुलसी पूजन को अपना सौभाग्य एवं वंशवृद्धि का प्रतीक मानती है। हिन्दू पद्धति में जिस घर में अपने सम्बन्धी अथवा परिवार के सदस्य की मृत्यु हो जाती है, उस परिवार में सुतक लग जाता है। जिन्हें कोई भी धार्मिक कार्य, पवित्र कार्य करने की अनुमति नहीं रहती है। सुतक लगना सफाई का ही एक तरीका है क्योंकि जब मेडिकल साइन्स इतनी विकसित नहीं थी तब अधिकतर मृत्यु संक्रमित रोगों से ही होती थी। मुर्दे को अग्नि में दाह संस्कार कर शुद्धि पा ली जाती थी। मगर घर आंगन में विषाक्त कीटाणुओं का असर बना रहता था, इससे बचने के लिए ही सुतक प्रथा का चलन हुआ। अधिकतर पौधों के फलफूल ही उपयोग में आते है, जो कुछ समय बाद पकने पर स्वत: ही नीचे गिर जाते है। मगर तुलसी के पौधे में, पत्तियों का उपयोग होता है, जो वर्ष में केवल पतझड़ पर ही नई आती है। अत: इस उपयोगी पौधे से संक्रमण न बढ़े, उसी को ध्यान में रखकर, इस पौधे से दूरी बनाये रखने की प्रथा का चलन हुआ होगा। मगर समय के साथ अब विज्ञान ने काफी संक्रमित बीमारियों पर विजय हासिल करली है। साफ सफाई भी अब पक्के मकानों में काफी बढ़ गई है। अत: तुलसी जैसे पौधे से दूरी बनाकर उसे सूखने के लिए छोड़ दिया जाये, उचित नहीं है। तुलसी का पौधा एक दिव्य औषधि है जिसमें पारा (Mercury) की मात्रा रहती है। इसकी पत्तियों को पानी में उबालकर पीने से सर्दी, जुखाम, खांसी, स्वाईन फ्लू , मलेरिया में लाभ मिलता है। ऐसे पौधे से अलगाव उचित नहीं है।

''मनभावन जो वस्तु होती है, उसे उच्च स्थान मिलता ही है।''

– इंजी ओ.पी. माहेश्वरी

(90) क्या रजस्वला स्त्री अछूत होती है?

स्त्री स्वभाव की चन्द्रमा से एवं पुरूष स्वभाव की सूर्य से तुलना की जाती है चन्द्रमा अपनी धुरी पर 27 1/3 दिन में एक परिचक्रण पूर्ण करता है और स्त्री का मासिक धर्म भी इसी समय अनुसार चलता है। एक महीने तक स्त्री के शरीर में एक प्रकार का रक्त इकट्ठा होता रहता है। अन्ततः एक निश्चित तिथि को वह रक्त योनि से स्त्रावित होता है। इस रक्त (रज) का सम्बन्ध स्त्री के यौवन से होता है। इस पाँच दिन के समय में स्त्री अपने को कमजोर महसूस करती है एवं पेट दर्द वगैरह भी रहता है। चाहे वीर्य हो या 'रज' इसमें बदबू रहती है। रज का निकलना 3-4 दिन तक चलता है अतः इसी को ध्यान में रख कर स्त्री को आराम देने के लिए उसे सारे मुख्य कार्यों से दूर रखने की प्रथा चली आ रही है। इसी समय स्त्री को चलने में, उठने, बैठने, काम करने में परेशानी होती है। अतः उसे अछूत रखने की प्रथा रही है ताकि वो कम से कम तीन दिन तो आराम कर सके।

इस प्रथा का एक और फायदा है वह है कि इस बहाने घर के अन्य सदस्य भी काम करने लग जाते है। साथ ही रसोई के कार्य में विविधता भी आ जाती है। जो हर व्यक्ति चाहता भी है घर के अन्य सदस्यों को भी काम का बोध हो जाता है। जो सफल जीवन में आवश्यक भी है।

"युवा स्त्री की तुलना चन्द्रमा से करते है, चन्द्रमा भी हर अमावस्या को छुप कर आराम करता है और अपनी शीतलता व चांदनी से पृथ्वी वासियों को वंचित रखता है। ऐसे ही रजस्वला स्त्री भी आराम करने के लिए मुख्य कार्यों से अपने को दूर रखना कतई गलत नहीं है।"

–इंजी ओ.पी. माहेश्वरी

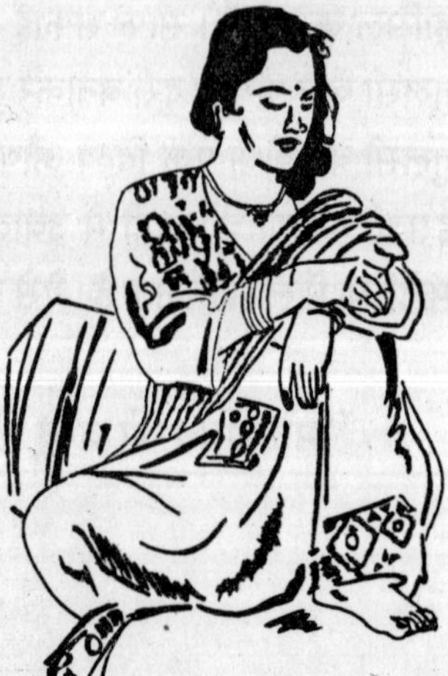

91 क्यों न भोजन करें बहन-बेटी के घर?

समाज में ऐसी मान्यता है कि बड़े भाई व माता-पिता जो बहन व बेटी से बड़े है, वे इनके घर पर भोजन व अन्य गिफ्ट आदि स्वीकार नहीं करेंगे। इस मान्यता के पीछे यह कारण रहा होगा कि बहन बेटी की शादी में वर पक्ष को बेटी व दहेज वगैरह दान के नाम दिया जाता रहा है और समाज में यह प्रथा बन गई कि बड़े बुजुर्ग बहन बेटी, पण्डित को कुछ दे सकते है। उनसे कुछ भी ग्रहण करना पाप का भागीदार बनना होगा। चूंकि अगर आप ने एक बार इनसे लेना शुरू कर दिया तो हो सकता है कि आप बहन बेटी को देना बन्द कर दे व मौका मिले तो स्वार्थ हेतु उन्हें हानि भी पहुंचाना शुरू कर दें। यह प्रथा ऐसे समय से चल रही थी जब शादी के बाद बहन बेटी से सम्बन्ध नहीं के बराबर ही रह जाता था। मगर वर्तमान समय में पिता के लिए बेटा व बेटी को कानूनन बराबरी का अधिकार दे दिया गया है। बेटी की विदाई भी एक दान की तरह न रहकर पारिवारिक सम्बन्ध स्थापित हो जाता है। वर को जरूरत पड़ने पर वर व वधू दोनों परिवारों से सहयोग दिया जाता है और वर को भी अपने बेटे की तरह ही मानना शुरू कर दिया है। पहले समाज एक छोटे दायरे में होता था। शादी भी बहुत अधिक दूरी पर नहीं करते थे। मगर अब जब दूसरे शहर में जाकर बेटी का घर होते हुए होटल में व बिना जान-पहचान वालों के घर पर आतिथ्य स्वीकारना कहाँ तक उचित है? अतः अपने आप को लचीला रखें, मन के भाव में बच्ची हो या बच्चा, भाई हो या बहन, हो सके तो मदद ही करें। यही समय की मांग है।

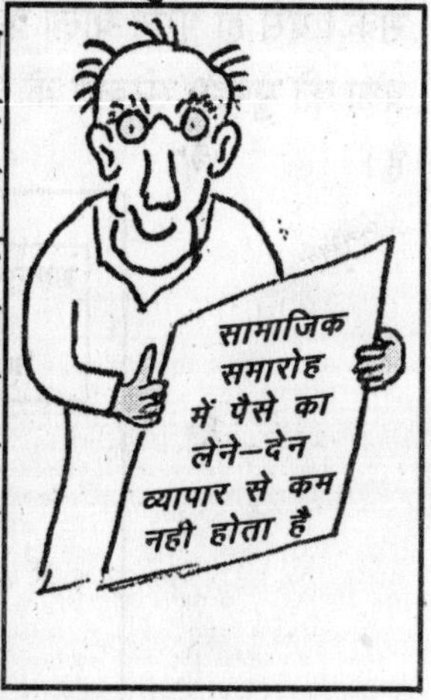

"जब कभी किसी को स्वार्थ साधन की इच्छा से किसी पर प्रेम जताते देखो, तो समझ लो, कि वह प्रेम नहीं है, वह बनियों का प्रेम है, इस हाथ दे उस हाथ ले, का सवाल आ गया तो प्रेम कहाँ रहा? मैं तुम्हारी थोड़ी सी प्रार्थना करता हूँ, तुम मुझे बदले में अमुक वस्तु दे दो, यह तो दुकानदारी हुई, प्रेम कहाँ?"

-स्वामी विवेकानंद : भक्ति और वेदांत

92 क्या बच्चों का मुंडन करवाना चाहिये?

छोटे बच्चों के सिर का तलवा बहुत ही नाजुक होता है। अतः उस पर कंघी नहीं की जाती है। बालों में खोरा, वातावरण की डस्ट, साबुन व उस पर तेल के मिश्रण से बनता है और वह सिर पर बालों के नीचे चिपक जाता है। ऐसे में अगर बाल कटवा दिये जाये तो सिर पर जमा खोरा (मैल) आसानी से साफ हो जाता है। यह भी सत्य है कि जन्म के समय के छोटे बालों को कटवाने से नये बाल ज्यादा मोटे व घने आयेंगे। माली घास की कटाई इसलिए करता है ताकि नई घास के अंकुर फूट सके। ऐसे ही पुराने बालों को काटने पर नये बाल काले व घने आते है। अतः इस प्रथा को मुण्डन संस्कार के नाम पर सम्पन्न किया जाता है जिसमें कोई बुराई नहीं है।

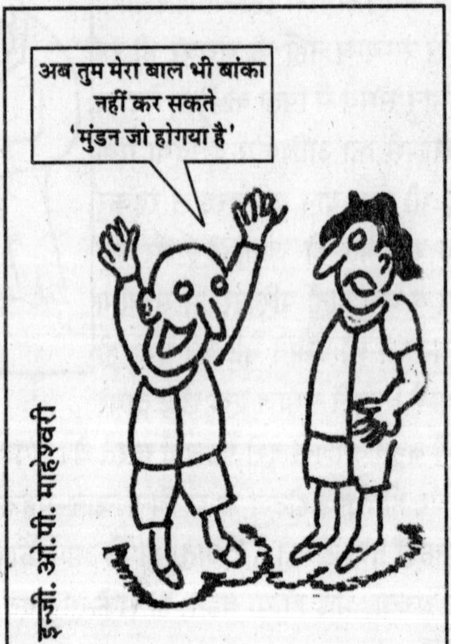

"नव निर्माण के लिए, पुराने खण्डहरों को हटाना होगा,
तभी सुन्दर भवन बन पायेगा।"

–इन्जी. ओ.पी. माहेश्वरी

93 भोजन पकाने व खाने के बर्तन कैसे हो?

वो सभी धातु के बर्तन जिन्हें हवा में रखने पर कुछ समय बाद काले पड़ जाते है, वे सारे बर्तन खाने के लिए हितकर नहीं रह सकते। चांदी व ताम्र के बर्तन में रखा अम्लीय व क्षारीय खाद्य पदार्थ विषाक्त हो जाता है क्योंकि ये बर्तन अम्ल व क्षार से रासायनिक क्रिया कर इनके ऑक्साईड बना देते है जो प्राणघातक भी होते है। ठीक इसके विरूद्ध लोहे की कढ़ाही/कड़ाही में बनाई गई सब्जी में लौह तत्व मिल जाता है जो रक्त का मुख्य घटक होता है। तभी तो खून की कमी होने पर डॉक्टर आयरन की गोलियां देते है। इसका मतलब यह भी नहीं कि जंग लगे लोहे के बर्तन में खाना खाया जाये। जंग लगे बर्तन में भी भोजन विषाक्त हो जाता है।

मिट्टी के बर्तन में रन्ध्र होते है जिसमें अगर बैक्टीरिया पनप जाये तो आसानी से नहीं निकल पाते है। पीतल के बर्तन में ताम्र बर्तन की तरह ही भोजन विषाक्त हो जाता है। मारबल स्टोन की बनी खरल व चकला अगर काम में लेते है तो उससे चूने का कुछ भाग खाद्य सामग्री में मिलकर शरीर में जाता रहता है। मारबल स्टोन शुद्ध कैल्सियम कार्बोनेट होता है और कैल्सियम शरीर की हड्डियों के लिए फायदेमंद होता है। सेरेमिक एवं कॉंच के ग्लेज्ड बर्तन धोने में आसान होते है मगर अपनी भंगुरता के गुण के कारण बार-बार नये खरीदने पड़ते है जो कुछ परिवारों में सम्भव नहीं हो पाता हैं। आजकल इस समस्या के निदान हेतु एक्रेलिक, बेकेलाईट के बर्तन आने लग गये है जो गर्म करने पर भी नहीं टूटते है। चाँदी के बर्तनों से आप अपनी समाज में प्रतिष्ठा उन लोगों में बढ़ा सकते है, जिनके पास मन में गरीबी का भाव हो। मगर स्वास्थ्य के लिए जागरूक लोगों के मध्य तो साधारण बर्तन ही उपयुक्त रहते है जैसे खाने में चीनी-मिट्टी के बर्तन, पकाने में लोहे के बर्तन, सामग्री रखने में एक्रेलिक के बर्तन, सजावट एवं लम्बी अवधि के लिए स्टेनलेस स्टील के बर्तन आदि। आजकल शादी समारोह में अपनी प्रतिष्ठा को बढ़ा-चढ़ाकर दिखाने के लिए चाँदी के बर्तनों में खाना खिलाया जाता है जिसमे खट्टा-मीठा खाना विषाक्त ही बनता है। चिकित्सक कुछ मेटल्स को टॉक्सिक (विषाक्त) मानते है जैसे लैड, केडमियम, मर्क्यूरी (पारा), कॉपर (ताम्र), निकल, सिल्वर (चांदी) व एलुमिनियम जो विटामिन की मौजूदगी को अप्रभावी बनाते है यानि एनर्जी लेवल कम कर देते है। ऐसे बर्तन में खाना रखना व खाना दोनों ही अहितकर है।

''जिन बर्तनों में रासायनिक अभिक्रिया शीघ्र होती हो, स्वच्छ भी नहीं रखे जा सकते हो, वे बर्तन खाने व पकाने में उपयुक्त नहीं माने जा सकते।''

– इन्जी.ओ.पी.माहेश्वरी

94 मृतक के दाह संस्कार में चन्दन की लकड़ी क्यों?

यह सर्वविदित है कि अगरबत्ती जब जलती है तो उसकी खुशबू का धुआँ उठता है और अगर धुआँ सुगन्धित है तो कुछ देर सहन किया जा सकता है अन्यथा जलने पर निकलने वाली कार्बन डाई ऑक्साईड व कार्बन मोनो ऑक्साईड, सल्फर डाई ऑक्साईड आदि गैसें विषैली व प्राणघातक होती है। मृतक, जिसके प्राण किसी बीमारी से निकले है और समय के साथ निर्जीव कार्बनिक शरीर में बदबू फैली होती है। इसी को ध्यान रखते हुए चन्दन की लकड़ी की कुछ मात्रा मुँह में एवं कुछ बुरादा पार्थिव शरीर में डाल दिया जाता है ताकि उनके जलने से अपविष्ट वातावरण में भी चन्दन के जलने की शीतल ठण्डी महक बनाई जा सके। इसी को ध्यान में रखते हुए चन्दन का लेप, चन्दन का बुरादा और चन्दन की लकड़ी मुँह पर लगाई जाती है। इस तरीके में कोई बुराई भी नहीं है क्योंकि जब अन्य लकड़ी से दाहसंस्कार हो रहा होता है तो उसमें चन्दन की लकड़ी के उपयोग में कोई बुराई नहीं है। हाँ, अगर अन्य संस्कार की विधि अपनाई जाती है तो चन्दन की लकड़ी की आवश्यकता नहीं रह जाती है।

"मनुष्य की सच्ची सुगन्ध मनुष्य के जीवन में छुपी होती है, मृत शरीर की गन्ध को हम बदबू ही कहते है और इसके प्रभाव को दबाने के लिए ही सुगन्धित पदार्थों के साथ जलाया जाता है।"

–इंजी. ओ.पी. माहेश्वरी

धर्म-संस्कृति

(Our Religion and Culture)

95 मूर्ति की ताकत क्या है?

96 क्या गंगा स्नान से धुलते है पाप?

97 दीपावली पर दीपक किस के लिए जलाते है?

98 लहसुन-प्याज निषेध क्यों?

99 पूजा में शंखनाद क्यों करते हैं?

100 शुभ अवसरों पर स्वस्तिक चिन्ह क्यों?

101 एक कार्य, एक ही नाम लिखने का।

102 अगरबत्ती व धूपिये का धुंआ क्यों?

103 प्रार्थना क्या है?

104 आरती में घन्टियें, नगाड़े व शंखनाद क्यों?

105 धार्मिक व्यक्ति कौन है?

106 एक ही परमात्मा है तो पूजन सामग्री अलग-अलग क्यों?

107 ताम्र पात्र पवित्र है पर उसमें भोजन क्यों नहीं?

108 पूजा के धूपिये में कपूर का प्रज्वलन क्यों?

109 मंदिर से लौटते समय घण्टा न बजायें?

110 मंदिर के सामने से गुजरते हों तो हाथ जोड़ें।

111 कीर्तन में ताली क्यों बजाई जाती है?

112 शुभ कार्यों एवं पूजा में मौली क्यों बांधते है?

113 नारियल का प्रसाद क्यों?

114 शिखर का महत्व

115 मूर्ति की दिशा पूर्वाभिमुख ही क्यों?

116 क्यों दिखता है आकाश में इन्द्रधनुष?

117 मन्दिर की घन्टियें क्यों बनती है अष्ट धातु की?

118 क्या दान, भीख देते रहना चाहिये?

119 क्यों डरते है ग्रन्थ महाभारत को अपने घर में रखने से?

120 सूर्य अर्घ्य के लाभ।

121 बनाये रखें अच्छी मर्यादा।

95 मूर्ति की ताकत क्या है?

इन्सान जिस चीज को देखता है उसी के बारे में अपने मस्तिष्क में कल्पनाऐं करने लग जाता है। अगर उस वस्तु के अच्छे गुणों से आप प्रभावित है तो अच्छा सोचने लग जाएंगे और उसी वस्तु के बुरे गुण को आपने जाना है तो अपना मन भी उस ओर बुरा ही सोचेगा। यही कारण है कि देवताओं की मूर्तियाँ सुन्दर एवं आकर्षक बनाई जाती है। जबकि दैत्य व राक्षस की मूर्ति में बड़े-2 दांत, सींग, हिंसा के अस्त्र शस्त्र एवं काला डरावना आकार होता है। मूर्ति पूजा भी मन को दिशा देने का एक साधन है क्योंकि मूर्ति पर दृष्टि रखने से उस के प्रति भावना जागृत होती है और वह भावना ही मन को चलायमान कर देती है। ईसाई लोग 'क्रॉस' के निशान को देखकर, मुसलमान लोग 'कुरान शरीफ', सिक्ख लोग 'गुरू ग्रन्थ साहेब' को देखकर अपनी आस्था का इज़हार करते है। ये सब वस्तुएँ मन को दिशा देने के लिए ही प्रतीक है। जैसा आप देखते है वैसा ही सोचते है इसका एक उदाहरण मुझे याद है कि फिल्म मुगले-आज़म में मैंने अकबर का अभिनय देखा और अब जब भी अकबर के बारे में पढ़ता हूँ व सोचता हूँ तो मुझे उसी पात्र के रूप में अकबर नजर आता है।

वैज्ञानिकों का मानना है कि विषम स्थिति के समय अगर प्रियजन आपका हाथ पकड़ लेते है, तो मन में हिम्मत बढ़ जाती है और दर्द का अहसास भी कम हो जाता है। यूनिर्वसिटी ऑफ कैलिफोर्निया के अध्ययन के तहत यह भी पाया गया कि महिलाओं के लिए जीवन साथी का फोटो भी दर्द कम करने का काम करता है। डूबते हुऐ व्यक्ति को अगर तिनका भी नजर आ जाये तो वह सहारा लेने की कोशिश करता है। मूर्ति पूजा भी इसी सहारे का काम करती है और **मन में जब विश्वास जागृत हो जाता है तो किये हुए कार्य में अवश्य सफलता मिलती है। मन में साहस बढ़ाने के लिए मूर्ति एक प्रतीकात्मक चिन्ह है जिसे मनुष्य ने अपनी सोच, श्रद्धा, रूचि और जाति अनुसार बना लिया** जिसे स्मरण कर मन में विश्वास बढ़ा सकते है। जिस तरह मिट्टी की गाय को देखकर घरेलू गाय की याद आ जाती है। किताब को देखकर परीक्षा का ध्यान आ जाता है। उसी प्रकार ईश्वर की प्रतिमा देखने पर ईश्वर का स्मरण होता है। अगर आपके मन में आशावादी (Optimistic) नजरिया है तो कोशिश से फल भी मिल जाता है और अगर आप इसे पत्थर ही मान रहे हो तो निराशावादी (Pessimism) नजरिये से उस मूर्ति से कुछ नहीं हासिल हो सकता है। अतः जैसी आपकी सोच होगी, वैसा ही कार्य होगा और वैसा ही फल मिलेगा।

''मूर्ति पूजा के दौरान अंधविश्वास और विवेक में संतुलन जरूरी है, देवी-देवताओं की प्रतिमाओं के सामने मत्था टेकने से मनौती पूरी हो जायेगी, यह मान लेना अंधविश्वास है लेकिन इसमें विवेक जुड़ते ही विश्वास का नया रूप सामने आयेगा। महत्वपूर्ण यह है कि मूर्ति में हम क्या देख रहे है और उससे क्या ले रहे है?"

-प. विजयशंकर मेहता : दैनिक भास्कर

96 क्या गंगा स्नान से धुलते है पाप?

सभ्य समाज में पाप का कोई स्थान नहीं होता है मगर स्वार्थवश कुछ पाप हो ही जाते है। इसी पर रोक लगाने के लिए एक विधि अपनाई गई ताकि कुछ अन्तराल के बाद व्यक्ति स्वयं का आंकलन करे। इस मूल भावना में चार ''प्र'' छुपे हुऐ है। गंगा स्नान **प्र**तिबिम्ब (Mirror) है पापों के आंकलन का, **प्र**तीक (Symbol) है पवित्रता का, स्नान **प्रा**यश्चित (Expiation) का संकल्प है जिसमें स्नान कर प्रण लिया जाता है कि अब मै पाप नहीं करूंगा। **प्र**ण (Promise) को प्रगाढ़ करने के लिए ही गंगा स्नान रूपी **प्र**क्रिया (Manner) अपनाई गई। यह पद्धति है समाज में भूल सुधार की। वैसे तो स्नान से शरीर स्वच्छ और शुद्ध होता ही है और गंगा स्नान भी मन की शुद्धता का, प्रायश्चित करने, प्रण करने का तरीका है।धर्म कहता है कि मन में प्रायश्चित के भाव उत्पन्न होते ही पापों का नाश होना शुरू हो जाता है।

गंगा एक सदाबहार (Evergreen) नदी है जिसमें जल का प्रवाह वर्षो से हो रहा है। इसी को ध्यान में रखते हुऐ धर्मगुरूओं ने गंगा के घाट का चयन किया होगा। इसी गंगा में छोटे-मोटे मेलों के अलावा प्रत्येक 12 वर्ष बाद कुम्भ का मेला लगता है। जिसका प्रायोजन विभिन्न साधुओं के मध्य समन्वय स्थापित करना रहा था ताकि धर्म का प्रसार चहुंमुखी हो और धर्म में आई हुई विकृतियों पर धर्म गुरूओं द्वारा प्रतिबंध लग सके। यह भी पापों के विस्तार को रोकने का ही एक तरीका है। संवाद द्वारा समाज में एकरसता उत्पन्न करने के लिए गंगा स्नान की प्रक्रिया निर्धारित की गई।

जीवन में अगर परेशानियाँ नहीं होगी।
तो खुशियां अपना अर्थ खो देगी।।

''धर्म हमारी संस्कृति का संविधान है,
कर्म पथ पर बढ़ने की दिशा दिखलाता है
एक दूसरे के प्रति व्यवहार सिखाता है
अच्छा करो, अच्छा सोचो, यही मानवता का धर्म है।''

– इंजी. ओ.पी. माहेश्वरी

97 दीपावली पर दीपक किसके लिए जलाते है हम ?

दीपों का त्यौहार, दीपावली पर दीप न जलाएँ ये कैसे सोच सकते है हम ? दीप जलाना हमारी प्रथा का तरीका है ताकि जलते दीपक से दीप की तरह हम भी अपने जीवन को प्रकाशवान कर सकें। दीपावली का त्यौहार आनन्द व खुशियों का त्यौहार है। जो भगवान राम के वनवास से अयोध्या लौटने की खुशी में मनाना जाना शुरू हुआ। चूंकि धर्म व वीरता के प्रतीक भगवान राम हिन्दू समाज के मुख्य ईष्ट देवता है अतः इस त्यौहार पर इनकी आराधना तो होनी ही चाहिये। भगवान राम के आदर्शो को अपना कर हम भी अपने जीवन में आदर्श अपना सकते है। मगर दुःख इस बात का है कि हम स्वार्थी लोग मुख्य इष्ट को भूल कर इस दिन भी लक्ष्मी की पूजा ही करते है क्योंकि हम पूजा धन प्राप्ति के लिए ही पूजा करने लग गये है। स्वार्थ वशीभूत हमने लक्ष्मी जी का सम्बन्ध भी जोड़ दिया कि भगवान राम विष्णु के ही अवतार है और लक्ष्मीजी विष्णु की भार्या है इसलिए हम लक्ष्मी की पूजा करते है, इसमें हमारा स्वार्थ साफ झलकता है। अतः सोचने का विषय है कि हम मर्यादा पुरूषोत्तम भगवान राम से ज्यादा लक्ष्मी जी का क्यों गुणगान करने लग गये ? श्रीराम के गुण-गान से समाज में मानवता की अलख जगेगी वही लक्ष्मी जी के गुणगान से अच्छे सम्बन्धो से ज्यादा पैसे की ही चाह बढ़ेगी।

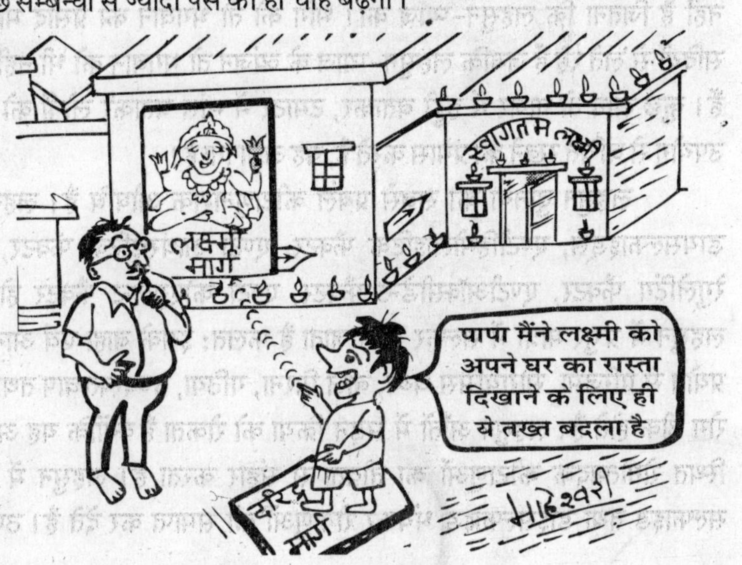

98 लहसुन-प्याज निषेध क्यों?

प्याज और लहसुन शुद्ध शाकाहारी भूमिकंद है। जिनके उपयोग से सब्जियों का जायका बड़ा स्वादिष्ट बन जाता है फिर भी कुछ परिवारों में इसके उपयोग को निषेध कर रखा है। उनका मानना है कि प्याज और लहसुन तामसिक होते है जिसको खाने से शरीर में उत्तेजना आ जाती है। उत्तेजना यानि जोश, हिम्मत और शक्ति यानि शारीरिक रूप से कुछ करने की ताकत (Stamina)। सोचो! जब आपमें ताकत ही नहीं होगी तो आपके कार्य कैसे होंगे? आपके वैवाहिक जीवन का आनन्द कैसा होगा? सत्य है बिना उत्साह, जोश वाला व्यक्ति अपने को पिछड़ा हुआ ही पायेगा। यहाँ तक कि आपके शरीर में भी बिमारियों, रोगों, जीवाणुओं से लड़ने की ताकत यानि रोग प्रतिरोधकता भी नहीं बन पायेगी। जब आपका शरीर साथ नहीं देगा तो आप उत्कृष्टता की और भी नहीं बढ़ पायेंगे। नियन्त्रित (Controlled) उत्तेजना शरीर के लिए लाभकारी ही रहती है। लहसुन से भी ज्यादा तामसिक आहार औषधियां, लाल मिर्च, हींग, तले हुए व्यंजन, केसर आदि होते है, फिर भी कुछ लोगों ने तामसिक खाद्य मानकर आम जनता को लहसुन के गुणों से वंचित कर रखा है। उनका मानना है कि भांग (Intoxicating drug) का सेवना इतना नुकसानदायक नहीं है जितना कि लहसुन-प्याज का। भांग को तो भगवान का प्रसाद मान कर सदियों से लेते रहे हैं जबकि लहसुन-प्याज के व्यंजन तो भगवान को भी नहीं चढ़ते हैं। कुछ लोग तो गाजर में हड्डी बताकर, टमाटर में मांस बताकर लोगों को इसके उपयोग से वंचित रखने का प्रयास करते है, यह अज्ञानता है।

लहसुन दुनिया की सबसे प्रबल कीटाणुनाशक औषधि है। लहसुन में डायसल्फाइड्स, एण्टीहिमोलाइटिक फैक्टर, एण्टी आर्थराइटिक फैक्टर, शुगर रेगुलेटिंग फैक्टर, एण्टीऑक्सीडेन्ट फैक्टर, एण्टी कोएगुलेन्ट फैक्टर होते है। लहसुन में प्रचुर मात्रा में सल्फर पाया जाता है फलतः इसके बाह्य एवं आन्तरिक प्रयोग से एग्जिमा, सोरायसिस धब्बे, बाल गिरना, गठिया, उच्चरक्तचाप तथा हृदय रोग ठीक होते है। लहसुन आँतों में सड़न क्रिया को रोकता है क्योंकि यह आँतों में स्थित रोगोत्पादक कीटाणुओं का तीव्रता से संहार करता है। लहसुन में स्थित सल्फाइड तथा डाईसल्फाइड भंयकर रोगाणुओं को समाप्त कर देते है। ठण्ड के

दिनों में इसका लगातार प्रयोग कफ, वात-व्याधि से भी मुक्ति दिलाता है। यह शुक्रजनन, संभोगशक्तिवर्द्धक भी होता है। विशेषज्ञ कहते है कि लहसुन की दो कच्ची कलियों का सेवन से हाई ब्लड प्रेशर (उच्च रक्तचाप) 20 प्वाईटस तक कम हो जाता है।

डॉ. बोर्डिया के प्रयोगों के अनुसार लहसुन के आन्तरिक प्रयोग से कोलेस्टेरॉल 17 प्रतिशत तक तथा **हृदय को क्षतिग्रस्त करने वाली चिकनाई ट्राइग्लिसराइड्स 20 प्रतिशत तक कम हो जाती है जिससे हृदय रोग के दौरे समाप्त हो जाते हैं । विश्व का यही एक अद्भुत प्रबल एण्टीबायोटिक्स है जिसका कोई दुष्प्रभाव नहीं होता है** अतः इसके उपयोग को निषेध रखना उचित नहीं है।

इसी तरह प्याज के भी औषधीय उपयोग बहुत है। प्याज वायुनाशक, लू रक्षक, हैजा (Cholera) निवारक, बलकारक, रजः स्थापनीय, त्वचा का दोष हरने वाला (Skin Protective), कफ नि:सारक, शुक्रजनन, बाजीकरण, दूषितपित्त नि:सारक, स्तंभक, प्रमेह, कफ (Phlegm), वायु, हिचकी (Hiccup), रक्तपित्त, रक्त स्त्राव, निर्बलता रोग को नाश करने वाला होता है। श्रमसाध्य कार्य करने वालों को प्याज से शक्ति मिलती है। प्याज से निकलने वाली अमोनिया गैस से आँखों में पानी आता है मगर ज्योति बढ़ती है। इसके सेवन से उच्च रक्तचाप नियंत्रित हो जाता है अतः इसके उपयोग को वर्जित रखना अज्ञानता है।

"जिन कार्यों से तुम डरते हो, उन्हें करो,
भय की मृत्यु निश्चित ही हो जायेगी।"

–एमर्सन

**"हर मिली वस्तु को परमात्मा का प्रसाद
मानें तो निष्कामता का जन्म होगा।"**

–प.विजयशंकर मेहता, भास्कर

99 पूजा में शंखनाद क्यों करते हैं?

पूजा भावना को बनाने का सतत् प्रवाह है ताकि समाज में सात्विक वातावरण का निर्माण हो सकें। मस्तिष्क में अच्छे भाव उत्पन्न हो इसी को ध्यान में रखते हुए पूजा अर्चना को नियमित करना होता है। पूजा अर्चना में शंख (Conch Shell) ध्वनि निकालना देवी-देवता की जय-जयकार मानी जाती है। यह भी मान्यता है कि पूजा में जो शंखनाद करता है उसके सभी पाप नष्ट हो जाते है। अथर्व वेद के अनुसार शंख की ध्वनि जहां तक पहुंचती है वहां तक भूतों और राक्षसों का नाश हो जाता है। युद्ध क्षेत्र में शंख फूंकने का उद्देश्य शत्रु के मन में भय पैदा कर ललकारना रहा था। **शंख की ध्वनि पूजा में न आने वालों को जागृत करने के लिए भी निकाली जाती है** ताकि शंखघोष से निकलने वाला ऊँ का महानाद सुन अपने घरों में भी पूजा अर्चना की जा सके। पूर्वकाल में जब घड़ी व ध्वनि विस्तारक यन्त्र (माईक) आदि नहीं थे, उस समय पूजा के लिए चेतना जागृत हेतु शंखनाद होता था। इसी तरह मुस्लिम समाज में नमाज पढने हेतु अजान दी जाती है। शंख ध्वनि में फेफड़ों पर बहुत जोर लगाकर हवा फूंकी जाती है जो एक तरह की योग क्रिया है। यदि कोई व्यक्ति हकलाता है तो हकलाना बन्द हो जाता है। हिन्दू मान्यता में शंख का प्रादुर्भाव समुद्र मंथन में निकले रत्नों में से एक माना गया है। इसे पूजा में विशेष स्थान देने के लिए ही भगवान विष्णु के हाथ में दर्शाया गया है। शंख समुद्रीय जीव का अस्थिपंजर (Shell) है। शंख में कैल्यिशयम, फॉस्फोरस और गन्धक (सल्फर) की मात्रा होती है। गन्धक की मात्रा के कारण ही उसमें रखे पानी के जीवाणु मर जाते है और नये उत्पन्न नहीं हो पाते हैं मगर पूजा में इसका विशेष स्थान रहता है।

ताम्रपात्र से जल को शंख में भरकर पूजा में उपस्थित लोगों पर छिड़कना पूजा का तरीका रहा है। प्रकृति का एक मुख्य तत्व जल को साक्षी मानकर यह छिड़काव आरती में उपस्थित होने का प्रमाण होता है।

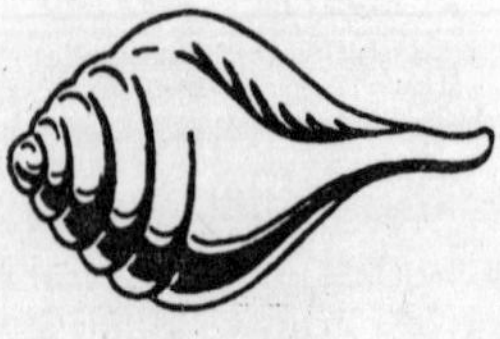

" पूजा मन को टटोलने का प्रतीकात्मक तरीका है ईश्वर आपके भीतर विद्यमान है।"

-इंजी. ओ.पी. माहेश्वरी

100 शुभ अवसरों पर स्वस्तिक (卐) का चिन्ह क्यों?

जैसा कि नाम से ही इंगित है स्वस्तिक (Flyfot) यानि 'स्वास्थ्य'। 'स्वस्तिक' की शब्दव्युत्पति संस्कृत भाषा में है- 'स्वस्ति शुभाय हित क'। 'शुभ और हित के स्वस्ति करना' के अर्थ में प्राचीनकाल से ही यह चिन्ह प्रयुक्त किया जा रहा है। लोक प्रचलन में 'स्वस्ति' का संधिविच्छेद है सु+अस्ति अर्थात् "अच्छा होना"। अंग्रेजी भाषा में is = है तथा संस्कृत के अस् धातु में वर्तमान काल सूचक 'ति' प्रत्यय जुड़ने से 'अस्ति' शब्द बना है। इसकी तुलना हम अंग्रेजी शब्द Exist (अस्तित्व) से भी कर सकते है।इसी को देख कर वर्ल्ड हेल्थ आरगेनाईजेशन ने अपना निशान(+) रेड क्रॉस को अपनाया।

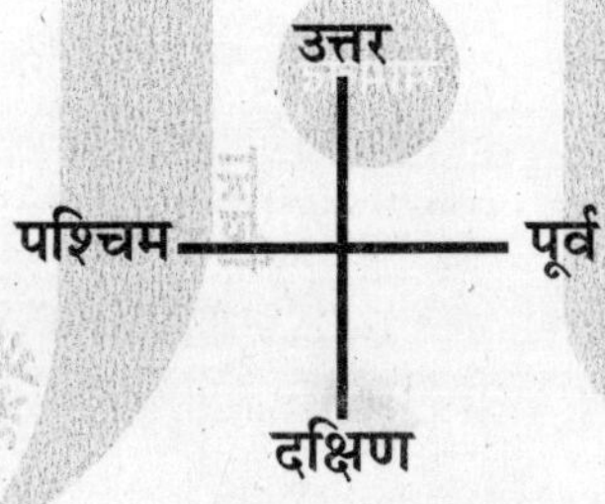

चारों ओर प्रगति

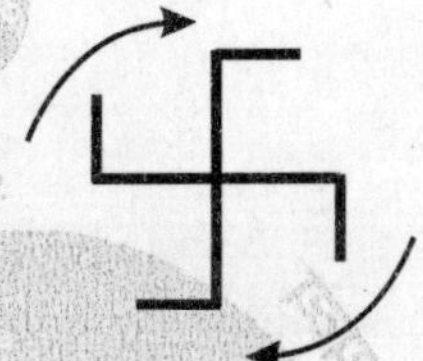
प्रगति की गति
(Clockwise movement)

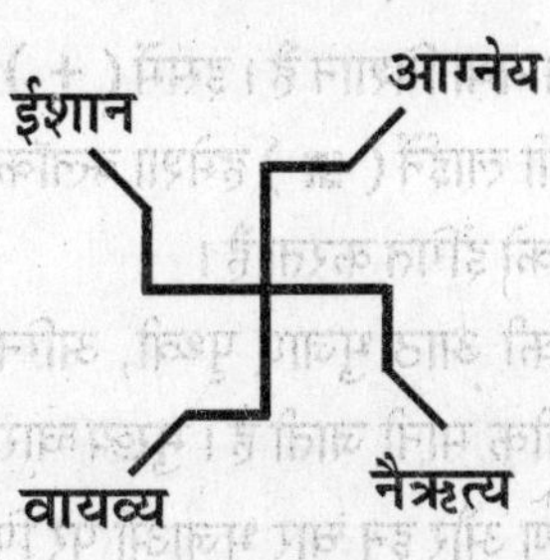

दिशाएँ

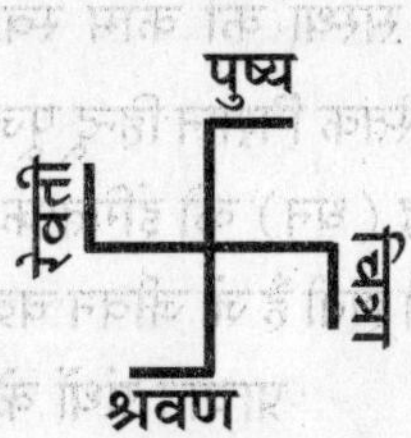

ब्रह्माण्ड

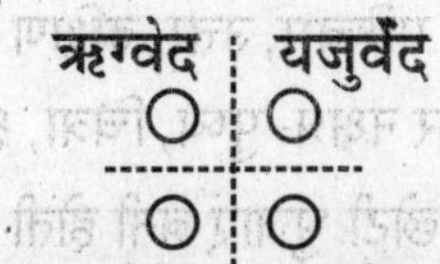

ज्ञान-संस्कार

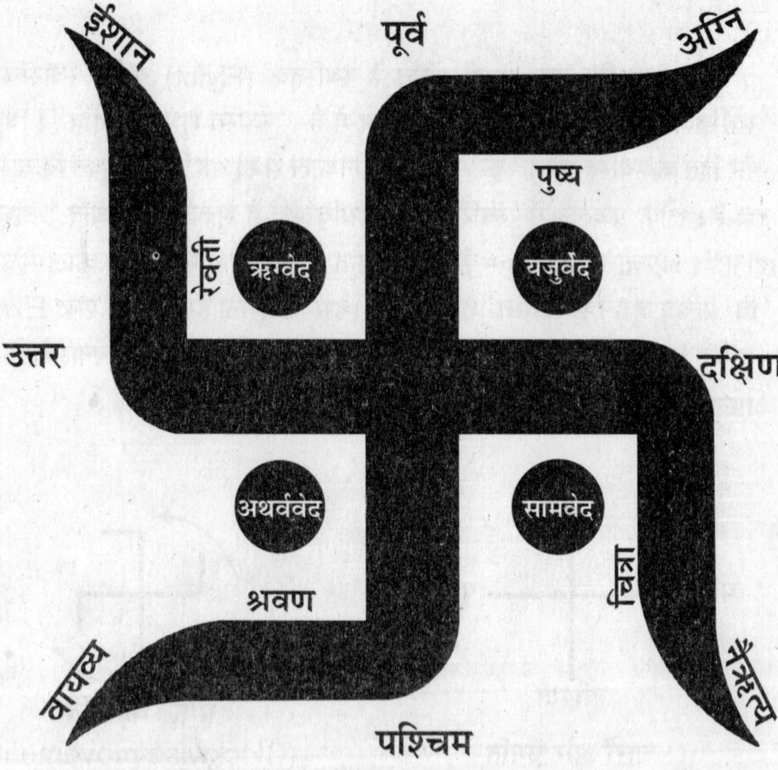

इस संस्था का काम स्वास्थ्य सम्बंधी जागरूकता एवं मदद देने का रहता है। स्वस्तिक निशान हिन्दू पूजा पद्धति का अपनाया गया निशान है। इसमें (+) प्लस, वृद्धि (धन) को इंगित करता है। प्लस पर लगी लाईनें (卐) हमेशा क्लॉक वाईज़ लगी होती है जो जीवन चक्र की बढ़ती हुई गति को इंगित करता है।

प्राचीन ग्रंथों के अनुसार स्वस्तिक की आठ भुजाएं पृथ्वी, अग्नि, जल, वायु, आकाश, मन, बुद्धि और अहंकार की प्रतीक मानी जाती है। मुख्य चार भुजाएं (+) चार दिशाओं-पूर्व, पश्चिम, उत्तर, दक्षिण और इन चार भुजाओं पर फिर चार भुजाएं बनी होती है जो चार नक्षत्र-पुष्य, चित्रा, श्रवण, रेवती को बताती है फिर इन पर 45° के कोण पर चार छोटी भुजाएं बनी होती है जो वायव्य, ईशान, नैऋत्य और आग्नेय दिशाओं का बोध कराती है। चार युग- सतयुग, त्रेता, द्वापर, कलयुग, चार

वर्ण-ब्राह्मण, क्षत्रिय, वैश्य, शूद्र, चार आश्रम-ब्रह्मचर्य, गृहस्थ, वानप्रस्थ, संन्यास, चार पुरूषार्थ-धर्म, अर्थ, काम, मोक्ष, चार वेद-ऋग्वेद, यजुर्वेद, सामवेद, अथर्ववेद, चार नक्षत्र-पुष्प, चित्रा, श्रवण, रेवती तथा ब्रह्मा के चार मुख और चार हाथों की प्रतीक भी बताई गई है। ऋग्वेद की एक रचना में स्वस्तिक को सूर्य का प्रतीक कहा गया है, यह धनात्मक चिन्ह् को इंगित करता है। इसी निशान के मध्य में लगे चार बिन्दु, चार वेदों को स्मरण कराते है। स्वस्तिक का निशान बनाना हिन्दू संस्कृति का एक प्रतीक है। इसी तरह से सभी धर्मों में कुछ न कुछ निशान अपनाये हुए होते है। जैसे क्रॉस का निशान ईसाईयों ने, चांद तारे का निशान मुस्लिम धर्म में, जैन स्तंभ जैन धर्म ने अपना रखा है।

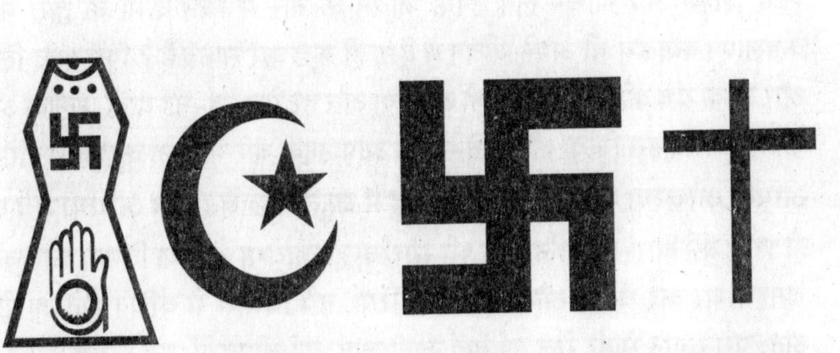

जैन चिन्ह | मुस्लिम चिन्ह | हिन्दू चिन्ह | ईसाई चिन्ह

"हमने परमात्मा के साथ ऐसा किया कि वह बैठा है
भीतर और हम ढूंढ रहे हैं बाहर। जहाँ नहीं है,
वहाँ ढूंढने पर एक नुकसान यह होता है कि
जहां वह है, वहां हम नहीं पहुंच पाते।"

-पं. विजय शंकर मेहता: दैनिक भास्कर

101 एक कार्य! एक ही नाम लिखने का!!

ऐसा देखा गया है कि कई व्यक्ति कॉपियों में छोटे-छोटे अक्षरों में एक ही नाम लिखते रहते है। ऐसा करना एक श्रद्धा का हिस्सा जरूर है मगर एक ही बात को लम्बी अवधि तक बार-बार लिखना रटने के समान होता है और रटाफिकेशन में दिमाग का इस्तेमाल कम होता है क्योंकि दिमाग एक दिशा में जरूर लग जाता है। जीवन के अन्य क्षेत्रों में उनकी सोच सीमित (Limited) ही रह जाती है अब जब एक शब्द को बार-बार लिखने की ठान ही ली है तो ऐसे करके देखें - एक शब्द लिखा और आप रूक गये, सोचने लगे शब्द के भाव, शब्द की महिमा, फिर दूसरी बार शब्द लिखा और सोचने लगे उनका चरित्र, उनके काम, उनकी मर्यादायें फिर तीसरी बार शब्द लिखा और सोचने लगे अपनी कमियों और उन अच्छाईया को, चौथी बार शब्द लिखा और सोचने लगे उनके जीवन के बारे में जिन कर्मो के द्वारा महान् कहलाए। क्या हम भी अपने जीवन में ऐसा ही कुछ कर सकते है? फिर शब्द लिखा और उनके ग्रंथ की एक चौपाई को दोहराया और हर रोज नई-नई बातों, श्लोक आदि को याद करें। इस क्रिया को करते-करते आप उनके बारे में इतना कुछ जान लेंगे कि **आपके आचरण में, स्वभाव में, बुद्धि में बहुत कुछ बदलाव आयेगा तब एक ही शब्द को बार-बार लिखना भी सार्थक हो जायेगा** अन्यथा दिमाग को एक ही जगह स्थिर कर बैठोगे और नई जानकारियों, नये विचारों से वंचित होते जाओगे। अतः पुराने ज्ञान से हर रोज नई बातें जानी जाएं, नई चौपाइयां, नये श्लोक आदि की विवेचना की जाये तो दिमाग उसी काम में ज्ञान के साथ सोचने को मजबूर होगा।सन्त चन्द्रप्रभजी संबोधिधाम जोधपुर के अनुसार "स्वर्ग एवं नरक सभी इसी जीवन में आप के कर्मो में निहित होते है। फिर अन्य जरूरी पहलुओं पर भी कम ध्यान देना कहां तक उचित है?" अगर आप का दिमाग एक ही नाम पर चलता रहेगा तो संभव है कि अन्य क्षेत्रों में आप पिछड़ते जायेंगे। ऐसे व्यक्ति नई सोच नहीं बना पाते है और जो है उसी में अपना समय व्यतीत करते रहते है। अगले जीवन के चक्कर में, उपहार स्वरूप मिले इस जीवन का कितना समय यूं ही व्यतीत कर जाते है। ज्ञान को बाँटने से ज्ञान बढ़ता है। अन्य क्षेत्रों में भी रूचि लेने से दिमाग धीरे-धीरे उन क्षेत्रों में भी तेज होता जाता है। दिमाग की कसरत तो दिमाग को अधिक से अधिक उपयोग लेना ही है। मैसाच्युसेट्स युनिवर्सिटी की न्यूरोसाइंटिस्ट अमोशी झा ने बताया कि रोजाना

आप जितनी देर दिमागी कसरतों को दोहराएंगे, कामकाजी परिस्थितियों में समस्या सुलझाने और भावनाओं पर काबू पाने में आपको उतनी ही ज्यादा मदद मिलेगी। उन्होंने कहा कि दिमागी कसरत से रोजाना के तनाव भरे जीवन में मुश्किल चुनौतियों को सुलझाने में दिमाग ज्यादा तेज हो जाता है। बुद्धि का अलग-अलग कार्यों में उपयोग लेने से और समझ बढ़ती है।

कर्म और धर्म के बारे में पंडित विजयशंकर जी मेहता कहते है कि- "कर्म हमारे जीवन का प्रमुख उद्देश्य होना चाहिए। कर्म से ही धर्म चलता है, बिना कर्म के धर्म की पालना भी असम्भव है,धर्म पालना है तो कर्म की राह बढ़े चलो, धर्म अपने आप निभ जाएगा। धर्म का असली अर्थ भी यही है,जब आप कर्त्तव्य का पालन करने निकलते हैं तो धर्म आपके साथ चलता है, धर्म कोई अलग वस्तु नहीं हैं धर्म आपके भीतर है, अपने कर्त्तव्यों का पालन करना ही धर्म है।"

आपके जीवन में, आपकी सफलता आपके कार्य एवं सोच पर निर्भर करती है। आपके प्रयत्न आपको इस जन्म में एवं बाद में भी सफलता दिला सकते है। **जिस तरह, हृष्ट-पुष्ट शरीर के लिए अच्छे खाने व कसरत की जरूरत होती है, उसी तरह दिमाग को भी अच्छे विचारों व नये ज्ञान की जरूरत होती है। अगर हम सड़ा-गला खाना खायें तथा अपने दिमाग में घटिया विचारों का संग्रह (Store) कर लेवें तो हमारे दिमाग में नई बात, नई चेतना, नई जागृति, नई सोच नहीं आ सकती है** और हम लकीर के फकीर वाली स्थिति में आ जायेंगे। दिमाग में लगातार नये-नये विचारों का संग्रह और सोच ही आपको कामयाबी का रास्ता दिखायेगा।

खास बात यह कि आपकी सोच का उपयोग आप तक सीमित ही नहीं रहे। आपकी सोच नई चीज जानने के बारे में हो ताकि उसके बारे में गहराई से उतर कर सत्यता को परखा जा सके। आपके कर्म आप तक ही न रहे, अपने साथ दूसरों की भलाई भी हो। किसी का नाम जानने और उसके बारे में जानने में दिन-रात का अंतर होता है। आप पचास अज़नबी लोगों के नाम याद कर लें, लेकिन जब उन्हें दोहरायेंगे तो आपको कुछ भी अच्छे से याद नहीं रहेंगे। अब एक बार उन लोगों के बारे में जानने की कोशिश करें। जब आप उनकी सारी जानकारियां जुटायेंगे, तो अंत में आपको उन सभी के बारे में सब कुछ याद रहेगा। इसका मतलब यह है कि किसी भी चीज को रटने की बजाय उसे समझे और ग्रहण करने की कोशिश करे। रटी हुई चीजें कुछ

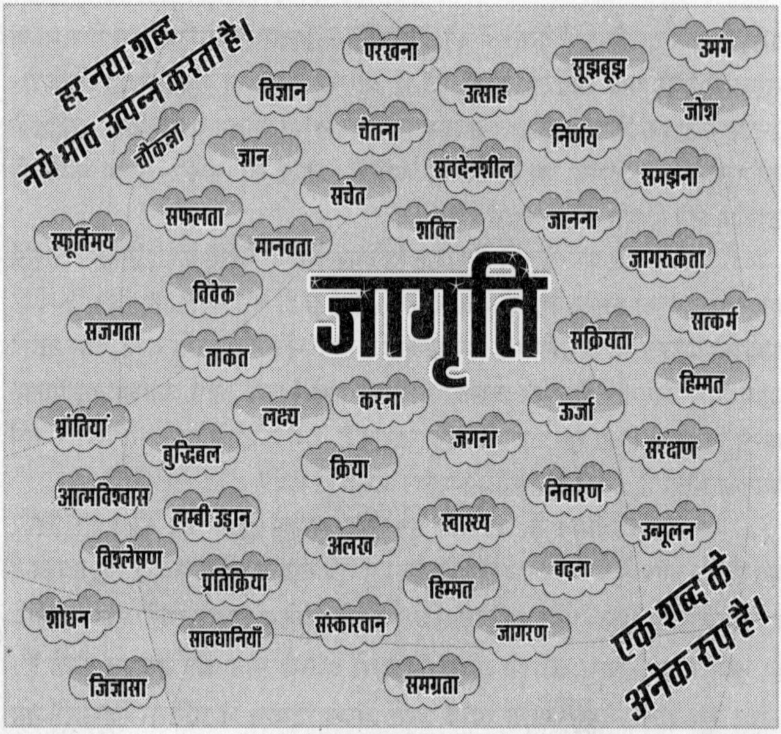

ही समय तक याद रहती है जबकि समझी हुई चीजें दिल में बैठ जाती है। इसमें कोई दोराय नहीं कि लिख-लिख कर याद करने से जल्दी याद होता है क्योंकि स्मरण शक्ति एक कम्प्यूटर की तरह है। जिस प्रकार का प्रोगाम होगा, उसी प्रकार की सूचनायें उपलब्ध होगी। सूचनाओं को ठीक से फीड करते रहें, आपका मस्तिष्क कम्प्यूटर से भी तेज गति से स्मृति पटल पर सूचनाओं को पुनः प्रस्तुत कर देगा। याद रखें, मस्तिष्क से कम्प्यूटर बना है कम्प्यूटर से मस्तिष्क नहीं बनता।

माला जप-जप जग मुआ, पंडित भया न कोय
ढ़ाई अक्षर प्रेम का, पढ़े सो पंडित होय।

– कबीरदासजी

"पागलपन की परिभाषा है कि एक ही काम को बार-बार करना, लेकिन हर बार अलग नतीजे की अपेक्षा रखना। अगर आप वही करते हैं जो आप करते रहे है तो आपको वही मिलता रहेगा जो आपको मिलता रहा है।"

–शिव खेड़ा, जीत आपकी

102 अगरबत्ती व धूपिये का धुआं क्यों?

हमारे यहां ऐसी प्रथा है कि आरती में जो धूपिया जलाया जाता है उसे घर के हर कोने में घुमाया जाता है। इसके पीछे हमारा उद्देश्य धूपिये व अगरबत्ती (Incense Stick) की सुगन्ध को घर में फैला कर सुगन्ध बढ़ाना रहा है। मगर वर्तमान समय में इसका औचित्य कम होता जा रहा है क्योंकि कोई भी वस्तु जब जलती है तो उससे उसकी गन्ध के साथ कार्बन डाई ऑक्साईड एवं कार्बन मोनो ऑक्साईड आदि हानिकारक गैसें बनती है जो स्वास्थ्य के लिए हानिप्रद होती है। अगर इस धुएँ में शुद्ध हवा न मिले तो मनुष्य इसकी गन्ध आधा घन्टा भी नहीं सहन कर सकता है और बेहोश होकर नीचे गिर पड़ता है।वैसे ही वातावरण में अपविष्ट (Polluted) गैसों के बढ़ने के कारण प्रदूषण की मात्रा बढ़ी हुई रहती है, ऐसे में धूपिये से फिर प्रदूषण बढ़ाना कहाँ तक उचित है जबकि बाजार में सुगन्ध फैलाने वाले कई इत्र, गोलियां (ऑडोनिल, कपूर आदि) मिलती है जिसे जलाने की आवश्यकता भी नहीं रहती है। साथ ही प्रकृति ने हमें कई सारे फूल-पत्तियाँ दी है, जिनमें भीनी-भीनी महकने वाली सुगन्ध होती है। परफ्यूम,ईत्र व सुगन्ध की गोलियों को कूलर में डालकर हवा को कक्ष में फैलाया जा सकता है। वैसे तो घर से बदबू को बाहर निकालना ही समझदारी है न कि कृत्रिम वस्तुओं से सुगन्ध लेने की, इसीलिए महात्मा गांधी ने अपनी पुस्तक 'माइन्ड ऑफ गांधी' में लिखा है कि, "यदि आप सच्ची सुगन्ध फैलाना चाहते हैं तो श्रृंगार से परहेज करें और सुगन्धित द्रव्यों के पीछे न दौड़े यह सुगन्ध आपके हृदय से आनी चाहिए, तभी आप न केवल व्यक्तियों को बल्कि सम्पूर्ण मानवता को अपनी ओर आकर्षित कर सकेंगे।" पूजा और साधना करना अच्छी बात है, पूजा के द्वारा मन को शान्त करने के भाव जगाते है तो साधना द्वारा अभ्यास करने की प्रेरणा। अपने कार्यों को, बुद्धि को, मन को अपने नियन्त्रण में रखो ताकि हर कार्य को श्रेष्ठतम ढंग से, समय पर पूरा किया जा सके। **मन की प्रसन्नता में वो सुगन्ध होती है जो घर के वातावरण में खामोशी तोड़ प्रफुल्लित भाव उत्पन्न कर सकते हैं।**

"आपकी सफलता ही आपकी सच्ची सुगन्ध है।"

-इन्जी. ओ.पी. माहेश्वरी

103 प्रार्थना क्या है?

प्रार्थना भावनाओं का प्रवाह है जिसके तहत समर्पण की शक्ति जागृत होती है। प्रार्थना जीवन में नियमितता बनाये रखने का तरीका है तो यह शरीर को क्रियाशील रखकर जीवन में ऊर्जा बनाने का तरीका भी। यह आचरण है, तो धर्म भी है। यह स्तुति है तो सोचने का तरीका भी। प्रार्थना में संवाद नहीं होता और एक तरफा वार्ता होती है। मगर यह मन में उत्पन्न भावों को व्यक्त करने की क्रिया भी है।प्रार्थना में एकरसता (Monotony) को तोड़ने के लिए हम लोगों ने विभिन्न पद्धतियाँ बना रखी है, पद्धति भी ऐसी जिसको करने में कुछ समय लगे ताकि मन में प्रार्थना के गुणगान अनुसार भाव उत्पन्न हो सके। ये भाव ही आपके कार्य की ऊर्जा होती है। प्रार्थना अच्छे गुणों को जागृत करने का तरीका है तो जीवन में इन गुणों को सम्मिलित करने का तरीका भी। यह प्रशंसा के गुणगान है तो यह मस्तिष्क को दिशा देने की क्रिया भी। आप अच्छे व्यक्ति के गुणों का मनन करेंगे तो आपके प्रतिदिन के जीवन में, आचरण में इसका प्रभाव आयेगा। वहीं प्रार्थना एक ऐसी क्रिया है जिसे सामूहिक गान भी कह सकते है, प्रार्थना आरती भी है तो स्तुति भी, यह अच्छे काम के लिए प्रोत्साहन है तो बुरे काम का भय रूपी डण्डा भी। व्यक्ति जैसा सोचता है, महसूस करता है वैसी ही क्रिया को सही मान बैठता है इसीलिए प्रार्थना मन में विश्वास जगाने का गीत है जिसे मस्ती के साथ, संगीत के साथ भी किया जा सकता है। आप आशावादी बने रहना चाहते है या क्रियाशील, आप उत्साहित रहना चाहते है या ऊर्जावान, आपकी जागृति ही जीवन की गति है। सबसे पहले अपने ईश्वर को अपने मन में टटोल कर देखें। अगर मन का परिचय हो जाता है तो बाहर की क्रियाएं स्वतः स्वच्छ, सरल व समाज हित की होती जायेगी। यही जागृति की सोच है।

"प्रार्थना से विनम्रता उत्पन्न होती है तो यह एक छोटा चिन्तन भी है जिससे आत्मविश्वास जागृत होगा। यह एकल गान है तो सामूहिक मय संगीत के साथ झूमने का तरीका भी। यह स्तुति है तो पूजा का तरीका भी। मगर हर रोज नियमितता बनाये रखने से, अच्छे आचरण के भाव पैदा करने का मन्त्र भी है।"

–इन्जी. ओ.पी. माहेश्वरी

ऐसी हो जागृति की सोच
जैसे हो सत्यम् शिवम् सुन्दरम्

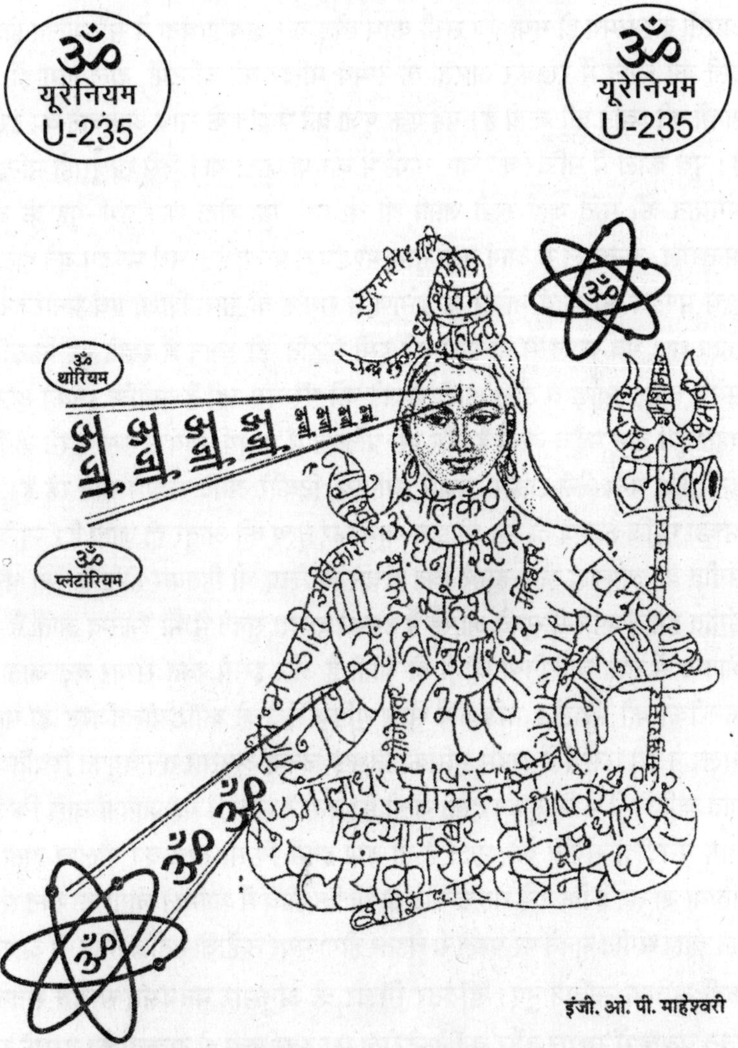

इंजी. ओ. पी. माहेश्वरी

Great things are not done by impulse, but by a series of small things brought togethers.

104 आरती में घन्टियें, नगाड़े क्यो?

आरती भगवान के प्रति इन्सानों में आस्था जगाने का एक तरीका है। आरती का समय हो गया एवं सभी काम छोड़ कर अब प्रार्थना में सम्मिलित होना है इसी को ध्यान में रखकर आरती के समय मन्दिर की घन्टियों, ढोल-नगाड़ों, एवं शंखों की ध्वनि की जाती है। यह एक पूजा की पद्धति के साथ आह्वान का तरीका है। पूर्व काल में मन्दिर को चार भागों में बनाया जाता था। जैसे खजुराहो मन्दिर में भगवान की मूर्ति जहाँ रखी जाती थी वो गर्भ-गृह होता था। गर्भ-गृह के बाहर अन्तराल, अन्तराल से आगे बड़ा नृत्य मण्डप व प्रवेश हेतु अर्ध मण्डप बने होते थे। नृत्य मण्डप का कार्य मन्दिर के प्रांगण में संगीत के साथ शिक्षा एवं मनोरंजन का रहता था। पूर्व काल से ही पूजा की इसी पद्धति को ध्यान में रखते हुए आरती के समय घन्टे, नगाड़े व ढोल आदि बजाने की परम्परा रही है क्योंकि इनकी आवाज बहुत दूरी तक पहुँच जाती है और इस प्रक्रिया में माधुर्य, लय उत्पन्न करने के लिए छोटे वाद्य यन्त्र जैसे झांझर, मंजीरे, घन्टियें, टिंकोरे आदि बजाये जाते रहे है। जब अच्छा म्यूजिक बजे तो मन भी झूम-झूम कर नृत्य को आतुर हो जाता है। म्यूजिक, संगीत का लयबद्ध होना हमारे रक्त संचार के लिए भी हितकर होता है। जो भजन, संगीत हम बचपन से सुनते आ रहे है उसको दुबारा सुनने में भी आनन्द आता है और आनन्द में रक्त वाहिनियां चौड़ी हो जाती है और इससे रक्त संचार बढ़ जाता है। अमरीका की मैरीलैंड मेडिकल सेंटर यूनिवर्सिटी के कॉर्डियोलोजिस्ट डॉ.माईक मिलर ने इस रिसर्च में अहम् भूमिका निभाई, उनके अनुसार तनावयुक्त स्थितियों में रक्त वाहिनियों में सिकुड़न देखी जाती है। उन्होने शोध में यह जानना चाहा कि यदि लोग पसंदीदा संगीत को सुनते है तो क्या इनमें किसी तरह का फैलाव होता है। बताया जा रहा है कि उन्हें यह उम्मीद तो थी कि शोध में शामिल लोगों का रक्त संचार मन चाहा संगीत सुनने पर पहले से बेहतर होगा मगर उन्हें जो नतीजे मिले, वे आशा से कहीं अधिक साबित हुए। **डॉक्टर मिलर के अनुसार मनपसंद संगीत सुनने से रक्त प्रवाह में सुधार और कॉलेस्टेरोल का स्तर कम हो सकता है। इसके साथ ही रक्त के थक्कों के बनने की आशंकाएं भी कम हो सकती है।** शोध के परिणामों के अनुसार खुशी की भावना से संबंधित रसायन नाइट्रिक ऑक्साइड का

स्त्राव भी पसंदीदा म्यूजिक को सुनने के दौरान देखा गया।

अतः वह संगीत, भजन, आरती व म्यूजिक जिसको सुनने में आनन्द की अनुभूति हो उसे अवश्य सुने, पूजा में उच्च आवाज के वाद्य यन्त्रों व ढोल नगाड़ों का उपयोग उस समय से हो रहा है जब ध्वनि विस्तारक (माईक) का अविष्कार ही नहीं हुआ था। तब लोगों में आस्था के लिए आह्वान हेतु इनकी आवाज का उपयोग होता रहा क्योंकि घन्टियों का तरंग दैर्घ्य इतना अधिक होता है कि इसकी आवाज बहुत दूरी तक सुनी जा सकती है। आह्वान को ही ध्यान में रखकर मुस्लिम पद्धति में मीनारों से अज़ान लगाई जाती है ताकि लोग नमाज़ अदा करने पहुँचे। हिन्दू पद्धति में म्यूज़िक के तौर पर मन्दिर की घन्टियें, ढोल, नगाड़े, मंजीरे आदि बजाने का प्रचलन रहा है।

आरती में वाद्य यन्त्रों के बजाने के मुख्य कारण होते हैं–

- सजगता व भक्ति के लिए जागृत करने हेतु।
- मनमोहक संगीत व नृत्यमय झूमने हेतु।
- खुशी व प्रफुल्लित वातावरण बनाने हेतु।
- आपसी सहयोग व सद्‌भावना बनाये रखने हेतु।
- समय पाबन्दी व नियमितता को बनाये रखने हेतु।

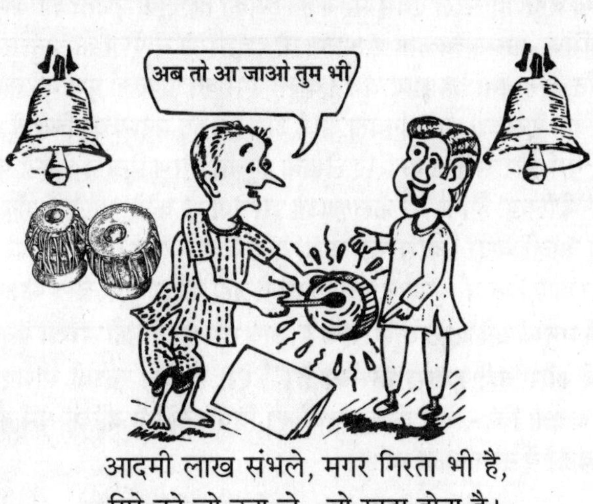

आदमी लाख संभले, मगर गिरता भी है,
गिरे को जो उठा ले, वो ख़ुदा होता है।

– एक कहावत

105 धार्मिक व्यक्ति कौन है?

धार्मिक कौन है? क्या मस्तिष्क पर बड़ा टीका लगाने वाला या भगवे कपड़े धारण करने वाला या पूजा पाठ करने वाला या एक ही नाम को रटने वाला या बड़े-बड़े उपदेश देने वाला या हर काम को भगवान के भरोसे छोड़ देने वाला। कौन है धार्मिक? कर्म करने वाला या अपनी सफलता पाने के लिए भगवान की शरण में जाने वाला। कुछ लोग मस्तिष्क पर भस्म रगड़ देते है तो कुछ बाहों में ताबीज बांध देते है बड़े-बड़े मन्त्र, अंगुलियों में रत्न धारण करने वाला या माईक पर जोर-जोर से भजन कीर्तन करने वाला जो भी हो मेरा ईश्वर प्रकृति में है और प्रकृति का चक्र (साईकिल) ही जीवन है। किसी सज्जन ने ठीक ही लिखा है कि - "**करम तेरे अच्छे तो किस्मत तेरी दासी, नियत तेरी साफ है तो घर में ही मथुरा काशी**" धर्म की परिभाषा बहुत ही सरल एवम् सहज है। इसका ताल्लुक पूर्णतः शास्त्रीय आधार ना होकर मानसिक आध्यात्मिकता व आत्मा के सदाचरण व पुण्य के अनुसरण पर निर्भर है। धारियति, इति धर्मा यह शब्दार्थ देने वाली उपरोक्त पंक्तियां पूर्ण चरितार्थ करती है। मेरा भी सोचना है सच्चा धर्म मानवता का है और इस हेतु मनुष्य का विवेक पूर्ण आचरण ही धर्म है। धर्म और कर्त्तव्य के लिए लेखक रघुवीर शरण मित्र ने अपनी पुस्तक 'आग और पानी' में लिखा है कि- "फैल जाओ इस देश के कोने-कोने में और फूंक डालो असत्य की काली चादर! बरस पड़ो कण-कण में, इस तरह कि धरती पर से पीड़ा का कलंक धुल जाए! ऋषि, ब्राह्मण, परोपकारी वे नहीं जो साधु के वस्त्र मात्र धारण करते है, **धरती ने मनुष्य को बहुत कुछ दिया है, अब तुम धरती को सच्चा मनुष्य दो, यही हमारा धर्म और यही हमारा कर्त्तव्य है।**" ऐसे ही जैन साध्वी मणिप्रभा ने अपने प्रवचन में बताया कि - धर्म केवल चर्चा का विषय नहीं है बल्कि धर्म को जीवन के प्रत्येक व्यवहार में नजर आना चाहिये।

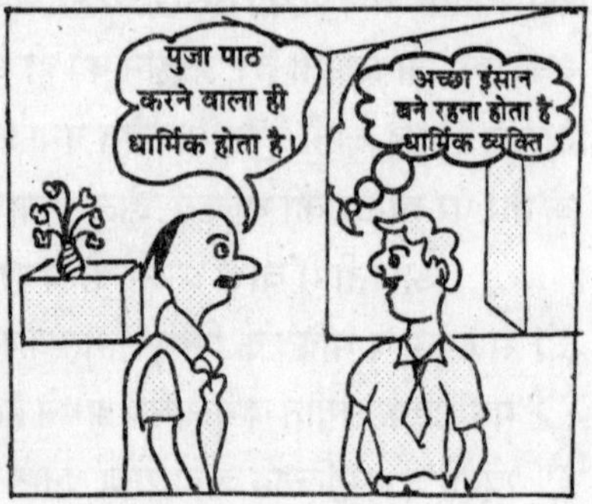

धर्म न हिन्दू-बुद्ध, धर्म न मुस्लिम-जैन,
धर्म चित्त की शुद्धता, धर्म शांति सुख चैन।

"मनुष्य का सच्चा धर्म, मानवता है"

– इन्जी. ओ.पी. माहेश्वरी

106 जब एक ही परमात्मा है तो पूजन सामग्री अलग-अलग क्यों?

पूजा के लिए ऐसा विधान है कि भगवान विष्णु को तुलसी पत्र चढ़ाया जाता है जबकि चावल (अक्षत) नहीं चढ़ सकते। शिवजी को बिल्व पत्र (बेलपत्र) चढ़ता है जबकि कमल पुष्प नहीं चढ़ा सकते। इसी तरह से दुर्गा की आराधना में कनेर पुष्प, सूर्य को जवाकुसुम और गणेश को दूर्वा (दूब) चढ़ाते है।

इस हेतु मेरा सोचना है कि किसी भी कार्य में एकरसता न बने एवं कार्य में नयापन व विविधता लाने के लिए अलग-अलग देवता की पूजा के तरीके भी अलग -अलग इन्सान ने बनाये है ।अतः मन की सच्ची आस्था ही पूजा है।

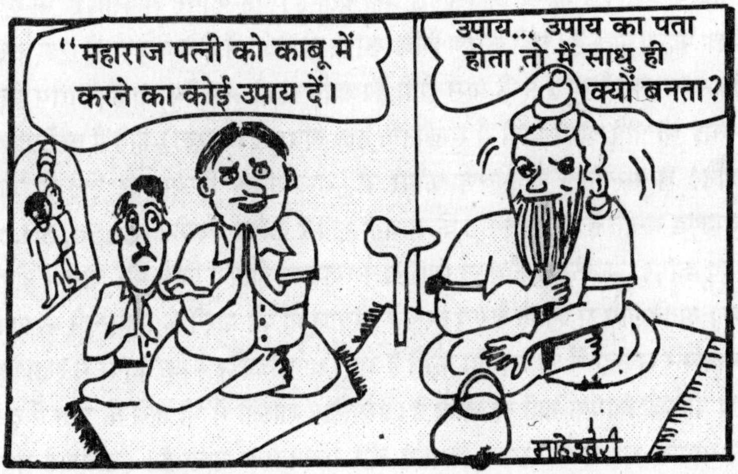

"धर्म झूठा बंधन है, परमात्मा एक है, अबोध है और धर्म से परे है, धर्म हमें सीमाबद्ध रखता है, रोकता है, परमात्मा से अलग करता है अतः हमारा शत्रु है।"

-अज्ञेय : शत्रु

"भगवान किसी का बुरा नहीं करता। जो बुरा करता है वो दैत्य होता है। जहाँ तक हम नहीं पहुच पाते उसी का नाम हमने भगवान रखा है।"

- इन्जी. ओ.पी. माहेश्वरी

107 ताम्रपात्र पवित्र है पर उसमें भोजन क्यों नहीं?

ताम्र जिसका रासायनिक नाम कॉपर होता है यह अम्ल (Acid) एवं क्षार (Basic) दोनों से ही अपनी रासायनिक क्रिया कर बैठता है। यही कारण है ताम्र के बर्तन बार–बार नीले पड़ जाते है। ताम्र बर्तन का उपयोग अगर भोजन हेतु करेंगे तो भोजन में रहने वाली खटाई (अम्ल) से यह रासायनिक अभिक्रिया कर लेता है जिससे भोज्य पदार्थ विषाक्त (Poisonous) हो जाता है। इस समस्या के समाधान के लिए मिश्रधातु पीतल बनाया गया जो कॉपर व सीसे (लैड) का मिश्रण होता है मगर इसमें भी अम्लीय व क्षारीय खाना विकृत हो जाता है। अतः इस पर कली की कोटिंग चढ़ा कर काम लिया जाता है। कॉपर का यह गुण होता है कि हवा से भी अभिक्रिया कर यह कॉपर ऑक्साईड बना देता है। यह कॉपर ऑक्साईड भी एक विषैला पदार्थ होता है। यही कारण है कि कॉपर के बर्तन में केवल जल ही रखा जाता है, जिसकी PH वैल्यु 7.5 के पास होती है। यानि ना ही अम्लीय, ना ही क्षारीय होता है। कोई भी पीने योग्य पानी में मुख्यतया तीन लवण (मिनरल) होते है क्लोराईड, कार्बोनेट व सल्फेट। ये लवण कॉपर से, रासायनिक क्रिया कर लेते है और कम्पाउण्ड बनाते है जैसे सल्फेट के साथ मिलकर कॉपर सल्फेट ($CuSo_4$ $5H_2o$) आदि। कॉपर सल्फेट एक बहुत विषैला कम्पाउण्ड होता है जिसे मोर थोथा (नीला थोथा) आदि नाम से जानते है एवं इसको जीवाणुओं को मारने के लिए चूने के पानी में मिलाकर सफेदी में भी उपयोग करते है अतः साफ जाहिर है कि कॉपर में रखा पेय पदार्थ पीने के लायक नहीं रह जाता है। इसीलिए शास्त्रों में भी तांबे के पात्र में दूध पीना गोमांस भक्षण के समान अभक्ष्य और पापकारक माना है। (ताम्रपात्रे पयः पानमुच्छिष्ट धृत भोजनम्। दुग्ध सलवण चैव सद्यो गोमांसभक्षणम्।। ब्रह्मवैवर्तपुराण, श्रीकृष्ण 85/7)

कॉपर व चांदी में एंटीमाइक्रोवायल एजेन्ट्स पाए जाते है जो कुछ हद तक ही बर्तनों को नॉन टॉक्सिक बनाये रख सकते है। इन बर्तनों में रखे पदार्थ को तुरन्त उपयोग लेना होता है अन्यथा लम्बे समय बाद खाद्य पदार्थ विषैला हो जाता है।

चिकित्सक डॉ. राजेश बाहेती जोधपुर के अनुसार कॉपर के बर्तन में बच्चों को पानी पिलाने से **बच्चों का लीवर खराब (Indian Childhood**

Cirrhosis) हो जाता है।

"चिर प्रचलित रूढ़ियों और चिरसंचित विश्वासों को आघात पहुंचाने वाली हलचलों को हम देखना सुनना नहीं चाहते। हम ऐसी हलचलों को अधर्म समझ कर उनके प्रति आँखे बंदकर लेना उचित समझते है, किन्तु ऐसा करने से काम नहीं चलता। वह हलचल और क्रांति हमें बरबस झकझोरती है और बिना होश में लाए बिना नहीं छोड़ती।"

–महादेवी वर्मा: पथ के सारथी

"अपने विवेक का उपयोग नहीं करने वाले व्यक्ति ही सर्वप्रथम थोथे आडम्बर,गलत भ्रान्तियों व मान्यताओं का अनुसरण करते है। जागृति की सोच यानि उचित निर्णय की परख ही सही-गलत की विवेचना करने को विवश करेगी।"

– इंजी. ओ.पी. माहेश्वरी

108 पूजा के धूपिये में कपूर का प्रज्वलन क्यों?

कपूर, जिसका अंग्रेजी नाम कैम्फर (Camphor) है, की विशेषता होती है कि इसे जलाने पर यह राख में नहीं बदलता अपितु यह अपने ठोस रूप से जलकर सीधा ही गैस रूप में आ जाता है इस क्रिया को उर्ध्वपातन (Sublimation) रासायनिक क्रिया कहते है। जो पदार्थ गैस रूप में आता है उन पदार्थों को उर्ध्वपातज पदार्थ कहते है जैसे नौसादर, कपूर, आयोडिन आदि। ऐसे पदार्थ है जिन्हें गर्म करने या जलाने पर ये अपने ठोस आकार से गैस रूप में बदल जाते है चूंकि कपूर की सुगन्ध मनमोहक व शीतल होती है, साथ ही यह ज्वलनशील पदार्थ है। अतः इसे यज्ञ, धूपिये आदि में सुगन्ध के लिए डाला जाता है ताकि वहाँ बैठे व्यक्तियों में कपूर की महक से वातावरण शीतल और प्रफुल्लित अनुभव हो।

"अपने विवेक को ज्ञान से सृजित करें क्योंकि विवेकपूर्ण आचरण ही सच्चा धर्म है।"

–इन्जी. ओ.पी. माहेश्वरी

109 मंदिर से लौटते समय घण्टा न बजायें?

घन्टी या घन्टा किसी का ध्यान आकर्षित करने के लिए बजाते है ताकि सब लोग सम्भल जाये, अतः मन्दिर में प्रवेश करते ही घण्टा बजाने से बाहर के माहौल से निकल कर भक्तिमय माहौल की ओर एकाग्र हो जाये। आरती के समय घण्टा, ढोल व नगाड़े बजा-बजा कर ही तो लोगों का ध्यान आरती के लिए आकर्षित किया जाता है।

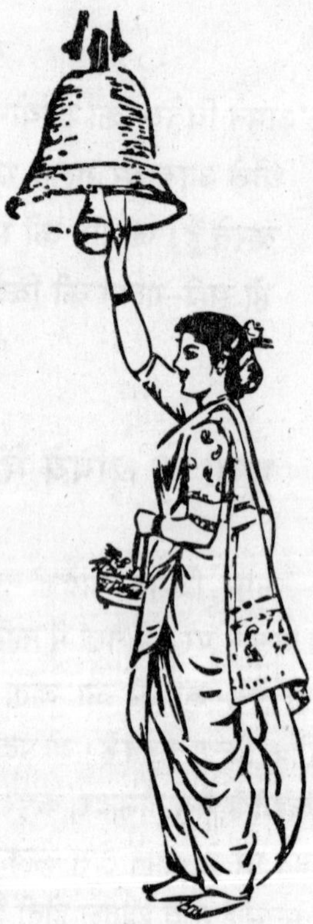

मन्दिर से लौटते समय घण्टा बजाकर भक्तिमय माहौल से तुरन्त बाहर नहीं निकलना चाहिये और अपनी श्रद्धा को मन मस्तिष्क में बिठा देना चहिये अतः घण्टा बजाकर अपने व्यवहार को न बदले कि अब मन्दिर को छोड़ आये है। भक्तिमय इस आस्था को लम्बे समय तक मन मस्तिष्क में बैठाये रखने हेतु ही दुबारा घण्टा बजाना निषेध किया गया। वैसे भी साधारणतया व्यक्ति मन्दिर में आरती के लिए आता है और आरती से लौटते समय दुबारा घण्टा बजाना व्यवस्था में व्यवधान ही होगा।

"हर रोज नये श्लोकों का उच्चारण
नई जानकारी की ओर प्रेरित करेगा"
-इन्जी. ओ.पी. माहेश्वरी

"भय की उतनी ही मात्रा उचित है जितनी से वह हमसे अपनी रक्षा तथा उन्नति के लिए चेतना और जागरूकता उत्पन्न करता है, इससे अधिक भय हमारी कुशलता और स्वास्थ्य को नष्ट कर देता है।" -डॉ. जय प्रकाश

110 मंदिर के सामने से भी गुजरे तो हाथ जोड़ें!

हमारे पूर्वजों ने ऐसे संस्कार डाले है कि जब आप मन्दिर के सामने से भी गुजरे तो मन्दिर के द्वार की ओर नतमस्तक होकर निकलें। भगवान के रहने के लिए मन्दिर बने, इन्सान के रहने के लिए घर बने, घोड़ा अस्तबल में रहने लगा, शेर गुफा में सोने लगा, सच्चा मंदिर तो इंसान के दिल में है इस दिल के मंदिर को बाहरी मन्दिर से जोड़ने के लिए पूर्वजों ने हाथ जोड़ने की प्रथा बनाई होगी।

भगवान यानि – GOD

G - For Generator (उत्पत्तिकर्ता)

O - For Operator (पालनकर्ता)

D - For Destroyer (संहारकर्ता)

मानव समाज में आस्था, निष्ठा व डर उत्पन्न कर संचालन हेतु **भगवान की परिकल्पना की गई** ताकि भगवान से डर कर मनुष्य, मनुष्यता न छोड़ दे। भगवान हमेशा अच्छा ही करता है। जो अच्छा नहीं करता है उसे दैत्य और राक्षस कहते है।

मंदिर इन्सान के लिए स्वयम् दर्शन का दर्पण है ताकि अपने अच्छे बुरे कर्मों का मूल्यांकन आप मूर्ति के सामने खड़े होकर कर सकें। हमारा बीता हुआ कल हमारे लिए ज्ञान का जरिया होता है और आने वाला कल उम्मीद की किरण। हमारा आज ही हमारे हाथ में है जिसे हम जैसे चाहे, संवार सकते है। आप अगर अच्छा काम करने जा रहे है तो मन्दिर में हाथ जोड़ कर अपना आत्मविश्वास बढ़ायें वर्ना बुरे काम का बुरा नतीजा होगा जो दो मिनट हाथ जोड़ने से सन्देश मिल जायेगा। दो मिनट के स्मरण में हमारे बीते हुऐ अनुभव हमें सत्यता परखने का पुनः मौका देंगे। हम लगन के साथ जब आगे बढ़ेंगे तो सफलता अवश्य मिलेगी क्योंकि मन में विश्वास जो बढ़ गया है। आशावादी नजरिया भी सफलता का प्रभावी घटक होता है मगर हम अपने कर्म, अपनी हिम्मत व प्रयास को भूल जायेगे तो भगवान भी हमारी मदद नहीं करेगा। महान पड़ित विजयशंकर मेहता के अनुसार ''हर मिली वस्तु को परमात्मा का प्रसाद माने तो **निष्कामता** का जन्म होगा।'' आप जागृत रहकर अपने कदमों को आगे बढ़ाना है।जिसे आप मनन व हिम्मत के साथ बढ़ा सकते है।

''बुरा करने वाले को दैत्य कहते है और अच्छा करने वाले को भगवान,
आपके कार्यों से ही आपका प्रतिबिम्ब झलकेगा।''

–इन्जी. ओ.पी. माहेश्वरी

111 कीर्तन में ताली क्यों बजाई जाती है?

यह इन्सान की प्रवृति है कि कभी वह खुश हो जाता है तो कभी दुःखी। कभी स्नेह उमड़ता है तो कभी नफरत। जब मन में खुशी उमड़ती है तो चेहरे पर हँसी छा जाती है। मुँह से कुछ गाने व गुनगुनाने का मन करता है नृत्य करने का व झूमने का, ताली बजाने का और वाद्य यन्त्र बजाने का। कीर्तन भी प्रार्थना करने का तरीका है। यह भावनाओं का प्रवाह है। यह याचना भी नहीं है, ना ही ये प्रशंसा की राग है यह सामूहिक जोश उत्पन्न करने की ऊर्जा है जिसमें मशगूल होकर नाचने, झूमने को आतुर लोग सम्मिलित होते है। वातावरण में लय उत्पन्न करने के लिए तालियां बजाई जाती है ताकि ताली के जोश से सभी लोग एकाग्र हो कर कीर्तन (Praise of God) में मग्न हो जाए। भक्ति का एक अंग संगीत है जिसमें स्वयं को भगवान के प्रति लीन करना होता है। भगवान को चेतन-अवचेतन रूप में अपने भीतर और खुद को उन्हीं में खो देना होता है। खुद को जब संगीत की स्वर लहरियों में भिगो देंगे तो संगीत में लय उत्पन्न करने के लिए हाथों से तालियें बजने लग जाती है। हमारे मन्दिर जो शिक्षा के केन्द्र भी होते थे इनमें गर्भगृह के बाहर ही भोग मण्डल व नृत्य मण्डप बनाये जाते थे ताकि नृत्य मण्डप में सब लोग मिलकर खुशी का इजहार कर सके। पूजा अर्चना एक ऐसी ही क्रिया है जिसमें संसारिक बातों को भूलने व भगवान के प्रति आस्था दिखाने का अवसर होता है। इसी आस्था में जब ताली बजाई जाती है तो हथेलियों की नसों पर दबाव बढ़ता है। नसों पर दबाव देने की क्रिया को एक्यूप्रेशर कहते है जो एक चिकित्सा प्रणाली भी है। एक्यूप्रेशर चिकित्सा प्रणाली में सारे रोगों का इलाज हथेलियों में बताया गया है और ऐसा माना जाता है कि हथेली से शरीर की सारी नसों का सम्बन्ध होता है। अतः जब ताली बजाई जाती है तो नसों में रक्त प्रवाह बढ़ता है और हथेलियों की अच्छी वर्जिश (Exercise) हो जाती है। जिससे भगवान की आस्था के साथ शरीर के रोगों का इलाज भी होता है। **हर खुशी के मौके पर ताली बजाने की परम्परा वातावरण में जोश व उत्साह उत्पन्न करने का कार्य करती है अतः ताली बजाने में कंजूसी नहीं करें।**

"धर्म दो प्रकार का होता है, एक नाम है नकद धर्म और दूसरा है उधार धर्म। नकद धर्म का संबंध वर्तमान जीवन से है, उधार धर्म का संबंध कल्पनाओं, धारणाओं तथा मान्यताओं से है। उधार धर्म में लोग केवल कहते है और नकद धर्म में लोग करते है। सब धार्मिक वाद-विवाद, लड़ाई-झगड़े और कट्टरता उधार धर्म के कारण होते है।"

-स्वामी राम तीर्थ

112 शुभ कार्यों एवं पूजा में मौहली क्यों बांधते हैं?

मौहली जिसे मौली, कलावा, रक्षासूत्र या रक्षा पोटली के नाम से भी जाना जाता है। यह रंगीन सूती धागे से बनी होती है। जिस पर पीला,लाल व हरा रंग चढ़ा होता है मौहली यानि मोह (मैंने) + ली। यह तरीका है पूजा में उपस्थिति दर्ज कराने का, यह तरीका है पूजा करने वाले व्यक्ति द्वारा, पूजा में उपस्थित व्यक्ति का सम्मान करने का। पूजा करने वाला मुखिया, पूजा में उपस्थित सभी जनों तक अपना सम्पर्क मौली बाँध कर करता है। मौली का शाब्दिक अर्थ 'रक्षा सूत्र' भी है। यही कारण है कि बहनें अपने भाई के हाथ पर याद दिलाने के लिए कि तुम मेरे भाई हो, मेरी रक्षा करना, इस धागे द्वारा प्रतिवर्ष पुनः स्मरण कराती हैं। मौली को कई जगह मस्तक से भी लिया गया है यही कारण है कि भगवान शिवजी के मस्तक पर लगा चन्द्रमा को ''चन्द्र मौलि'' से जाना जाता है। मौली बांधना पुजारी द्वारा भक्त को आदर देने की क्रिया है साथ ही यह पहचान है कि इन लोगों ने समारोह में भाग लिया। यही कारण है कि खिलाड़ियों की एक टीम की, एक तरह की पोशाक होती है, बच्चों की पोशाक पाठशाला को इंगित करती है। इसी तरह से मौली बन्धी होने पर पूजा पाठ में, यज्ञ में, समारोह में भाग लेने वाला नजर आ जाता है। साथ ही उसे भी अपनी आस्था को याद करने का प्रतीक है।

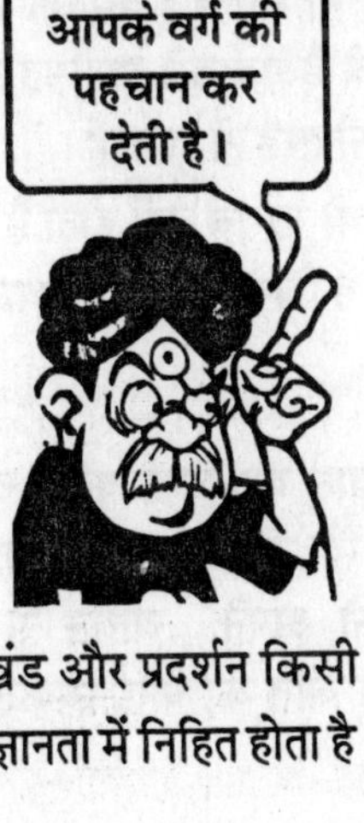

''अंधविश्वास, पाखंड और प्रदर्शन किसी भी धर्म में निहित नहीं होता है बल्कि लोगों के स्वार्थ और अज्ञानता में निहित होता है।''

-विनोबा भावे

113 नारियल का प्रसाद क्यों?

नारियल (Coconut) एक शुभ फल है। जिसकी खेती समुद्री तट की बलुआ जमीन में जहाँ उष्णता तथा नमी बराबर मिलती है वहाँ पर होती है। यह फल लम्बे समय तक खराब नहीं होता है क्योंकि पहले तो ऊपर जटाऐं होती है फिर जटाओं के नीचे कठोर कवच और कवच के अन्दर नारियल की गिरी व पानी होता है। नारियल का पानी तुरन्त शक्ति देने वाली एनर्जी टॉनिक का काम करता है वहीं नारियल की गिरी एक स्वादिष्ट, शक्तिदायक फल होता है। हिन्दू धर्म में नारियल को प्रसाद के रूप में उपयोग करते है क्योंकि इस फल को प्राचीन काल में जब संचार के माध्यम नहीं थे तब लम्बे समय तक एक जगह से दूसरी जगह ले जाने में खराब नहीं होता था, जब फ्रिज व कोल्ड स्टोरेज वगैरह संग्रह के साधन नहीं थे तब यही वह फल था जो तीर्थ यात्रा से घर तक पहुंचने तक ताजा, स्वादिष्ट, प्रदूषण रहित रह सकता था। नारियल को तोड़ने के बाद भी यह सड़ने की बजाय तैलीय गिरी में बदल जाता है और यह गिरी भी लम्बे समय तक नहीं सड़ती है। साबुत नारियल का ऊपरी आवरण कठोर और बन्द होता है। नारियल में भरा जल भी प्रसाद के रूप में पीने के काम आता है। इन्हीं सब गुणों के कारण नारियल को शुभ, सौभाग्य और समृद्धि का प्रतीक माना गया है। प्रत्येक शुभ कार्य, विवाह, लग्न, भेंट, पूजा, स्थापना, मुहूर्त, सम्मान, नव प्रवेश, गृह प्रवेश मंगल अनुष्ठानों आदि में यह प्रसाद के रूप में उपयोग होता है। कुछ मान्यताओं में इसे भगवान शिव का स्वरूप भी मानते है क्योंकि इसके कवच में तीन आँखें बनी होती है एवं इसे स्थापित करने पर इसका आकार शिवलिंग की तरह हो जाता हैं।

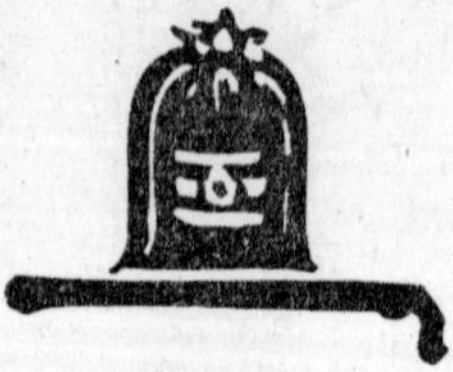

नारियल सूखने पर भी खराब नहीं होता है और नारियल खोपरे में बदल जाता है जिसे भी दुर्लभ स्थानों पर प्रसाद के रूप में उपयोग करते है।

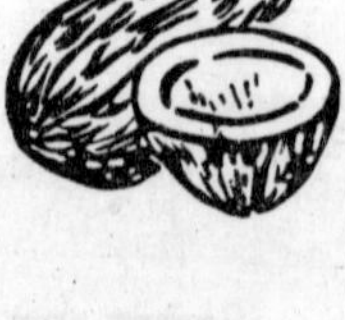

"भगवान का दिया कभी अपना नहीं होता।
बीच में जो टूटे तो संकल्प नहीं होता।
हार को अपने जीवन से दूर ही रखिए।
क्योंकि जीत का कोई विकल्प नहीं होता।।"

– अज्ञात

114 शिखर का महत्व

जैसा कि नाम से विदित है शिखर यानी उस इमारत का सबसे ऊँचा भाग यानि चोटी। पौराणिक काल (Ancient Time) में मन्दिर को पहाड़ों की ऊँचाई पर बनाया जाता था ताकि लम्बी दूरी से यह नजर आ सके। भारतीय मन्दिर मुख्यतया: चार भागों मे बंटे होते थे। मूर्ति जहाँ स्थापित होती है वह भाग होता है गर्भ गृह (Shrine Cell), गर्भ-गृह के बाहर जहाँ पुजारी के लिए व यज्ञ के लिए स्थान होता है उसे जगमोहन (Temple of World) और इसके बाद तीसरा भाग होता है नृत्य मण्डप (Dance Hall) और चौथा भाग भोग मण्डप (Dinner Hall) होता था और इन सभी शालाओं पर शिखर बने होते थे। सबसे ऊँचाई में बड़ा शिखर गर्भगृह पर बनाया जाता था जबकि अन्य भाग पर बने शिखर चौड़ाई में बड़े होते थे मगर ऊँचाई धीरे-धीरे कम रखी जाती थी। शिखर बनाने के लिए पत्थर की पट्टी (Stone Slab) को अन्दर की ओर इस तरह से निकाल देते थे ताकि पाट (Span) धीरे-धीरे हर रद्दे (Course) में कम होता जाये।मन्दिर विशाल है यह शिखर की ऊँचाई एवं उस पर की गई वास्तुकला (Sculpture) से ज्ञात हो जाता था। मुगल काल में जब मन्दिरों को तोड़ा गया तो उस काल में बनने वाले मन्दिरों को पहाडी की तलहटी में व बाहर से साधारण, मगर अन्दर से बहुत अधिक नक्काशीमय बनाये गये ताकि मुगलों के आक्रमण से सुरक्षित रह सके इसीलिए जैन मन्दिरों को पहाड़ियों की तलहटी में स्थापित किया जाने लगा।

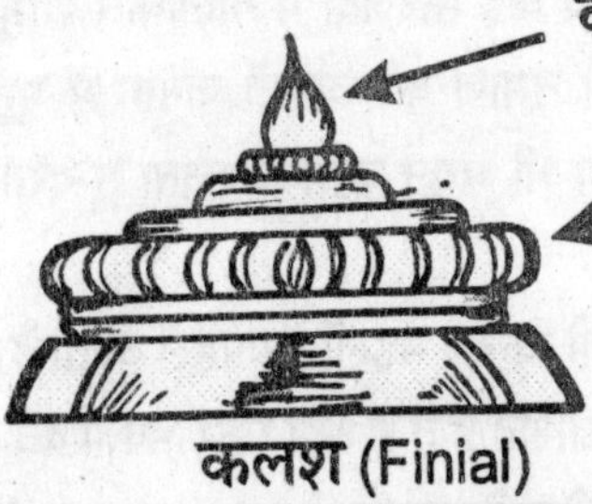

कलश (Finial)

उत्तरी भारत में बने मन्दिरों में शिखर (Sikhara) गोलाकार शंकुनुमा बनाये गये, जिस पर कलश (Finial) व ध्वजा लगाई गई। बड़े शिखर को मन्दिर के गर्भ गृह पर बनाया गया। मध्य भारत में शिखर का आकार पिरामिडनुमा बनाकर

उस पर सूर्य चक्र (Spire) व कलश लगाये गये जबकि दक्षिण भारत में शिखर कई मंजिलों में बनाकर ऊँचाई प्राप्त की गई। एक बड़ा शिखर अपने आप में कई सारे छोटे-छोटे शिखरनुमा आकृति से बनाया जाता था। जो मीनार की तरह लम्बे व ऊँचे बनाये गये इनमें से कई शिखर भी कई तल (Course)के भी बनाये गये।

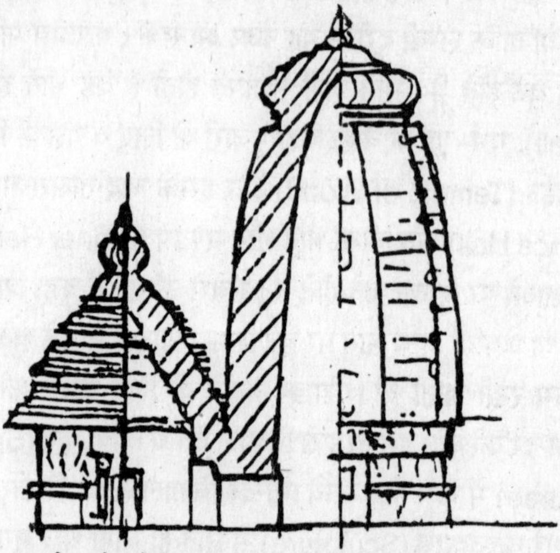

आधे कटे हुऐ शिखर का चित्र (Sectional View)

मुस्लिम सभ्यता में शिखर गोल गुम्बज नुमा (Bulbus Dom) आकार की मेहराब (Arch) पद्धति से बनाये गये जो, अन्दर से खाली व बाहर से सपाट प्लेन होते थे। ऊँचाई प्राप्त करने के लिए कई मस्जिदों में गोलाकार शंकुनुमा मीनारों का भी निर्माण हुआ ताकि मीनारों से नमाज की आयतें जनता में पहुँचाई जा सके। मीनारों व गुम्बज का मुख्य उद्धेश्य भी भवन की विशालता सुन्दरता का प्रदर्शन ही रहा।

"उगते हुए सूर्य की पहली किरण महलों पर पहले आती है और झोंपड़ी पर बाद में, शिखर भी पहले स्वयं प्रकाशित होते है और फिर भक्तों को आकर्षित करते है। शिखर से भव्यता उजागर होती है ताकि दूर से ही नजर आ जाए।"

-इन्जी.ओ.पी. माहेश्वरी

115 मूर्ति की दिशा पूर्वाभिमुख ही क्यों?

कहते है ईश्वर सर्व व्यापी है। फिर उनकी मूर्ति को केवल एक ही दिशा में क्यों स्थापित करते है? हिन्दू पद्धति में पूजा का समय ब्रह्मकाल से शुरू हो जाता है। इस पद्धति में एकाग्रचित्त होकर मन्दिर के गर्भ गृह के सामने बैठ कर पूजा हेतु मन में आराधना की जाती है। पूजा से उठने के लिए समय का निर्धारण सूर्योदय से होता है ताकि उदय होते हुए सूर्य की पहली किरण मूर्ति से परावर्तित होकर उपासक पर गिरे। प्राचीन काल में मन्दिरों के मुख एवं गर्भ गृह की दिशा पूर्व में ही रखते थे और **मन्दिर के गर्भ गृह पर एक खिड़की बनाई जाती थी। जिससे सूर्य की किरणें सबसे पहले मूर्ति पर आये यहाँ से परावर्तित होकर पूजा करने वाले भक्त पर पड़े।** आजकल इस खिड़की में भगवान गणेश को स्थापित कर दिया जाता है। जहाँ किरणों को परावर्तित करने वाली मूर्ति नहीं होती है वहाँ पूजा करने वाले के मुख पर पहली किरण पड़ने से भी उगते हुए सूर्य किरणों का लाभ लिया जा सकता है।

बौद्ध धर्म में भी बनने वाली गुफाओं में शिवलिंग की आकृतिनुमा गोलाकार स्तूप बना होता है और गुफा में द्वार पर बनी खिड़की से ही सबसे पहले रोशनी की किरण से गुफा प्रकाशमय होती है। प्रकाश की किरण जब स्तूप पर पड़ती है तो प्रकाश परावर्तित होकर गुफा में चारों ओर फैल जाता है, जिससे सूर्योदय का अनुभव उपासक को हो जाता है। सूर्य की रोशनी मन्दिर में चारों ओर फैल सके इसी को ध्यान में रखते हुए मन्दिरों के मुँख पूर्व दिशा में रखे गये। आज जब भौतिक सुविधायें बढ़ गई है बिजली के विकास से रोशनी पलक झपकते ही सम्भव हो गयी है। ऐसे में अब घर पर मूर्ति की दिशा देखने की बजाय, भगवान को अपने मन में बिठायें। यही सच्ची पूजा है।

"अनजान को समझाना आसान होता है परन्तु जो जानते हुए आदतवश अनजान है, उनको समझाना कठिन कार्य है।"

– इन्जी. ओ.पी. माहेश्वरी

116 क्यों दिखता है आकाश में इन्द्र धनुष (Rainbow)

हमारे यहाँ ऐसी धारणा है कि आकाश में इन्द्र धनुष दिखता है तो बारिश फिर आयेगी एवं तेज बारिश होगी और अगर बारिश नहीं हो रही है तो, मेंढ़क-मेंढ़की की शादी के टोटके किये जाते है और मानते है कि इनकी शादी के बाद खूब सारे मेंढ़क इकट्ठे होकर टर्र-टर्र की आवाजें निकालेंगे, इससे इन्द्र प्रसन्न होकर बारिश चालू कर देंगे। ऐसे ही आकाश में इन्द्र धनुष देखते ही मान बैठते है कि अब तो बहुत तेज बारिश आयेगी। मगर फिर बारिश आने के लिए इन्द्रधनुष का कोई सम्बन्ध नहीं है यह आकाश में पानी की बूंदे व सूर्य होने को सूचित करता है। सूर्य का सफेद प्रकाश, सात रंगों से मिलकर बना होता है सूर्य का प्रकाश जब किसी प्रिज़्म से गुजरता है तो हर रंग की अलग-अलग तंरग दैर्घ्य होने से वह सात रंगो में विभक्त हो जाता है। ये सात रंग बैंगनी (Violet), आसमानी (Indigo), नीला (Blue), हरा (Green), पीला (Yellow), नारंगी (Orrange) व लाल (Red) होते है, जिसे वैज्ञानिक **VIBGYOR** कहते हैं।

वर्षा के समय आकाश में पानी की बूंदें व नमी प्रिज़्म का काम करती है और सूर्य की किरणें जब इसमें से निकलती है तो किरणें सात रंगों में विभक्त होकर आकाश में धनुषाकार आकृति बनती है इसे ही इन्द्रधनुष कहते है। चूंकि प्रत्येक बूंद का आकार गोलाकार होता है इसलिए इन्द्रधनुष भी गोलाई लिए हुए धनुषाकार आकृति का बनता है यह सूर्य के ठीक सामने की दिशा में, आकाश में सात रंगों की आकृति होती है।

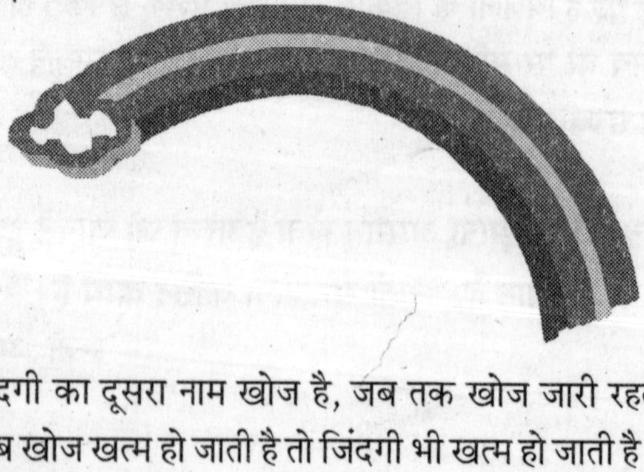

"जिंदगी का दूसरा नाम खोज है, जब तक खोज जारी रहती है, जिंदगी रहती है और जब खोज खत्म हो जाती है तो जिंदगी भी खत्म हो जाती है।"

– डॉ. चन्द्राः कामकला

117 मन्दिर की घंटियें क्यों बनती है अष्टधातु की ?

अष्ट यानि आठ धातु (Eight Metals) के मिश्रण से मन्दिर की घन्टियों का निर्माण होता रहा है। जिसमें तांबा (कॉपर), जस्ता (जिंक), सीसा (लैड़), लोहा (आयरन), पारद (मरकरी), चांदी (सिल्वर), कांसी (टिन), स्वर्ण आदि का मिश्रण होता है। घन्टी ऐसी होनी चाहिये कि उसकी आवाज कानों को सुहावनी लगे, लम्बी आयु तक उस पर जंग न आये व कीमत में सस्ती भी हो।

तांबा, कांसी व चांदी जो अच्छी चालक धातुएँ होती है पर जब कम्पन करते है तो आवाज बहुत दूरी तक जाती है क्योंकि इनकी तरंगों की फ्रिक्वैन्सी (तरंगदैर्घ्य) अधिक होती है। जबकि जस्ता (जिंक) व पारद में कम्पन बहुत कम होता है, लोहा कीमत कम करने का काम करता है। जस्ता व सीसा मिलकर बनने वाली धातु पर जंग नहीं लगता है अतः इन धातुओं का मिश्र धातु बनाकर उपयोग किया गया ताकि मधुर आवाज लम्बी दूरी तक पहुँच सके। आज भी बड़े-बड़े घण्टे मन्दिरों में इसी अष्ट धातु के बनते हैं इनके पीछे ऊपर बताई गई बात का तर्क ही रहा होगा।

अष्ट धातु के उपलब्धि के सम्बन्ध में शोध कर्ता एस. डी. व्यास जोधपुर डिस्कॉम के अनुसार हमारे यहाँ फैले विशाल रेगिस्तान से लौह अयस्क को इकट्ठा कर क्षारीय पदार्थ के साथ जब गर्म कर पिघलाते है तो उनमें ऊपर बताये गये ये सभी धातुओं का मिश्रण मिल जाता है। इस धातु के पिघले हुआ मिश्रण से घण्टियें, मूर्तियें आदि बनाने की प्रथा है। इस तरह बनी घन्टी की आवाज बड़ी सुरीली होती है।

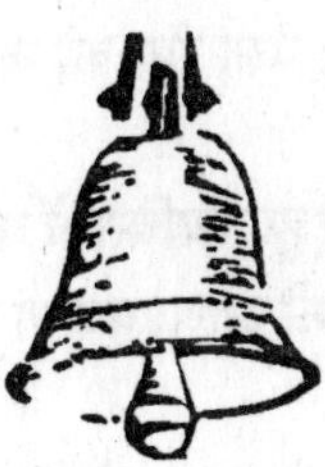

"दुनिया जानती है कि भारत सोने की चिड़िया था, धातु विज्ञान का ज्ञान हमारे पूर्वजों को था, तभी तो लौह स्तम्भ, अशोक स्तम्भ, मन्दिर की घंटियें, मूर्तियाँ आदि का निर्माण सर्वप्रथम यहां हुआ।"

– इंजी. ओ.पी. माहेश्वरी

118 क्या दान, भीख देते रहना चाहिये?

ईश्वर की प्रार्थना तो बहुत लोग करते है मगर वह उन्हीं लोगों की सहायता करता है जो पात्रता रखते हैं। जरूरतमन्द की सहायता करना हमारी संस्कृति का हिस्सा है जो उचित भी है क्योंकि इससे यह सोच उत्पन्न होती है कि हम स्वयं के लिए ही नहीं जीते है, हम भी समाज में कुछ कर रहे हैं। इसका मतलब यह भी नहीं कि हृष्ट पुष्ट व्यक्ति जो काम करने से जी चुराता हो, ऐसे व्यक्ति जिन्होंने अपनी आजीविका ही मांग कर खाने की बना दी हो उसे आप भीख देकर उनकी आदतें और खराब कर दें। क्योंकि जब मांगने से किसी को अपने शिकंजे में लेकर उससे कुछ हासिल हो जाये तो क्यों मेहनत कर पसीना बहाया जाये? जब कोई व्यक्ति बिना कार्य किये हुए ही पाता है तो वह उसका भाग्य नहीं, भीख ही होती है। ऐसे व्यक्ति जब स्वयं का उद्धार नहीं कर सकते तो देश को क्या दे सकते है? देश की किस उन्नति में अपना योगदान देते है? अतः लालची, कर्महीन व पाखण्डी व्यक्ति को भीख देकर हमारी संस्कृति को गलत राह पर जाने से आप भी बचायें। इस दुनिया में आज तक मांगने वाले को सम्मान नहीं दिया है। मांगने वाला हमेशा छोटा ही रहेगा व देने वाला सम्मानीय ही रहेगा।आप दान नहीं, सहयोग दें, धन से, मन से, तन से और अपने कर्म से, ताकि असहाय व्यक्ति आगे बढ़ सकें। हो सके तो मानव का मानव के प्रति सहयोग करें पर लाचार, मजबूर व बीमार लोगों को। आप प्रकृति के द्वारा उत्पन्न पेड़ पौधों की रक्षा करें। प्रकृति द्वारा दिये गये सभी जीव-जन्तु की रक्षा हेतु आपका दान होना चाहिये क्योंकि प्रकृति है तो हमारा आज और कल है।

"मानव और मानवता का मापदण्ड धन नहीं, मानव की योग्यता है, धन से मानव खरीदा जा सकता है, मानव की आत्मा नहीं।"

– हरि अग्रवाल : पैसा रोग की जड़

"सब से उत्तम दानी वे है, जो अपने संपर्क में आए हुए व्यक्तियों को इस योग्य बना दे कि उन्हें जीवन में कभी दानदक्षिणा लेने की आवश्यकता न पड़े।"

–भगवती प्रसाद वाजपेयी : टूटते बंधन

119 क्यों डरते है ग्रन्थ महाभारत को अपने घर में रखने से?

महाभारत, गीता और रामचरित मानस हमारे तीन मुख्य ग्रंथ है। जिसमें जीवन की हर कड़ी को समझाया गया है। हमारे जीवन का आनंद, संपूर्णता और सफलता का तौल भी इन्हीं घटनाओं से किया जाता है। 'महाभारत' हमें बताती है कि हमारा जीवन कैसा है। यह एक प्रकार से हमारे जीवन का आंतरिक वृतियों और बाह्य परिस्थितियों का विवरण है। जीवन में जो प्रसंग हो सकते है, वे महाभारत में चिन्हित है। इसमें यह बताया है कि जीवन क्या है। जबकि 'रामचरितमानस' महाभारत के बिल्कुल विपरीत है जिसमें आदर्श जीवन की परिकल्पना है। 'भगवद्गीता' हमें लक्ष्य को पाने का रास्ता बताती है। मगर हमारे जीवन की विडंबना यह है कि हम महाभारत के यथार्थवाद से इतना घबरा गये कि उसे घर में रखना ही निषिद्ध कर दिया। गीता जो जीवन का गीत है उसे बाल्यावस्था में सुनाया जाना चाहिये जबकि यह जीवन के अंत का काव्य बन गया है। महाभारत को जीवन के संग्राम से जोड़ दिया गया है क्योंकि इस ग्रंथ में सफलता पाने के लिए कूटनीति, अनीति, दुराचरण और भाई-भाई में कड़वाहट को पात्रों के मध्य दर्शाया गया। इस ग्रंथ की शिक्षा की बजाय पात्रों के आचरण को हम हमारे जीवन में ना उतार ले इसी डर से घर के वातावरण से इसे दूर रखने की धारणा कुछ लोगों ने बना ली है। **जबकि इसी ग्रन्थ में 'जीवन में क्या सही है' का सन्देश भी छुपा है** ऐसे ग्रन्थ से दूरी करके, आई हुई विपदा से लड़ने की बजाय आँख बन्द कर बैठने की प्रवृति है। टी.वी. में आये महाभारत सीरियल को सभी घर में देखते है मगर ग्रन्थ को घर में रखने से अधिकतर लोग घबराते हैं। रामचरितमानस के आदर्शवाद तो हर घर में प्रचलित हो गये, मगर जीवन की यर्थाथता से आँखें बन्द कर देना भी सही नहीं है।

" जाग्रत रहना कर्मण्यता का प्रतीक है
आपकी सूझ-बूझ ही इसका आधार है"
-इंजी. ओ.पी. माहेश्वरी

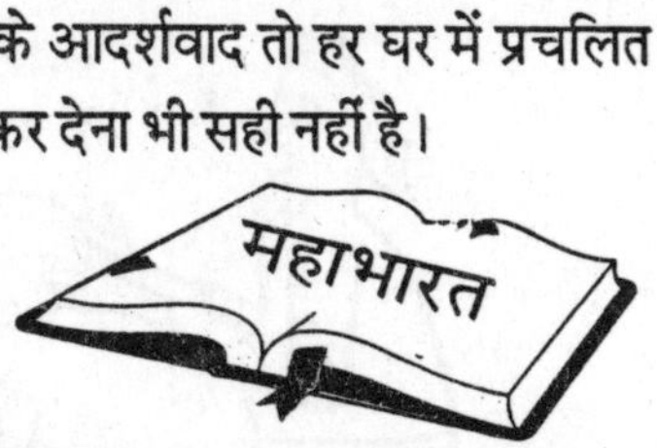

"वास्तव में इन्सान जो कुछ किसी में देखता है , यह वह नहीं होता जो वह देख रहा होता है, यह वह होता है जो वह देखना चाहता है।"

-अमृता प्रीतमः एक लड़की एक शाप

120 सूर्य अर्घ्य के लाभ

वैज्ञानिक कहते है कि करोड़ों वर्ष पहले पृथ्वी भी उष्मा का गोला थी जिसके ठण्डा होने से प्रकृति के तत्व बने। जिस तरह चुम्बक लौहे को खिंचता है वैसे ही एक गृह दूसरे गृह को खिंचते है जिससे गति बनती है इसी गति का नाम प्रकृति है। इसी गति से दिन-रात होते हैं विज्ञान के अनुसार ऑक्सीजन व हाईड्रोजन तत्व है जिनके मिलने से पानी का निर्माण होता है ऐसे ही कई सारे तत्वों के मिलने से नये तत्व (योगिक) बनते है। सारा ब्रह्माण्ड एवं संसार इन तत्वों से बना है। जिसको प्रकृति अथवा माया भी कहते है ये ही तत्व (योगिक) आकाश,वायु,अग्नि,जल तथा पृथ्वी है। जब सूर्य नमस्कार करते हैं तो अग्नि रूपी सूर्य को शुद्ध वातावरण में नंगे पांव भूमि पर खड़े होकर जल को अर्पित कर नमन करते है और अपने को प्रकृति से जोड़ देते है। सूर्य की किरणों में इन्फ्रारैड किरणें होती है, जो किसी वस्तु को गर्म करने का कार्य भी करती है। इसकी मात्रा लगभग एक तिहाई होती है प्रभातकाल में जब सूर्य उदय होता है तब इसकी मात्रा बहुत कम होती है और ये किरणें जब आँखों पर पड़ती है तो आँखों की दृष्टि बढ़ती है और शरीर में भी ऊर्जा का संचार होता है उदय होते हुऐ सूर्य से आँखों पर चमक बहुत कम होती है हमारी आँखे वैज्ञानिक भाषा में 4000 लक्स (चमक नापने की यूनिट) से अधिक रोशनी सहन नहीं कर पाती है। इसी को ध्यान में रखकर पौराणिक काल (Ancient Time) से उगते हुऐ सूर्य

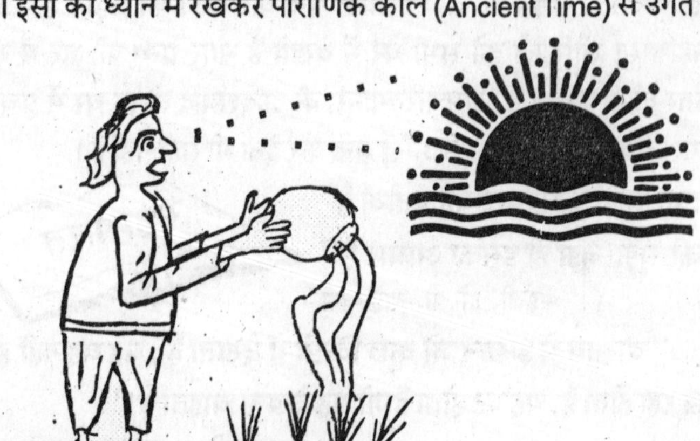

की पूजा की जाती है। इस हेतु पानी को सूर्य की रोशनी में गिराते हुए आँखों से सूर्य को कुछ समय देखा जाता है जो स्वास्थ्य के लिए हितकर है। दोपहर को सूर्य जब चरम ऊँचाई पर पहुंच जाता है तब इसकी किरणों में गर्मी बढ़ जाती है जिसे नंगी आँखों से देखना अहितकर रहता है। पानी को इस तरह से भी गिराया जा सकता कि वह बहकर घास में या सीधा गमले में गिरे ताकि पानी का दुरूपयोग भी न हो। सूर्य के प्रकाश में हानिकारक जीवाणुओं को नाश करने की शक्ति होती है और स्वाइन फ्लू जैसे वायरस को भी नष्ट कर देता है। सूर्य की किरणों से शरीर के कई रोग मिटते है शरीर में विटामिन 'डी' के निर्माण के साथ ही सूर्य किरणों का सेवन बनाये रखने वालो में मधुमेह रोग के प्रति भी प्रतिरोधकता बढ़ती है। मन को खुशगवार बनाने वाले हार्मोन सेरोटोनिन के निर्माण का ताल्लुक भी सूर्य की किरणों से होता है, अतः सुबह व शाम की हल्की किरणों का जीवन में आनंद लेते रहना चाहिये। सूर्य नमस्कार (सूर्योपासना) प्रकाश रूपी पियानो पर सूर्य का संगीत है। प्रकाश जब आता है तो शरीर में ऊर्जा का संचरण करता है और दिन के उजाले के साथ जीवन में स्फूर्ति का संचार करता है जो जीवन के अंधकार को भगाता है।

सूर्य अर्घ्य (जल देना)के लिए सुबह जल्दी उठना होता है। स्नानादि के बाद पवित्री धारण कर पूर्वाभिमुख हो ताम्बे के पात्र में जल लेकर उसमें चन्दन, कुमकुम और लाल फूल डाले जाते है। अर्घ्य देते समय दोनों पैरों का अग्रभाग बराबर कर एड़ी को उठाते हुऐ खड़े रहकर, आँखें खुली रखकर भगवान सूर्य को जल अर्पण के साथ सूर्य के विभिन्न नामों का, श्लोकों में उच्चारण करने का विधान होता है। जो स्वास्थ्य एवं दिनचर्या के लिए बहुत ही उचित रहता है ऐसे व्यक्ति हमेशा हर कार्य में अग्रणी एवं स्वस्थ रहते है। अतः सूर्य नमस्कार करने की आदत अच्छी आदत है।

"भाग्य का निर्माता मनुष्य स्वयं है, जैसे मनुष्य के कर्म होंगे, वैसा ही उसका भाग्य होगा। अकर्मण्य और आलसी प्राणी जिसे भाग्य कहता है, कर्मशील और उद्यमी उसी को कर्म की संज्ञा से अभिहित करता है। व्यक्ति का उत्थान पतन उसके उचित और अनुचित कर्मों पर निर्भर है, न कि उस के भाग्य पर।"

–बाल्मीकी त्रिपाठी: जय विजय

121 बनाये रखें अच्छी मर्यादा

अच्छी मर्यादाऐं हमारे सामाजिक जीवन में महक की तरह होती है, जिसकी सुगंध से सम्पूर्ण समाज अच्छा समाज बना रहता है, व्यक्ति के स्वस्थ रहने से, अच्छे विचारों के साथ जीने से, प्रकृति से संबंध स्थापित करके जागृत रहकर हम अपने जीवन में चमक बना सकते है। चमक (Chamak) यानि अच्छी मर्यादाऐं।

चमक (Chamak) यानि :-

C- Character - अच्छे चरित्र निर्माण से

H- Habits - अच्छे आदतों के निर्माण से

A- Affinity - अच्छे संबन्धों के निर्माण से

M- Morality - नैतिकता के निर्माण से

A- Awakening - जागृति के निर्माण से

K- Knock - कुशलता के निर्माण से

आधुनिक समय में हम अपनी मर्यादाओं की सीमाओं को लांघते जा रहे है। जो कार्य गलत है वह चाहे छोटा हो या बड़ा, गलत ही कहा जायेगा। छोटी-छोटी गलत बातों को बार-बार करने से ही हमारा हौंसला अन्यायसंगत कार्य को भी न्याय संगत बता देता है। हम भूल जाते है अपने समाज को परिवार को और वो सब कर बैठते है जिसकी हमारी संस्कृति इजाज़त नहीं देती।

भगवान राम को हम मर्यादा (Dignity) पुरूषोत्तम के नाम से जानते है क्योंकि उन्होंने समाज की मर्यादाओं को लांघने की कोशिश नहीं की। इनके कार्य राज्य हित में थे, समाज को रास्ता बताने के थे ताकि एक सुव्यवस्थित व्यवस्था समाज में बनी रह सके। इनके अच्छे मर्यादामय कार्यो के कारण ही इन्हें भगवान मानकर पूजा जाता है। वही अमर्यादित (Undignified) कार्य करने वालों को समाज ने तिरस्कार किया। ताकतवर व ज्ञानी रावण को अपने अमर्यादामय कार्यो के कारण ही राक्षस की श्रेणी में मानकर दशहरा पर जलाकर पापों का नाश करते है।

मर्यादायें बनती है प्रकृति से। प्रकृति यानि आस-पास का वातावरण और आदमी का स्वभाव। अगर हम प्रकृति के नियमों का पालन कर, प्रकृति के सांनिध्य में अपने भावों पर विजय पा ले तो हम भी मर्यादित हो सकते है। प्रकृति हमें हर कार्य को सही समय पर करने के लिए विवश करती है। मगर हम उस विवशता को भूल

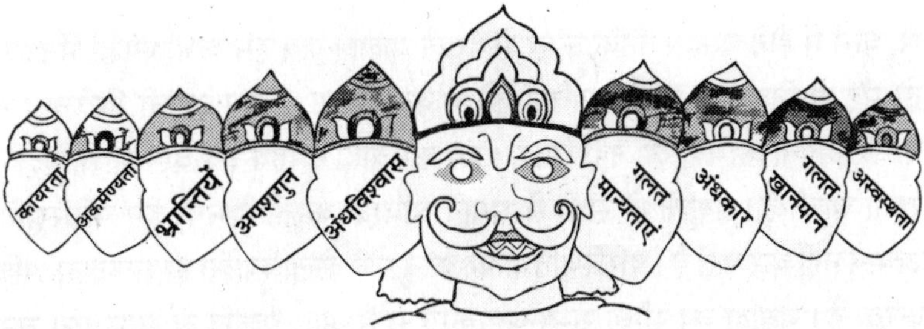

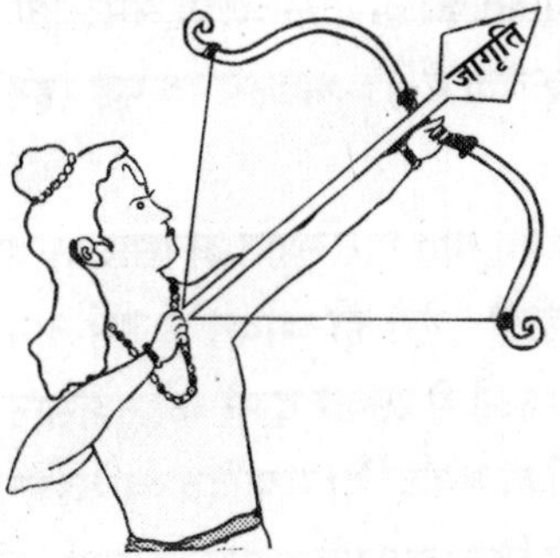

ज्ञानरुपी धनुष धारण कर तुम बनो अब राम, जागृति की सोच से होगा इस रावण का नाश

– इन्जी.ओ.पी. माहेश्वरी

कर अपनी अलग से सीमायें बना देते है जैसे रात्रि सोने के लिए और वर्क आउट के लिए दिन का समय होता है। अगर रात्रि में जागते रहेंगे, दिन में सोते रहेंगे तो हमारा स्वास्थ्य कभी अच्छा नहीं रह सकता।

जब स्वास्थ्य अच्छा नहीं होगा तो आपके कार्य पूर्ण रूचि के साथ नहीं होंगे। आपके मस्तिष्क में ज्ञान व वैज्ञानिक पहलुओं की सोच नहीं जागृत होगी। जो कर रहे हो उसी को पूर्ण मान बैठोगे ऐसे में आप बहुत अधिक सफल नहीं होंगे, हाँ अपना काम–येन–केन प्रकारेण तो चला लेंगे मगर शिखर पर पहुँचने के लिए नियमितता जरूरी है। इसी नियमितता से बनती है समय की पाबंदी। समय पर दिनचर्या के कार्य हो, ऐसे नहीं कि शौच से सुबह की जगह शाम को निवृत्त हो रहे है, उठने का कार्य सूर्योदय से पुर्व की बजाय सुबह 10 बजे हो रहा है आदि। जो व्यक्ति लेट उठते है वो हर जगह देरी से ही लेट लतीफ पहुँचते है अतः ऐसे लोग कार्य में अग्रणी न होकर पिछलग्गू बने रहते हैं। हर व्यक्ति की अपनी अलग से पंहुच (सीमाऐं) होती है। कुछ व्यक्ति दूसरे ग्रहों पर जाकर आ जाते है तो कुछ कुएं की मेंढक की तरह अपने पुराने विचारों से ही बाहर नहीं निकल पाते है। जहाँ तक जो नहीं पहुँच पाता है उस सीमा को हम भगवान पर छोड़ देते है, भगवान हमारे व्यवहार

में, कर्म में होने चाहिये न कि ऊपर से देखने वाला। जब हम कभी स्पर्द्धा में हारते है तो मुँह से निकलता है, हे भगवान तूने ये क्या किया ? हम अपनी विवेचना नहीं करते, अपनी कमियों को नहीं देखते। हम कर्मवादी न रहकर केवल आशावादी बने रहना चाहते है। प्रकृति तो सभी से समान व्यवहार करती है मगर हम परिस्थितियां उत्पन्न नहीं कर पाते है। परिस्थितियों पर काबू पाने वाला व्यक्ति ही सफलता अर्जित करता है। मर्यादा का सीधा सम्बन्ध प्रकृति से है अतः प्रकृति से सामंजस्य बनाये तभी आपके कार्य मर्यादित रह सकते है। हर व्यक्ति की अलग-अलग समस्यायें है, आदतें है और इनका निराकरण भी आपकी सक्रियता में है। आलस्यमय पड़े रहने से कोई समस्या का निदान नहीं होगा।

जिस तरह से वाहन चालक को वाहन की गति परिस्थिति अनुसार अधिक और कम रखनी होती है अन्यथा दुर्घटना ही होगी। ऐसे ही जीवन में हमें अपनी सीमाओं का ध्यान रखना होता है ताकि हम सीमाओं में रहकर दूसरे को नुकसान न पहुचायें एवं स्वयं का भी नुकसान न हो। सीमायें ही मर्यादा है। मर्यादित व्यक्ति बनने के लिए एक और पहलू जरूरी है वह है आप की निडरता यानि भय मुक्त कार्य, और भय मुक्त रहने के लिए जरूरी है ज्ञान-विज्ञान क्योंकि इनकी जानकारी न होने से हम 'यूं' ही भय ग्रस्त रहते है और गलत धारणाओं को मानकर कई गलत कार्य करते रहते है। **अतः ज्ञान को धारण कर अज्ञानता को मिटाने में ही सच्ची मर्यादा है।**

मर्यादाओं को हम साधारण चार भागों में बांट सकते है।

1. **नीतिमय कार्य** – अनैतिक कार्यो से बचाव व अच्छे कार्यो को प्रोत्साहन
2. **सामाजिक सम्बन्ध** – सम्बन्धों में घनिष्टता
3. **सर्व विकास भाव, सोच** – आपकी सोच में सबका अच्छा हो
4. **रहने का ढंग** – वो कार्य जो समाज को, संस्कृति को गलत मार्ग पर ले जाये उनसे बचें। ऐसे प्रदर्शन न करें जिसकी समाज में मान्यता नहीं हो।

अच्छी मर्यादायें (Dignity) क्या हो सकती है-

वो कार्य जिनसे परिवार का, समाज का व देश का भला हों वे मर्यादित कार्य कहे जा सकते है जैसे:

1. एक दूसरे का सहयोग (Assistance) करना।
2. एक दूसरे को महत्व (Importance) देना।

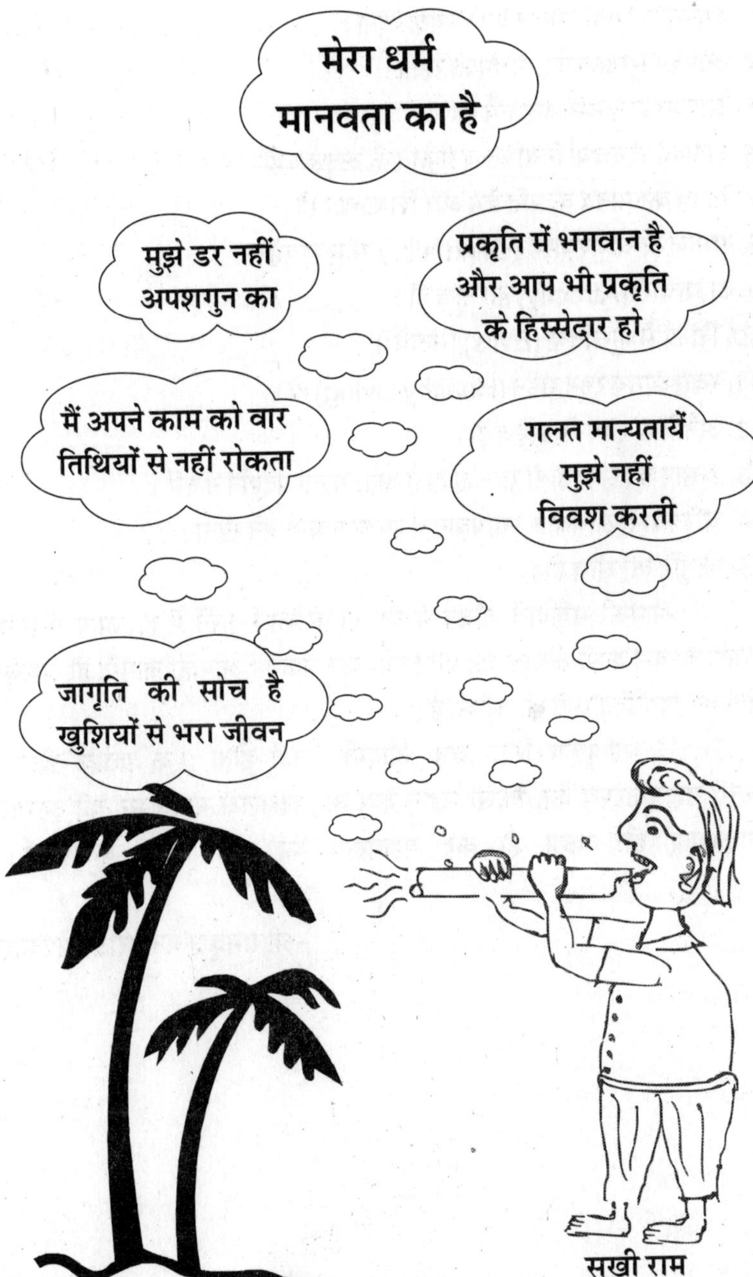
मेरा धर्म
मानवता का है
मुझे डर नहीं
अपशगुन का
प्रकृति में भगवान है
और आप भी प्रकृति
के हिस्सेदार हो
मैं अपने काम को वार
तिथियों से नहीं रोकता
गलत मान्यतायें
मुझे नहीं
विवश करती
जागृति की सोच है
खुशियों से भरा जीवन
सुखी राम

3. आपके त्याग से समाज को फायदा देना।
4. आपका सुरक्षात्मक, भयमुक्त रहना।
5. आपका ज्ञान समाजहित में हो।
6. आपकी दिनचर्या नियमित व प्रकृति के अनुरूप हो।
7. मानव का मानव के प्रति प्रेम और शिष्टाचार हो।
8. समाज अन्धविश्वासों (Blindfaith) से मुक्त रहे।
9. अत्याचारों (Atrocity) का नाश हो।
10. शिक्षा से कुरीतियाँ (Evils) मिटायें।
11. स्वास्थ्यमय रहन सहन (Healthy Living) हो।
12. अनैतिक कार्य से परहेज हो।
13. इन्सान को सभ्यता से रहना होता है अतः गलत प्रदर्शन न करें।
14. चरित्रवान, सत्यवान, न्यायवान व समय पाबन्द बने रहना।
15. जागृति की सोच हो।

आपकी मर्यादायें जीवन में श्रेष्ठता के कार्य करने में हो, आप भीड़ का हिस्सा बनकर कभी श्रेष्ठता को प्राप्त नहीं कर सकते। आपकी जागृति ही श्रेष्ठतम जीने का, मर्यादित रहने का तरीका है।

"महापुरूष सिर्फ बड़ा आदमी नहीं होता, एक प्रतीक होता है किसी महान् उद्देश्य का, किसी महान् कर्म का, लक्षलक्ष मानव मन की आशाएं, आकांक्षाएं ही एकत्र हो कर महापुरूष का रूप धारण करती है।"

–श्री रामवृक्ष बेनीपुरीः जयप्रकाश

अन्धविश्वास
(Orthodox)

122 मुहूर्त पर ही कार्य क्यों ?

123 निमन्त्रण पत्र लाल स्याही में ही क्यों ?

124 क्या शक्ल भी मनहूस होती है ?

125 जीते है हम पुरानी यादों में।

126 क्या किसी खास व्यक्ति के याद करने पर हिचकी आती है ?

127 क्या गंजे व्यक्ति महान् होते है ?

128 ताबीज व रत्नों से पीड़ा हरण !

129 क्या शिखा ऊर्जावाहिनी है ?

130 नैनों में काजल लगाना कितना उचित है ?

131 क्या भूत-प्रेत होते है ?

132 क्यों लगती है नज़र ?

122 मुहूर्त पर ही कार्य क्यों ?

किसी भी कार्य को सम्पन्न करने के लिए ऐसे समय का निर्धारण करना होता है ताकि वह कार्य सफलता के साथ सम्पन्न हो जाये। इस हेतु कार्य योजना बनानी होती है और कार्य योजना के लिए समय सारणी बनाकर कार्य करना होता है ताकि उस निर्धारित समय तक उस कार्य से सम्बन्धित सभी तैयारियाँ हो जाये। इसी को ध्यान में रखकर ज्योतिष विद्या का उपयोग किया गया ताकि प्राकृतिक बाधाओं से जूझना न पड़े। ज्योतिष यानि ज्योति दिखलाना।

मगर दुःख की बात यह है कि ज्योतिष विद्या जानने वाले बहुत कम लोग है और अपना स्वार्थ सिद्ध करने वाले बहुत होते है। हमारे ग्रन्थों में मुहूर्त का मतलब होता है- क्षण, यानी कि पल, यानी लम्हा, यानी कि मोमेन्ट (Moment), इसी तरह संस्कृत में क्षण का अर्थ, उत्सव होता है। इसका मतलब यह हुआ कि हम क्षण में रहना शुरू कर दें, यदि हम लम्हों में जीना शुरू कर दे तो हमारी जिन्दगी उत्सवों का सिलसिला बन जायेगी। आप अपने कार्य को सम्पन्न करने हेतु स्थान, तिथि, सामग्री, मशीनरी व अन्य आवश्यक सुविधाओं का निर्धारण कर लें ताकि आप द्वारा तय समय पर वह कार्य सुचारू रूप से सम्पन्न हो सके। आपकी सोच में अगर सकारात्मकता है तो कोई भी नक्षत्र आपके काम में बाधा नहीं बन सकता। जिस व्यक्ति ने समय को पूंजी मानकर उपयोग किया वह व्यक्ति महान् बना और जिसने समय को बर्बाद किया उसे अपनी जिन्दगी में पछतावे के अलावा कुछ नहीं मिला। समय को हमारे यहाँ काल कहा गया है काल यानी मृत्यु जिससे कोई नहीं बच पाया। भूतकाल से सबक ले, वर्तमान काल में उसे कार्य रूप दें ताकि भविष्य काल तक लाभ मिलता रहे। इसीलिए कबीरदास जी ने कहा था कि-

काल करे सो आज कर, आज करे सो अब।
पल में परलय होयगि, बहुरि करैगो कब।

मुहूर्त पर ही कार्य करने वाले एक परिवार की सच्ची घटना का जिक्र कर रहा हूँ। एक परिवार ने मुहूर्त पूछ कर व्यापार में बहुत धन अर्जित किया और उनके सभी भक्त बन गये। एक बार एक भाई की तबियत बहुत अधिक खराब हो गई क्योंकि उसको दिल का दौरा पड़ गया। दूसरे भाई ने घर के पण्डित जी को अस्पताल

ले जाने के लिए शुभ मुहूर्त पूछा तो पण्डित जी ने दो घन्टे बाद का ही शुभ मुहूर्त बता दिया, इस दौरान बड़े भाई की तबियत बिगड़ती गई और दो घन्टे के भीतर ही 'हार्ट अटैक' (हृदय घात) से स्वर्गवास हो गया। अस्पताल जो कि घर से 200 मीटर की ही दूरी पर था मगर अस्पताल ले जाने की शुभ घड़ी के इन्तजार में घर के एक सदस्य को खोना पड़ा। इस सम्बन्ध में जब उन्हीं पण्डित जी से पुनः बात की गई तो उन्होने बताया कि इनका इन्तकाल चौघड़िये के हिसाब से शुभ घड़ी में हुआ है अतः इनका तो परलोक भी सुधर गया यानि चित व पुट दोनों ही क्रिया में अपनी बात सही मानते है। अतः इस तरह अपनी गलत सूझबूझ का उपयोग करके अन्ध भक्त होकर किये गये कार्य से हानि ही उठानी पड़ेगी। अगर समय पर इलाज मिल जाता तो इस प्रकार से पारिवारिक सदस्य की हानि नहीं उठानी पड़ती। सही काम के लिए रूकना, अवसर को खोना है, सांस रूकती है, चाहे हवा रुकती है। इस में मौत ही होती है। जीवन का नाम तो गति में है, भाग्य व मुहूर्त के भरोसे रहना जीवन को नरकमय बनाना है।

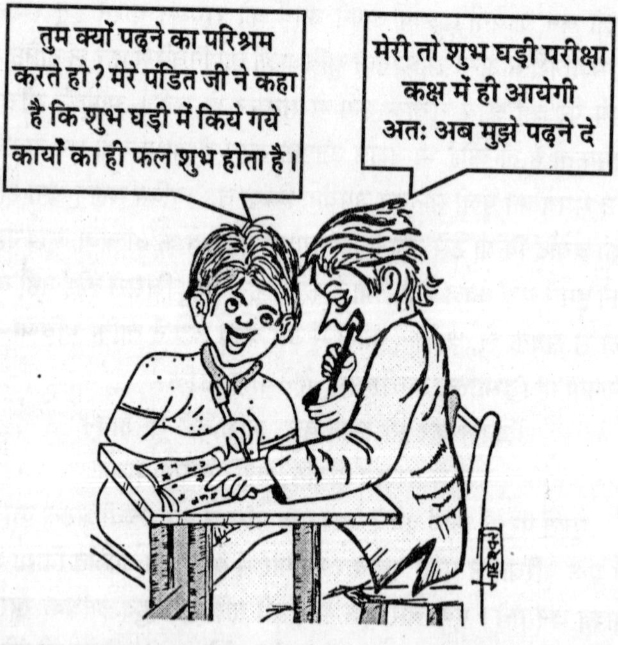

इसीलिए सफल व्यक्तियों ने कभी भी काम को कल पर नहीं टाला। काम

का आंकलन जरूर करें, प्राथमिकतायें तय करें और एक-एक पल का उपयोग आपको सफलता की ओर ले जायेगा। मुहूर्त के भरोसे बैठने वाले जिन्दगी में हाथ मलते ही रह जाते है। समय की घड़ी कभी पीछे नहीं चलती, यदि हमने समय के साथ चलना नहीं सीखा तो समय हमें छोड़कर आगे निकल जाएगा, इसे आजमा कर एवं परख कर देखें।

मुहूर्त और पांखडियों के चक्कर में रहने की बजाय कार्य योजना बनायें। कठिन परिश्रम और संघर्ष से आप उसे सफल बना सकते है क्योंकि जिन्दगी में सबसे बड़े कार्य जन्म और मृत्यु ही जब मुहूर्त से नहीं होते है, ये कार्य किसी भी क्षण हो जाते है तो क्यों हम मनुष्यकृत मुहूर्त में उलझें ?

मत ढूंढ़ो अपने भाग्य को हाथ की रेखाओं और इन्सान की बनाई कुण्डली में, हाथ आगे बढ़ाओ अपने कर्म में; और सफलतापूर्वक किया गया कर्म ही शुभ मुहूर्त है।

सुर न देखे टिपणौ,
बाज न देखे शगुन,
बरस पड़े जो शत्रुओं पर,
जंग वो जीतकर आये,
बैठे जो शगुन की बाट में,
हाथ आए अवसर वो गवायें,

"दुनिया उनको कभी सफल नहीं मानती, जो समय-समय पर केवल सोच लिया करते है कि अगर मैं उस मार्ग से चलता, अमुक साधनों और यत्नों का सहारा ग्रहण करता तो सफलता मेरे कदम चूमने को मजबूर हो जाती। यह दुनिया तो सफल उसी को मानती है जो कृतकार्य हो कर उसे यह दिखला देता है कि इस भांति सफलता प्राप्त की जाती है।"

-भगवती प्रसाद वाजपेयी: राजपथ

123 निमंत्रण पत्र लाल स्याही में ही क्यों?

विवाह कार्यक्रम की सूचना हो या किसी मुहूर्त पर बुलाने का न्यौता, इस हेतु निमन्त्रण पत्र (Invitation Card) भेजा जाता है। निमन्त्रण पत्र की लिखावट हमेशा लाल अक्षरों में ही रखने की प्रथा बन गई है क्योंकि पहला निमन्त्रण पत्र भी गणेश जी के नाम ही बनाया जाता है। ईश्वर की पूजा करके लाल कुम-कुम छीटें निमन्त्रण पत्र पर डाले जाते है।

सूर्य एवं अग्नि जिनकी प्रकृति गर्म और उत्तेजक होती है। उन का रंग भी लाल ही माना गया है जबकि आकाश एवं पानी जिनकी प्रकृति शीतल और शान्त मानी गई है, इन का रंग नीला माना गया है अतः नीले रंग के उपयोग में भी कोई बुराई नहीं है। लिखावट तो वो होनी चाहिये जिसे आसानी से पढ़ा व समझा जा सके। व्यापारियों द्वारा बही खाते की पूजा करते समय बही खाते की बही (कॉपी) में कुंकुम, जो लाल रंग का होता है, से स्वस्तिक का निशान बनाया जाता है। साथ ही कुंकुम से शब्द 'शुभ-लाभ' लिखा जाता है। पूजा के लिए 'श्री गणेशाय नमः आदि शब्द भी लाल रंग से लिखने की प्रथा रही है। इसी तरह क्षत्रिय लोगों में बलि चढ़ाकर खून के लाल टीके से तिलक करने की प्रथा रही है। मगर बही खाते की अन्य सभी प्रविष्टियों (Entries) को अन्य स्याही से ही करते है। चूंकि निमन्त्रण पत्र में भी सर्व प्रथम 'गणेशाय नमः' आदि लिखने की प्रथा है। अतः इसी को ध्यान रखकर निमन्त्रण पत्र से भी लाल रंग में लिखने की प्रथा बन गई है। अन्य लिखावट अन्य रंग की स्याही से, हाथ से लिखने की थी, मगर समय के साथ निमन्त्रण पत्र अब हाथ से लिखने की बजाय मशीन से छपाई होने लग गये है। अब अगर छपाई दो रंग में होगी तो व्यय भी अधिक होगा, इसी को ध्यान रखकर पूरा निमन्त्रण पत्र लाल स्याही के उपयोग से छपने लग गया।

यह एक पूजा की आस्था का विषय है मगर इस रूढ़िवादिता में न जायें कि निमन्त्रण पत्र की लिखावट अगर लाल नहीं हुई तो अपशगुन हो जायेगा। अब जब अधिकतर कार्य कम्प्यूटर से होने लग गये है तब लाल अक्षरों में, हाथों से लिखने का कतई तुक नहीं है। आजकल तो लिखावट सुनहरे, चमकीले, उभरे, मल्टिकलर, हरे पीले सभी रंगो में सम्भव है। अतः अपने को केवल लाल रंग तक ही सीमित न रखें एवं इस छोटी -सी बात में न उलझें।

''सन्देश पत्र में प्रेम छुपा होता है जो आपको भावी कार्यक्रमों में आमन्त्रित करता है। वर्तमान में ऐसे कई माध्यम है अतः बुलाने वाले के भाव देखें, छपाई की स्याही नहीं''

-इन्जी. ओ.पी. माहेश्वरी

124 क्या शक्ल भी मनहूस होती है?

कमजोर व्यक्ति जब अपना कार्य पूर्ण नहीं कर पाता है तो अपनी कमजोरी को दूसरे पर डालने के लिए प्रायः यह कह देता है कि आज मैंने सुबह-सुबह ''एक्स'' का मुँह देखा इसलिए मेरे कार्य नहीं हो रहे है, मगर ऐसा नहीं है। काम होना या न होना आप की क्षमता, आपकी सूझबूझ, परिस्थितियों एवं मिलने वाले अवसर पर निर्भर करता है। सफल व्यक्ति कार्य को नहीं कर पाने के पीछे स्वयं की क्षमताओं का आंकलन करते हैं एवं अपनी कमजोरियों पर ध्यान देकर सफलता के लिए फिर कोशिश करते हैं और सफल भी होते है।

नाक-नक्श, रंग-रूप से कोई भी मनहूस (Abominable) नहीं होता है। यह स्वयं की सोच है, और जो जैसा सोचता है उसे धीरे-धीरे वैसा ही नज़र आने लग जाता है। ईसाई धर्म में बताया कि ईश्वर ने मनुष्य को अपनी ही शक्ल प्रदान की है। जैसे ही यह विचार हमारे भीतर उतरता है, एक ऊर्जा महसूस होती है। हम सब जब एक ही परमात्मा की संताने है तो शक्ल अच्छा बुरी होने का भाव ही पैदा नहीं होना चाहिये, बल्कि व्यक्ति की सोच पर ध्यान जाना चाहिये। क्योंकि असली सुंदरता तो व्यक्ति की सोच होती है। अपनी सोच भूतकाल की घटनाओं से बनती है। मन में असुरक्षा की भावना विगत के असंतोष, वर्तमान का भ्रम और भविष्य के प्रति अविश्वास का भाव होने से बनती है। **हमारे विचार हमारे लिए 'एनर्जी हाऊस' होते है। अगर मस्तिष्क में अच्छे विचार आयेंगे तो खराब से खराब चीज भी अच्छी लगने लग जायेगी।** आप अपने पर ही लेकर देखें। जब आप उदास, निराश व हारे हुऐ होते हैं तो आपका प्रफुल्लित चेहरा ऐसे मुरझा जाता है जैसे कोई बासी फूल। भौहों पर बल व ललाट की रेखाऐं बता देती है कि आप चिन्तित है। अतः स्पष्ट है कि हम जो कुछ सोचते है उसकी साफ झलक हमारे चेहरे पर दिखनी शुरू हो जाती है। अगर सोच सही है तो व्यक्ति के नाक-नक्श उसके जीवन पर ज्यादा प्रभाव नहीं डाल पाते है। अतः आवश्यक है कि विगत के अनुभव से नई ऊर्जा एवं सकारात्मक कार्य हेतु सोचें, वर्तमान का आनन्द लें और भविष्य के लिए अपने मन में योजना बनायें न कि अपने विश्वास को कम कर बैठें। हर इन्सान में प्रकृति द्वारा बनाई गई आत्मा होती है। बुराई उसके गलत कार्यों में, गलत भावों में हो सकती है अतः शक्ल पर न जायें।

''किसी व्यक्ति की प्रतिभा, विचार, भाव व जीने की शैली ही व्यक्तित्व होता है और अच्छा व्यक्तित्व ही उसका सुन्दर स्वरूप होता है''

-इन्जी. ओ.पी. माहेश्वरी

125 जीते है हम पुरानी यादों में।

यह सुनने को अधिकतर मिलता है कि हमारे समय के गीत बहुत मधुर होते थे, उन्हें बार-बार गुनगुनाने का मन करता है। पहले जो चीजें रसोई में बनती थी वो बड़ी स्वादिष्ट होती थी। हम जो खेल खेलते थे वैसे खेल तो अब होते ही नहीं है। लेखक राधिकारमण प्रसाद सिंह ने अपनी पुस्तक 'निबन्ध परिचय' में लिखा है कि- "आदमी के दिन बदलते है, आदमी का दिल नहीं बदलता, हमारा फैशन बदलता है, हमारा जीवन नहीं बदलता, सुख के स्वांग बदलते है, सुख की मांग नहीं बदलती, हुस्न की रविश बदलती है, हुस्न की कशिश नहीं बदलती, धर्म के रस्म बदलते है, धर्म का मर्म नहीं बदलता, रस के लिबास बदलते है, रस की प्यास नहीं बदलती, प्रेम की राह बदलती है, प्रेम की चाह नहीं बदलती और समाज के पहलू लाख बदले, जिंदगी की आरजू नहीं बदलती"।

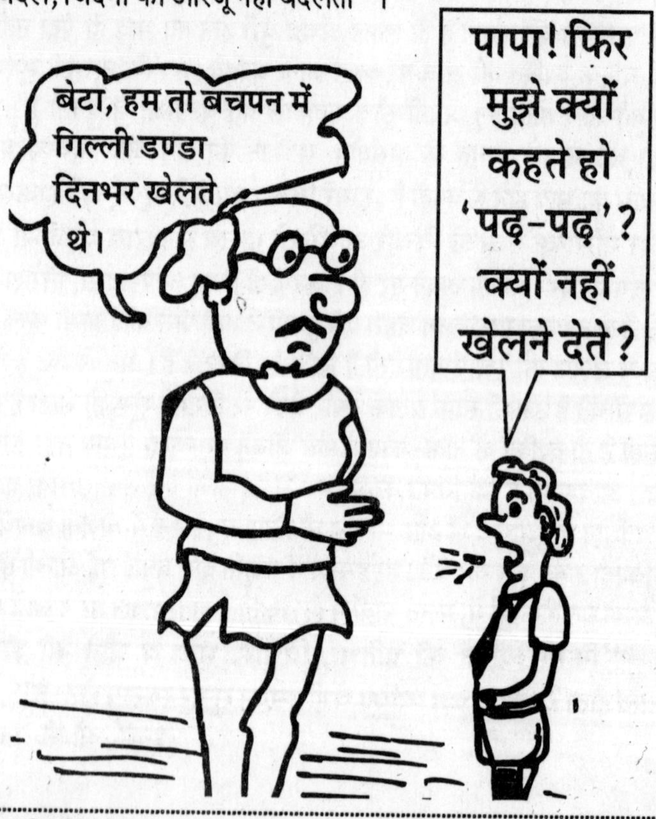

बच्चा हमेशा आगे की सोचता है। पीछे क्या हुआ तुरन्त भूलता है, जवान व्यक्ति वर्तमान मे क्या करना है, कैसे करना है इसी सोच पर टिके रहते है, जबकि बूढे लोग हमेशा अपनी जवानी की गाथा गाते है। किसी उम्रदराज व्यक्ति से कुछ देर बात कीजिए। थोड़ी ही देर में वह अपनी जवानी की चर्चा करने लगेगा। अगर उसमें अब जोश नहीं है तो बोलेगा, जवानी तो हमारे जमाने में होती थी, हम भरे जाड़े में सुबह-सुबह कुएं के पानी से नहाते थे, प्रचण्ड गर्मी में मीलों दौड़ जाया करते थे। साहस इतना कि दौड़ते हुए घोड़े को रोक देते थे। इन सब बातों से ऐसा लगता है कि अतीत से अनुराग और वर्तमान से विराग की आदत हर इन्सान की बन गई है। यह सत्य भी है कि नये वातावरण में हर कोई आसानी से सुकून अनुभव नहीं कर पाता है क्योंकि इन्सान के बाल्यकाल एवं जवानी में जो जोश होता है वह समय के साथ कम होता जाता है। बालपन और जवानी के जोश में जब संगीत सुनता था वो अब भी मधुर लगेगा। बालपन में खाये गये व्यंजनों से ही जीभ का स्वाद वैसा ही बन जाता है, जो आदतें जवानी में बन जाती है उन्हें ही अपनाकर इन्सान जीना चाहता है। बालपन में किये गये कार्य निःस्वार्थ होते थे और निःस्वार्थ भाव से किये गये हर कार्य में मधुरता बनी रहती है। सुखमय जीवन के लिए तुम जो भी करो उसे इतने सुखी मन से करो कि तुम्हारी प्रत्येक क्रिया सुख का झरना हो जाए। सुख के लिए रूको मत और यह भी मत पूछो कि कैसे ? श्वास लो तो सुख से, हाथ उठाओ तो सुख से, चलो तो सुख से, बैठो तो सुख से, सुनो तो मंथन के लिए। सोचो तो जागृति के लिए । यही तो जीवन है।

"व्यक्ति के मस्तिष्क में यादों, घटनाओं का संग्रह समाया होता है, वक्त-बेवक्त उनका स्मृति पटल पर उभरना स्वाभाविक क्रिया है।"

–इन्जी. ओ.पी. माहेश्वरी

126 क्या किसी खास व्यक्ति के याद करने पर हिचकी (Hiccup) आती है?

हमारे समाज में ऐसी मान्यता है कि अपना कोई खास व्यक्ति जब मन से याद करता है तो जिसे याद किया जाता है उसको हिचकी आनी शुरू हो जाती है। यह भी एक भ्रान्ति है क्योंकि हिचकी का सम्बन्ध शरीर में पानी और ऑक्सीजन की मात्रा से है और उनकी मात्रा जब कम हो जाती है तो शरीर में इसकी मांग हेतु हिचकी चालू हो जाती है। चिकित्सकों के अनुसार डायफ्राम (Diaphragm) की अवस्था में होने वाले बदलाव ही हिचकी के कारण होते हैं। डायफ्राम वे मांसपेशियां होती है जो उदर (Abdomen) को वक्ष स्थल (Chest) से अलग रखती है। इस बदलाव की पूर्ति हेतु ही शक्कर आदि का सेवन करने व पानी पीने की सलाह दी जाती है ताकि बेगास (Bagasse) नर्व जो दिमाग से होती हुई डायफ्राम तक जाती है वह अपनी पूर्व अवस्था में आ सकें।, पानी से श्वसन प्रणाली सामान्य हो जाती है जिससे हिचकी बन्द हो जाती है।

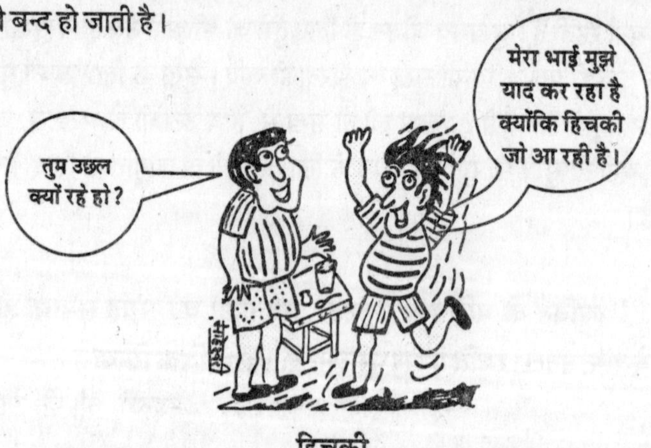

हिचकी

"जिन वृक्षों की जड़ें गहरी होती है उन्हें बार-बार सींचने की जरूरत नहीं होती, वह जमीन से ही आर्द्रता खींचकर बढ़ते व फूलते-फलते हैं-प्रेम वही वृक्ष है, उसे सजग रखने के लिए बार-बार मिलने की जरूरत नहीं पड़ती"

-प्रेमचन्दः कर्म भूमि

127 क्या गंजे व्यक्ति महान होते है ?

गांधी, नेहरू, चर्चिल, पटेल, राजीव, नरसिंहा राव आदि ऐसी हस्तियां थी जिनके सिर पर गंज (Bald) निकली हुई थी फिर भी महान बने थे। गंजापन का महानता से सम्बन्ध नहीं होता है क्योंकि ऐसी भी कई सारी हस्तियां है जिन के सिर पर घने बाल है और वो महान् है जैसे पूर्व राष्ट्रपति अब्दुल कलाम, अमेरिका के राष्ट्रपति ओबामा आदि। कई जटाधारी व्यक्ति भी महान हुए है तो कई महिलाओं ने भी यह गौरव प्राप्त किया है। कई भिखमंगे मिल जाते है जिनके सिर पर बाल नहीं के बराबर होते है। बालों का भाग्य से कोई सम्बन्ध नहीं है। बालों का झड़ना एक व्याधि है जो हारमोन के बदलाव के कारण और बालों को पोषक तत्वों की आपूर्ति नहीं होने से होती है।

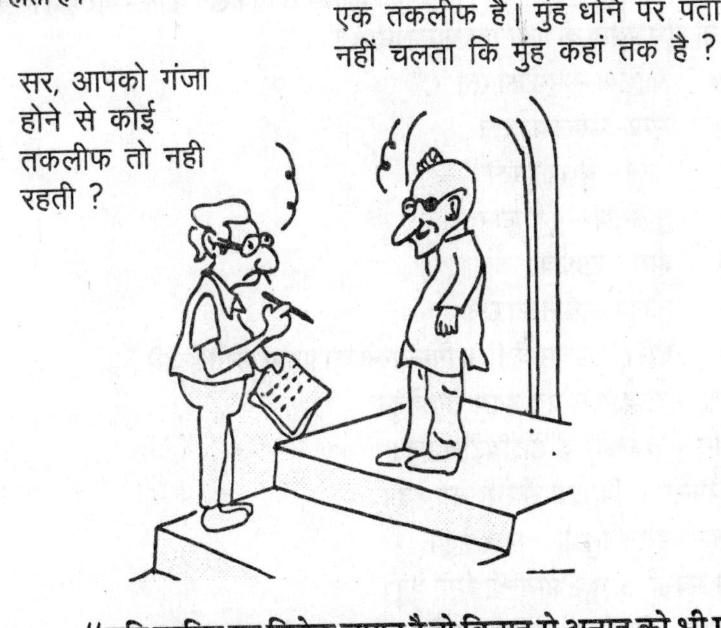

"यदि व्यक्ति का विवेक जागृत है तो विज्ञान से अज्ञान को भी परख लेगा, बीज को पेड़ रूप में बदलना या यूं कहें कि अपना विकास जागृतिमय करना, आपके विवेक पर निर्भर है।"

–इन्जी. ओ.पी.माहेश्वरी

128 क्या ताबीज व रत्नों से होता पीड़ा हरण?

ज्योतिष विद्या में मनुष्य के भाग्य को ग्रहों से जोड़ा गया है और प्रत्येक ग्रह के रत्न व उपरत्न बनाये गये है। ज्योतिर्विद ग्रह को बल देने के लिए और ग्रह की अनुकूलता प्राप्त करने के लिए उस ग्रह से संबंधित रत्न या उपरत्न धारण करने के लिए कहते है। अगर रत्न के धारण करने से "लॉ आफ प्रोबेबिलिटि" के तहत अगर लाभ हो जाता है तो उसे शुभ रत्न की संज्ञा दे देते है और अगर नुकसान हो जाता है तो उसे नकली अथवा आपके गण से नहीं मिलना जोड़ अशुभ की श्रेणी में डाल दिया जाता है। किसी भी कार्य के दो पहलू होते है जैसे सिक्के के चित और पुट। रत्न धारण करवाने वाले ज्योतिषी सिक्के के दोनों पहलूओं को अपने पास रखते है। अगर रत्न से कुछ ठीक न हुआ तो उसे आपके गणों (Stars), उपरत्न, अन्य रत्नों का प्रभाव बता दिया जाता है। रत्न प्रकृति के गर्भ से निकलने वाले पत्थर होते है लोग ग्रहों के शुभ प्रभाव के लिए रत्न धारण करते है।

★ माणिक – सूर्य का रत्न
★ मूंगा– मंगल का रत्न
★ पन्ना – बुध का रत्न
★ पुखराज – गुरू का रत्न
★ हीरा – शुक्र का रत्न
★ नीलम – शनि का रत्न

ऐसे ही उपचार के लिए निम्न रत्नों का प्रयोग करते है जैसे

रूद्राक्ष – ब्लडप्रेशर एवं हृदय रोग हेतु।
मरीयम – बवासीर व डाइबिटीज हेतु।
दाना फिरंग – किडनी संबंधी रोग हेतु।
मूंगे का उपरत्न रतुआ – ज्वर हेतु।
सोहन मक्खी – मूत्र सम्बन्धी रोगों हेतु।
जबरजद – मिर्गी एवं बुढ़ापा भगाने हेतु।
स्फटिक – मस्तिष्क के विकार हेतु।
फिरोजा – नेत्र विकार हेतु।
हकीक (अगेट) – भाग्य उदय हेतु।
एक्वामेरीन – सुखी विवाहित एवं यात्रा में कवच हेतु।

इन पत्थरों के उपरत्नों में पुखराज, नीलम आदि अनेक प्रकार उपलब्ध रहते है। इसी तरह कुछ लोग हाथ अथवा गले में ताबीज पहन लेते है। सही तरीके से अपना इलाज करवाने की बजाय, नीम हकीम के चक्कर में पड़ जाते है क्योंकि ये लोग चिंता ग्रस्त, उदासीनता व निराशा को मन में पालते है। ये लोग उचित कर्म करने की बजाय शोर्ट-कट (Short-Cut) रास्ता अपना लेते है जो सही नहीं है। चिकित्सा जगत में जब इतने अविष्कार हो गये है, मनुष्य की मृत्यु दर कम होकर आयु बढ़ गई है। ऐसे में अपने को भ्रमित (Superstitious) उपायों से जोड़ना अपने जीवन के साथ खिलवाड़ ही है। हर समस्या का निदान जरूर करें मगर विवेक को जागृत रखकर।

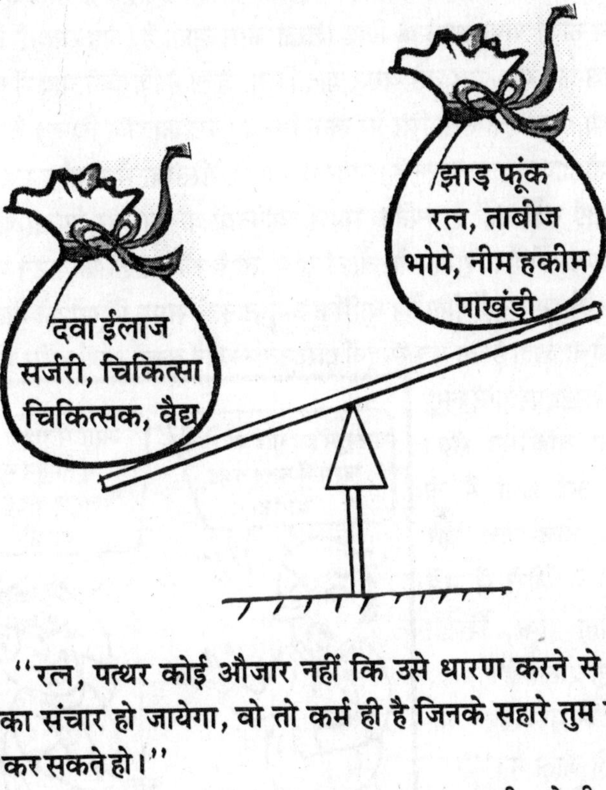

"रत्न, पत्थर कोई औजार नहीं कि उसे धारण करने से शरीर में शक्ति का संचार हो जायेगा, वो तो कर्म ही है जिनके सहारे तुम सब कुछ हासिल कर सकते हो।"

-इन्जी. ओ.पी. माहेश्वरी

129 क्या शिखा ऊर्जा वाहिनी है?

नारी के श्रृंगार में बालों का बड़ा महत्व है, गालों पर लटकती हुई गेसूं भला किसको अच्छी नहीं लगती ? मगर आदमी का मुंडन कर उस के सिर पर एक चोटी रखना उस के रूप में कितना निखार लायेगी ये आप सोच सकते है। कुछ लोग शिखा (Top Knot) को टी.वी (T.V.) के ''एंटिना'' से जोड़ते है कि जिस तरह दूरदर्शन की प्रक्षेपित तंरगों को पकड़ने के लिए एंटिना का उपयोग किया जाता है उसी तरह ब्रह्माण्डीय ऊर्जा प्राप्त करने के लिए शिखा काम आती है। यह सत्य है कि शिखा को अनुभव कर बार-बार उसे जरूर याद किया जाता है जिसकी याद में वह शिखा रखी गई थी। यह एक तरह सिर पर लगा स्विच (प्रतीकात्मक चिन्ह) है जिसे देख स्मृतियों को ताजा किया जाता है। मगर शिखा से मस्तिष्क में ऊर्जा का संचार होता है, यह कतई सही नहीं है क्योंकि महान् व्यक्तियों के सिर पर शिखा थी, उनकी संख्या नगण्य रही है। शिखा जो, बालों से बनती है और बालों के कटने पर इन्सान को दर्द का अनुभव नहीं होता है। धार्मिक अनुष्ठान के समय शिखा को गांठ मारते है और यह सोचा जाता है कि मंत्र स्पंदनों द्वारा उत्पन्न होने वाली ऊर्जा शरीर में एकत्रित होती है। शिखा पर गांठ लगा कर इसका बहिर्गमन रोका जाता है। कई धर्मो में तो बालों को नोच-नोच कर हटाये जाते है। ऐसे में मुझे नहीं लगता कि शिखा ऊर्जावाहिनी एंटिना है।

''कायरों के मध्य सत्य भी गूंगा हो जाता है।''

-प्रेमचन्द

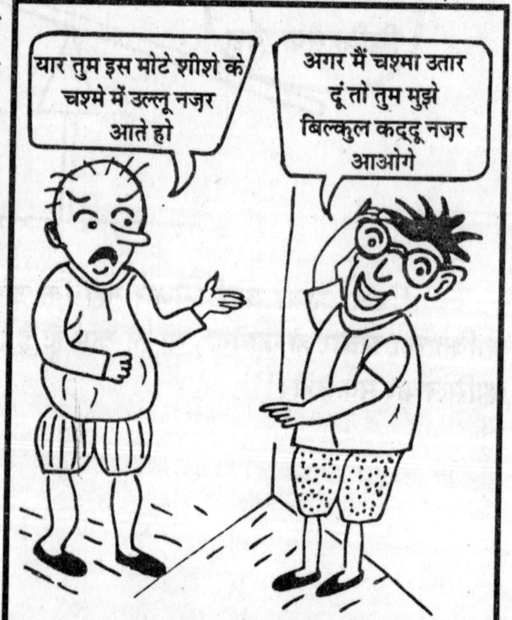

130 नैनों में काजल लगाना कितना उचित है?

प्राचीन काल से ही नैनों (आँखों) में काजल का उपयोग होता आ रहा है। काजल का निर्माण घी-तेल को जलाने से बनने वाले धुंऐ को संग्रहित कर किया जाता है। इसमें ठण्डक के लिए कपूर, पीपरमेन्ट वगैरह का पाउडर जरूर मिला दिया जाता है।

काजल के उपयोग से आँखें बड़ी व सुन्दर दिखती है क्योंकि जिस चीज को उजागर करना हो उसके चारों ओर अथवा नीचे अलग रंग की लाईन का बोर्डर बना देने से, बोर्डर के मध्य की चीज, बोर्डर की तुलना में सुन्दर दिखेगी। जब नेत्रों के चारों ओर काजल की रेखा बनाई जाती है तो सुन्दर नयन और सुन्दर दिखने लग जाते है। मगर आधुनिक डाक्टर आँखों में काजल के उपयोग को निषेध समझते है क्योंकि कोई भी तेल, घी आदि जलते है तो उसके धुंऐ में कार्बन डाई ऑक्साईड **(CO_2)** व कार्बन मोनो ऑक्साईड **(CO)** एवं सल्फर डाई ऑक्साईड **(SO_2)** गैसें बनती है और ये गैसें विषैली गैसों की श्रेणी में आती है। प्रतिदिन प्रदूषण से निकलने वाली गैसों में भी इन्हीं गैसों की मात्रा होती है जो श्वसन क्रिया एवं बाह्य शरीर के लिए भी हानिकारक होती है अतः स्वस्थ आँखों के लिए काजल का उपयोग उचित नहीं है।

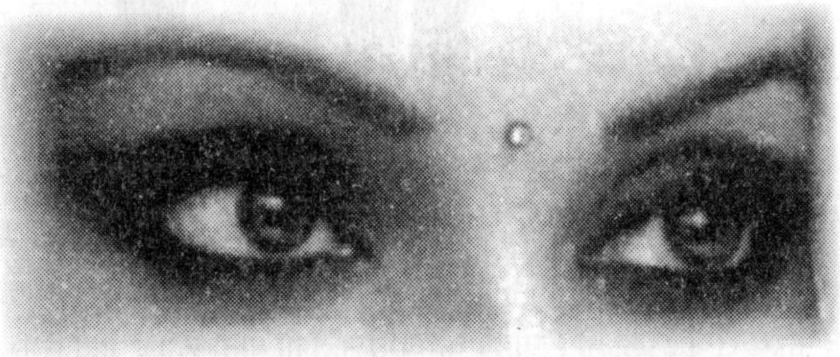

"आँखें सुन्दरता को देखती है और आँखों
में लगा काजल सुन्दरता में चार चाँद
लगाती है। मगर प्रसाधनों के दुष्परिणामों
से अनभिज्ञ रहना भी समझदारी नहीं है।"

– इन्जी. ओ.पी. माहेश्वरी

131

क्या भूत-प्रेत होते है?

भूत (Ghost) का दिखना व भूत का लगना दोनों ही मानव मस्तिष्क की सोच का हिस्सा है। सोच बनने के कई सारे पहलू होते है जिनमें मुख्यतया ज्ञान व माहौल का असर ज्यादा रहता है।कई व्यक्ति यह कहते मिल जाते है कि हमने भूत प्रेतों की ये घटनाएं देखी और उन्हें सुनकर कमजोर दिल वाला भी उसी लय में

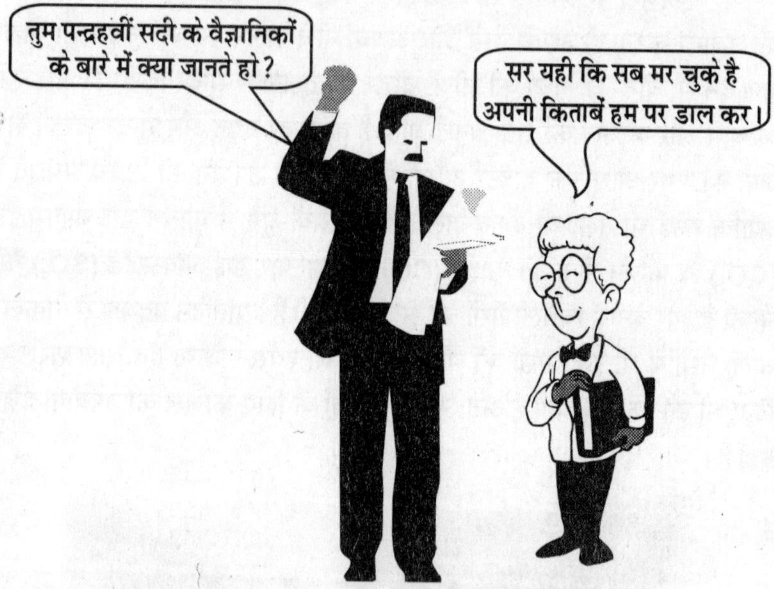

सम्मिलित हो जाता है। अन्ध विश्वास से भय व भय से अन्ध विश्वास का जन्म होता है समस्याग्रस्त व्यक्ति इन बातों को ज्यादा तवजों देता है। आपने यह भी देखा होगा कि जिन परिवारों में इच्छाओं (चाह) की पूर्ति नहीं हो पाती है एवं जहाँ चिकित्सा का अभाव रहता है उन क्षेत्रों में भूत प्रेतों की बहुत-सी कहानियाँ प्रचलन में होती है। भूतों का नज़र आना और प्रेतात्मा के अनुसार व्यवहार करना, कमजोर शरीर में भी उद्दण्डता का बढ़ जाना यह सब मानसिक कमजोरी का हिस्सा है। भय (Horror) मनुष्य की पौरूषहीनता, सत्वहीनता, मनुष्य के मन में पलने वाली नपुंसकता है जब मन में कायरता आ जाती हैं, व्यक्ति हीन भावना से ग्रसित होने व स्वयं को अकेला व कुछ खो जाने का डर उत्पन्न होने से, शक्तिहीन समझने मात्र से भयग्रस्त हो जाता है।

भय मन में अविश्वास पैदा करता है जिससे आपकी कार्य क्षमता कम हो जाती है। जब इन्सान पर हैवानियत छा जाती है तो उसके कार्य जनसाधारण में भय पैदा कर देते है इस पृथ्वी पर केवल इंसान है जिससे सारे जीव जन्तु भी भयभीत रहते है क्योंकि इंसान जब इंसानियत छोड़ देता है तो वह बहुत खतरनाक हो जाता है ऐसे से डरना व बचना एक सुरक्षात्मक क्रिया हो सकती है मगर

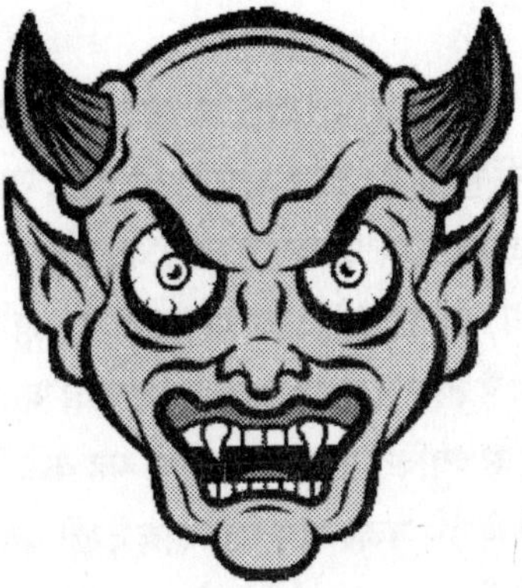

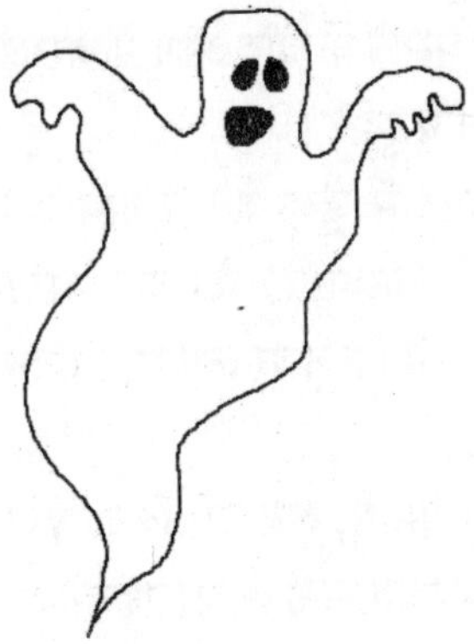

काल्पनिक आकृति से डरना आप कि कमजोरी का प्रदर्शन है। भय को भगाने के लिए भय के मूल कारण को खोजना होगा। भय को दबाना नहीं, उघाड़ना आवश्यक है भय मुक्त होने के लिए सच्चाई को जानना होगा। आपकों जागृत होना होगा, इन छोटी-छोटी बातों से नहीं डरना व समझदारी से, सही सोच से अपना कार्य का निष्पादन करना ही तो जागृति की सोच है। फिर भी भय दूर नहीं होता है तो ऐसे व्यक्ति का इलाज़ होना चाहिये क्योंकि मनोचिकित्सा में ऐसी कई सारी बीमारियों का इलाज सम्भव है।

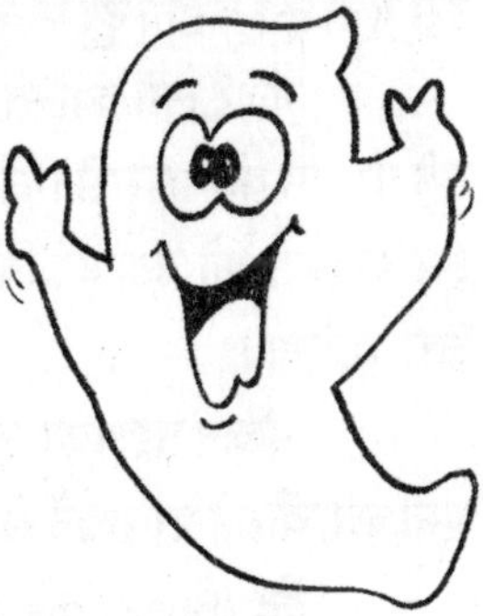

''डर आपके मन में उत्पन्न भावों की मृग मरीचिका है। कोई भी प्रेत आत्मा आपको नहीं छू सकती अगर आप जाकर उसे परख लोगे।''

– इन्जी.ओ.पी.माहेश्वरी

132 क्यों लगती है नज़र?

कई परिवारों में बात-बात पर नज़र (Bad Sight) उतारने की बीमारी फैली होती है। कोई अच्छी चीज़ टूट जाये, किसी के चोट लग जाये, किसी को कोई चीज खाने में अच्छी न लगे या कोई चीज बहुत अच्छी लगना, सुन्दर वस्तु का टूट जाना, किसी को दस्त या उल्टी हो जाना आदि अनेक कारणों से जब कोई परेशान होता है तो उसके संरक्षक अधिकतर यह कहते हुए दिखते है कि यह तो भला चंगा था अमुक व्यक्ति ने इसके बारे मे यह कह दिया कि यह तो कैसा हृष्ट-पुष्ट है और उसी दिन से इसे नज़र लग गई, अब देखो यह कैसे बीमार रहने लग गया है और फिर शुरू होते है नज़र उतारने के टोटके (Spell)। ये टोटके अलग-अलग घरों में अलग-अलग होते है।

लाल मिर्ची को नज़र लगे व्यक्ति के सिर पर घुमाने के बाद आग में जलाई जाती है अगर उसकी गन्ध न आये तो समझे उसे नज़र लगी हुई है।

कपास (Cotton) की बत्ती बनाकर उसे तेल में डुबा देते है अब उसे माचिस से जलाकर बीमार व्यक्ति के ऊपर से घुमाते (अवारते) है। अब अगर जलती हुई बत्ती से अगर बूंदें गिरे तो यह मान लिया जाता है कि नज़र लग गई। जिसे इस बत्ती को काफी दूर फेंक कर उतारते है।

नज़र लगे व्यक्ति के ऊपर फिटकरी (Alum) घुमायें, अब उसे बिना बोले तवे पर गर्म करें। इससे फिटकरी का फफोला उसमें उपस्थित पानी के कारण बनेगा, इस फफोले को उठाकर किसी पेड़ के नीचे फेंक आने से ऐसा मानते है कि नज़र उतर जायेगी।

भोजन पर नज़र लग गई हो तो उस भोजन को पत्ते पर रख कर उसके ऊपर घुमा कर चौराहे पर रखने से नज़र उतर जायेगी।

ईंट (Brick) को आग पर तपा कर लाल कर दें अब इस पर नज़र लगा भोजन डालें, लाल ईंट पर भोजन पड़ते ही चड़-चड़ की आवाज आयेगी। फिर झाड़ू अथवा चिमटे से नज़र लगे व्यक्ति पर चार बार घुमायें और चिमटे को उस भोजन पर रख दें। जब ईट ठण्डी हो जाये तो उसे घर के बाहर फेंक आने से नज़र ईट के साथ चली जायेगी।

ऐसे कई सारे टोटके (Spell) है जो अलग-अलग तरीकों से उन घरों में अपनाये जाते है। जिन घरों मे आत्मबल की कमी होती है वे लोग ज्यादा डरते है और मर्ज को कम समझते है। यह मान बैठते है कि इसके गण (आत्म बल) कमजोर थे इसीलिए इसे नज़र लग गई। सत्य तो यह है कि ऐसे लोग अन्धविश्वासी (Orthodox) और भीरू होते है जो बीमारी का सही इलाज कराने के बजाय ऐसे आडम्बर में खुद को एवं बीमार को उलझाये रखते है। घूमते रहते है जंत्र-मंत्रों के चक्कर में और पांखडियों, नीम हकीमों की बातों को सही मानकर स्वयं व दूसरों को भी उलझा देते है। नज़र लगना आदमी के दिमाग की कमजोरी है जिसे वह तकलीफ के समय दूसरों पर डालने की कोशिश करता है और सोचता है कि मेरी सम्पन्नता देखकर, ईर्ष्यावश उसने मुझ पर नज़र लगाई है ताकि मैं बीमार होकर या मेरा नुकसान होने के बाद वो आगे बढ़ सके, यह सोच दिमाग की कमजोरी के संकेत है। अतः आप निडर होकर आई हुई समस्या का समाधान अपनायें न कि नज़र उतारने वाले टोटकों को।

आपकी आत्मशक्ति, आपका मनोबल अगर अच्छा है तो नज़र लगने वाली घटनायें आपको विचलित नहीं कर पायेगी। मेरे जान पहचान के एक सज्जन ने अपने घर पर ही अच्छी फोटो को कांच की तस्वीर में बना कर लटका दिया। अगले ही दिन वो देखता है कि दीवार पर लगी तस्वीर में से कांच चटक कर टूट गया। बस उसे लगा कि मेरी अच्छी तस्वीर पर , मेरे परिवार पर किसी की नज़र लग गई है और शुरू हो जाता है नज़र भगाने वाले टोटकों (Spell) को करने का क्रम। यह देख कर मैंने उन्हें समझाया कि लकड़ी के फ्रेम में कांच को दबा कर लगा दिया गया था जिससे कांच में तनाव (वैज्ञानिक भाषा में स्ट्रेस) उत्पन्न हो गया, लकड़ी लचीली होती है अतः वह तो नहीं टूटी मगर कांच अपनी स्ट्रेस (तनाव) रिलीज करने के लिए चटक गया। अतः इसे अपनी गलती माना जाये कि हमने ग्लास को दबाकर लगाया न कि नज़र लगने की क्रिया।

नज़र लगना एक भ्रम (Misconception) की बीमारी है और भ्रम तब होता है जब हम उस घटना का पूरा ज्ञान नहीं रखते है। यह इन्सानी मस्तिष्क का वायरस है। जो जागृति रूपी सोच (एन्टी वायरस) के विकास से ही मिट पायेगा।

आपके आत्मबल का निर्माण करने वाली असल सामग्री आपको कहीं बाहर से नहीं जुटानी पड़ती है। यह तो आपके भीतर ही होती है आपको केवल करना यह होता है कि भीतर की सामग्री का सही-सही उपयोग करना सीख लें। आपकी

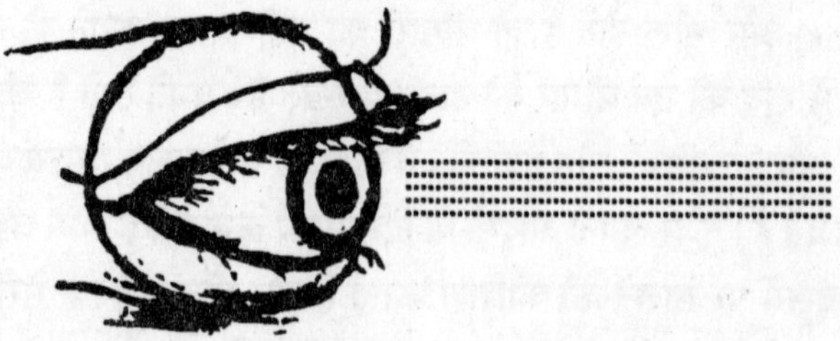

सोच आपकी सबसे बड़ी पूंजी है जो आपके मस्तिष्क में ही है। इसे आवश्यकता है, ज्ञान और विज्ञान रूपी खाद की। यह खाद ही आपके जीवन में जागृति का पेड़ बनायेगी।

'नज़र लगना', की सोच एक मानसिक बीमारी है जिसे मेडिकल साइन्स में शिजोफ्रेनिया (Schizophrenia) रोग कहते है। इससे ग्रसित मरीज डर व शंका से घिरा रहता है, वास्तविकता व अवास्तविकता में अन्तर नहीं कर पाता और काल्पनिक अनुभव को सच मानने लगता है। ऐसे रोगी उत्तेजक, आक्रामक व उग्र व्यवहार करने लगते है। ऐसी बीमारी का मुख्य इलाज भय मुक्त पारिवारिक माहौल ही है।

क्यों तुम डरते हो बात बात पर,
भय को निडरता से परखो,
जागृत रह कर इसको समझो।

''नज़र लगना इन्सानी दिमाग के भ्रम का वायरस है। जो जागृति रूपी (एन्टी वायरस) सोच से नियन्त्रित होगा।''

-इन्जी. ओ.पी.माहेश्वरी

जीवन चक्र
(Life Cycles)

133 सुबह का घूमना (टहलना) क्यों?

रेडियो पर यह सुना होगा कि "उठ जाग मुसाफिर भोर भई ,रैन कहाँ जो सोवत है, जो सोवत वो खोवत है जो जागत है वो पावत है।" जो जागत है सो पावत है सुबह के घूमने का सबसे पहला फायदा सुबह के समय पर उठ जाना तो है ही, क्योंकि जो समय पर उठते है वे हर कार्य में आगे रहते है। अंग्रेजी में भी एक कहावत मशहूर है- "अर्ली टू बेड अर्ली टू राईज़, मेक्स ए मैन हैल्दी, वैल्दी एंड वाइज़" यानी जल्दी सोना और जल्दी उठने की आदत व्यक्ति को शारीरिक, आर्थिक और मानसिक रूप से सुदृढ़ बनाती है। जो आलस्य के साथ उठते है वो अधिकतर हर कार्य को करने में भी पीछे ही रहते है क्योंकि ऐसे लोग समय के महत्व को नहीं समझ पाते हैं।

यह तो हम सब जानते है कि सुबह का वातावरण काफी शुद्ध होता है, जिसमें प्रदूषण न्यूनतम रहता है। ऐसे में श्वसन क्रिया द्वारा शुद्ध हवा शरीर में पहुँचती है। जिससे रक्त शुद्ध होता है, फेफड़े बलवान बनते है। सुबह का घूमना अपने शरीर में ऊर्जा स्तर (Energy Level) को चार्ज करना होता है। ब्रह्म मुहूर्त में उठकर टहलने से शरीर में संजीवनी शक्ति का संचार होता है। इससे शरीर के सभी अंग जो निद्रा के कारण शिथिल हो जाते है, उन में रक्त प्रवाह बढ़ जाता है एवं जोड़ों में अतिरिक्त चर्बी का विसर्जन होता है, साथ ही उनके मन में दिन-भर उमंग और तन में स्फूर्ति बनी रहती है। सुबह के शान्त वातावरण में नये विचार पल्लवित एवं प्रस्फुटित होते है जो जीवन के लिए आवश्यक है। ब्रह्म मुहूर्त का समय सूर्योदय से लगभग एक घन्टा पूर्व का समय होता है। भारतीय ग्रन्थों में भी इस समय उठने वाले व्यक्तियों के लिए कहा गया है कि ऐसे लोग दीर्घ जीवन, स्वास्थ्य, सौन्दर्य, अध्ययन, आराधना, शुभ एवं उच्च कार्य की प्राप्ति करते है। इसीलिए इस समय को 'अमृतवेला' भी कहते है क्योंकि इस समय उठकर जो कार्य करते है उन्हें अमृत ही मिलता है।

डॉक्टरों के अनुसार भी डायबिटिज के मरीजों को नियमित रूप से जोगिंग करनी चाहिये। इससे ना सिर्फ शुगर कंट्रोल में रहती है, बल्कि स्वास्थ्य से जुड़ी

अन्य बातों के लिए भी जोगिंग अच्छी रहती है। हल्का-हल्का टहलने से हार्ट के मरीजों में रक्त संचार बढ़ता है। घूमने का कार्य एकदम न तो तेज गति से शुरू करें ना ही बन्द करें, घूमने की गति व समय अवधि को धीरे-धीरे ही बढ़ाना चाहिये। नियमित आधा घन्टा घूमने में लगभग 3 किलोमीटर की दूरी तय हो जाती है। जवान व्यक्ति के लिए 8-10 किलो मीटर एवं बुजुर्ग 1-3 किलोमीटर तक घूमना सेहत के लिए उपयोगी रहता है। कैलिफोर्निया स्टेट युनिवर्सिटी के एक शोध में प्रोफेसर रॉबर्ट क्षेयर का कहना है कि "सुबह दस मिनट की वॉक करने वाले लोगों का एनर्जी का लेवल अधिक होता है। ये पूरे दिन तरोताजा महसूस करते है। सुबह का वॉक करने से दिमाग, रक्तवाहिनियों और मांसपेशियों में ऑक्सीजन की भरपूर पूर्ति होती है।" सुबह जल्दी उठकर घूमने वालों को रात में समय पर नींद आती है, अनिद्रा का रोग नहीं होता है और नींद भी गहरी आती है। अत: आप भी अपनी दिनचर्या में इसे शामिल करें एवं स्वस्थ जीवन का आनंद लें।

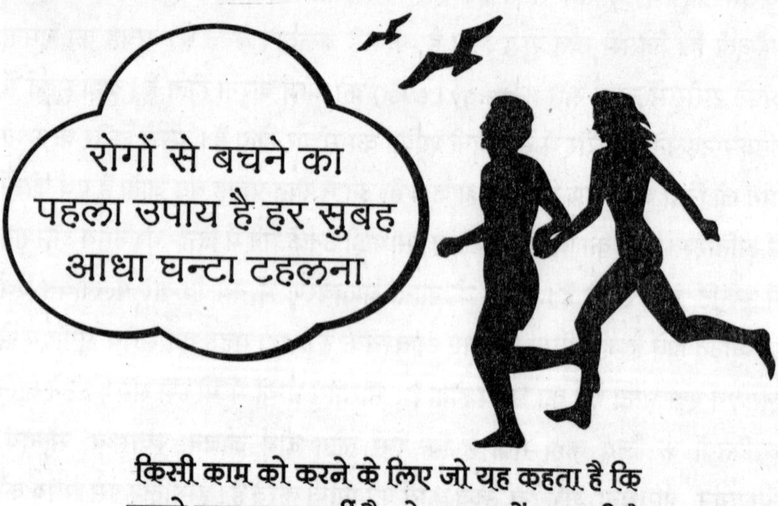

किसी काम को करने के लिए जो यह कहता है कि उसके पास समय नहीं है, तो वास्तव में आलसी है,

-जार्ज बनार्ड शॉ

"जागृति का सम्बन्ध व्यक्ति की सोच से है, सोच का सम्बन्ध व्यक्ति की सक्रियता से है सक्रियता का सम्बन्ध व्यक्ति के स्वास्थ्य से है और स्वास्थ्य का सम्बन्ध अच्छे जीवन से है।"

-इंजी. ओ.पी. माहेश्वरी

134 सोते समय सिर उत्तर दिशा में न रखें।

भारतीय शास्त्रों में शयन संबंधित कुछ विवरण मिलते है। तदनुसार सोते समय पैर उत्तर और सिर दक्षिण की दिशा में करके सोना चाहिये जबकि जापान में उत्तर दिशा में पैर रखकर सोना मौत को बुलावा देना माना जाता है, वहाँ मृत व्यक्ति के पैर उत्तर में रखे जाते है। विज्ञान में पृथ्वी को एक बड़ा चुम्बक माना है जिसके दो ध्रुव है - एक उत्तर एवं दूसरा दक्षिण। चुम्बक की बल रेखाएं (मैग्नेटिक लाईन्स) उत्तर से दक्षिण की ओर गमन करती है। हमारे शरीर में बहने वाले रक्त में लौह कण होते है। अतः रक्त प्रवाह में भी दिशाओं का प्रभाव पड़ता है। अगर रक्त प्रवाह बिना बाधा के होगा तो शरीर व्याधिमुक्त रहेगा जबकि उल्टी दिशा में प्रवाह होने पर रक्त का प्रवाह (तरंगें) मस्तिष्क से शरीर के अन्य भागों में बढ़ नहीं पायेगा जिससे मस्तिष्क में उलझन पैदा हो जायेगी। इस कारण से उत्साहविहीनता, बैचेनी और सुस्ती के साथ उलझन (कनफ्यूज़न) बढ़ जाता है। अतः इस तथ्य को हमारे शास्त्रों के अनुसार मानने में कोई बुराई नहीं है क्योंकि हमारे रक्त में लौह कण होते है अतः उन पर चुम्बकीय प्रभाव होना स्वाभाविक है।

" अच्छी नींद सुविधाओं के अधीन नहीं होती, वातानुकूलित कक्ष व मोटे गद्दे पर सोने से चैन की नींद आयेगी यह भी जरूरी नहीं। नींद के लिए जरूरी है परिश्रम व मन की शांति।"

-इन्जी. ओ.पी. माहेश्वरी

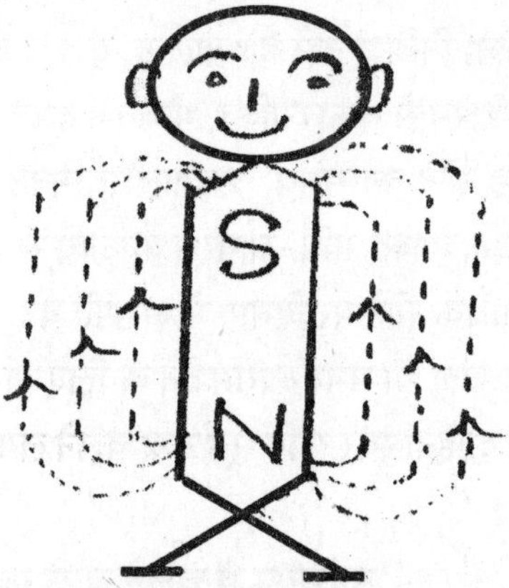

चुम्बकीय तंरगों का प्रवाह (सोते समय)

135 बांयी (left) करवट में ही क्यों सोना चाहिये?

मनुष्य के शरीर में दो प्रमुख शक्तियाँ सदैव कार्यरत रहती है। शरीर के बायें (left) भाग में दिल होता है इस ओर चन्द्र स्वर चलता है एवं दायें (Right) भाग में सूर्य स्वर। ईडानाड़ी (Left arteries) बायें नासिका से बहने वाली ऋणात्मक शक्ति (नेगेटिव फोर्स) का प्रवाह मार्ग है जो शीतल माना गया है अतः इसे चन्द्र स्वर कहते है। पिंगला नाड़ी (Right Arteries) नासिका के दायें छिद्र से बहने वाला स्वर है जो गर्म होता है अतः इसे सूर्य स्वर कहते है। यह धनात्मक शक्ति (पॉजिटिव फोर्स) प्राण शक्ति का प्रवाह मार्ग है।

चन्द्र व सूर्य स्वरों का स्वास्थ्य से भरपूर सम्बन्ध है जिन व्यक्तियों का रात्रि में सूर्य स्वर व दिन में चन्द्र स्वर चलता है उन्हें एकाएक रोग नहीं होता है। शास्त्रों में कहते है कि दिवस चलावे चन्द्र को, रात चलावे सूर्य, नित साधन ऐसा करो, होय उम्र भरपूर। दायीं करवट लेकर सोने से चन्द्र स्वर चलता है और बायीं करवट लेकर सोने से सूर्य स्वर चलता है यानि जो नासिका ऊपर की तरफ रहती है उसी में प्रवाह चालू हो जाता है। अतः इस तरह सोने में कोई बुराई नहीं है।

वैसे तो सभी ऋतुओं में दिन में सोना निषिद्ध है। दिन में और दोनों संध्याओं के समय जो नींद लेता है, वह रोगी और दरिद्र होता है। परन्तु ग्रीष्म-ऋतु में दिन में सोना निषिद्ध नहीं है। बालक, वृद्ध, रजोवृत स्त्री, क्षय रोगी, क्षीण, वाहन चालक, परिश्रम से थका व्यक्ति, भोजन न करने वाले रोगी व्यक्ति दिन में सो सकते है। मगर यह सोने का समय, अड़तालीस मिनट से अधिक न रखें। रात्रि में जागरण किया हुआ व्यक्ति रात्रि-जागरण के आधे समय तक दिन में सो सकते है। दिन के समय अधिक सोने पर दिमाग में अशांति बनी रहती है एवं शरीर में शुगर का उपयोग नहीं हो पाता है। मगर आराम देने के लिए बांयी करवट लेटकर कुछ मिनट विश्राम करने से दाहिना स्वर यानि सूर्य स्वर चलने लगता है। जिससे भोजन पचने में सहजता रहती है।

"नासिका में चलने वाले स्वर से भी प्राणायाम क्रिया होती है अच्छी सेहत के लिए, यह भी मर्ज की दवा है।"

-इन्जी. ओ.पी. माहेश्वरी

136 फल और जागृति
(Fruit of Awakenig)

मेहनत के वृक्ष पर फल होता है, अच्छी सफलता का।

विवेक के वृक्ष पर फल होता है, ऊँची प्रतिष्ठा का।

समय के वृक्ष पर फल होता है, अच्छे अवसरों का।

लगन के वृक्ष पर फल होता है, कुछ पाने का।

मानवता के वृक्ष पर फल होता है, इन्सानियत का।

जिज्ञासा के वृक्ष पर फल होता है, नये ज्ञान का।

ज्ञान के वृक्ष पर फल होता है, नई सोच का।

विज्ञान के वृक्ष पर फल होता है, नये परिणाम का।

बगीचे के वृक्ष पर फल होता है, पेट भराई का।

समाज के वृक्ष पर फल होता है, सामूहिक जीवन का।

कर्म के वृक्ष पर फल होता है, सफल जीवन का।

सोच के वृक्ष पर फल होता है, नई जागृति का।

'जागृति की सोच' पुस्तक प्रतीक है

कर्मण्यता, ज्ञान-विज्ञान, सरल व सुखद

जीवन जीने के तरीके का।

–इंजी. ओ.पी. माहेश्वरी

137 क्या हम खाना खाने के लिए जीते है?

कई व्यक्ति अपने जीवन का मकसद खाना खाने तक ही सीमित रखते है। मगर यह गलत सोच है, खाना श्रेष्ठ जीने के लिए एवं ऊर्जावान हृष्ट-पुष्ट शरीर बनाये रखने के लिए आवश्यक है क्योंकि आपके शरीर में ऊर्जा नहीं होगी तो कोई भी काम समय पर एवं सफलता के साथ पूर्ण नहीं कर पायेंगे। ऊर्जाहीन व्यक्ति अपने को स्वस्थ भी नहीं मान सकता। अगर हमारा शरीर कमजोर है तो जरा-सी प्रतिकूलता से विचलित हो जाएगा। भोजन शारीरिक शक्ति और अस्तित्व को बनाये रखने के लिए आवश्यक आधार है। इसकी अधिकता भी शरीर में विकार उत्पन्न कर देती है अतः श्रेष्ठ जीवन के लिए संतुलित स्वादिष्ट आहार एवं प्रोबायोटिक्स उचित मात्रा में अति आवश्यक है। प्रोबायोटिक्स ऐसे सूक्ष्मा जीवों का समूह होता है जो हमारे शरीर के लिए फायदेमंद होते है इनका काम खाना पचाने से लेकर शरीर में ऊर्जा, रोगप्रतिरोधकता उत्पन्न करने का रहता है ये साधारणतया दही, दूध, छाछ व श्री खण्ड में मिल जाते है। अगर खाना सही होगा तो स्वास्थ्य भी काफी हद तक सही रहेगा।अगर स्वास्थ्य सही होगा तो आप ऊर्जावान बने रह सकते है। ऊर्जावान होने का मतलब शारीरिक सौष्ठव भी नहीं है बहुत वजन उठा लेना या किसी को पछाड़ देना भी नहीं है। ऊर्जावान वह है जो तन व मन से मजबूत हो, साथ ही ऊँचा हौंसला हो। जीवन को कुछ मकसद के लिए उपयोग करता हो। अपनी जिंदगी को सफल बनाना है तो तय करें जीने का मकसद। जिंदगी को अर्थपूर्ण बनाने के लिए एक उद्देश्य आवश्यक होना चाहिये। उद्देश्य/लक्ष्य ऐसा बनायें, जिसे पाने के लिए आप अपने आप को पूरी तरह से झोंक सके। उद्देश्य जो आपके परिवार का और समाज का भला करने वाला हो। मन में ऐसा तय करे कि मेरे किये हुए कार्य को लोग याद करे और कहें कि यह एक कार्य इसने कितना अच्छा किया। लक्ष्य ऐसा कतई न बनाएं, जिसे पाने के दौरान आपके मन में संदेह पैदा हो, लक्ष्य बनाते समय आपकी योग्यता का खास ख्याल रखना जरूरी है। सफल व्यक्ति अपने कार्यो का हर रोज मूल्यांकन करते है और खुद से सवाल करते है कि ''मैं अपने उद्देश्य में कहाँ तक पहुँचा हूँ।'' अपने काम को ज्यादा देर तक टालने की प्रवृति छोड़ें। जहां तक हो सके, आज का काम कल पर न टालें। अपने पास उपलब्ध समय का पूरा उपयोग

करने की ठान लें। ऐसे कारणों से बचें जिसमें समय बेवजह खराब होता हो।

महात्मा गांधी कहते थे, ''पढ़ो ऐसे कि जैसे तुम्हें सदा जीना है। जियो ऐसे कि जैसे तुम्हें कल ही दुनिया से चले जाना है''। एक पुरानी कहावत भी है कि ''जैसा खाये अन्न, वैसा होये मन।'' हम जैसा आहार लेंगे, स्वास्थ्य पर भी वैसा ही असर पड़ेगा। ईमानदारी और मेहनत से अर्जित आहार का गुण भी वैसा ही होता है। बिना मेहनत व कष्ट के मिला भोजन अपने साथ कई बीमारियाँ लेकर आता है। कहते है कि शुगर की बीमारी मेहनत करने वालों में नही होती है और ऐशो-आराम करने वाले, अधिकतर लोगों में यह रोग अपने पाँव पसार देता है। अगर हमने अपनी रोजमर्रा की जिंदगी में किसी खास उद्देश्य को शामिल कर लिया, तो समझें कि आपका जीवन सफलता की दिशा में बढ़ रहा है। वुडरो विल्सन ने कहा है, ''मैं उस काम में असफल होना पसंद करूंगा, जो आखिर में सफल होगा, बजाय उस काम में सफल होने के, जो आखिर में असफल होगा, अतः जिंदगी का मकसद बड़ी सफलता पाने पर होना चाहिये।'' अपनी पंसद का भोजन करना कोई बुरी बात नहीं है मगर प्राथमिकता अपने काम की होनी चाहिए।

अल्बर्ट आइंस्टीन की यह सोच थी कि इस दुनिया के होने का कोई मकसद है, तो हमारे इस दुनिया में होने का भी कोई मकसद है, इस मकसद को पाना ही जिंदगी है। जीवन को बोझ मानकर ढोना बुद्धिमानी नहीं वरन् बुज़दिली है। कवि मैथिलीशरण गुप्त के अनुसार - 'जान लो कि मृत्यु है, न मृत्यु से डरो कभी, मरो परन्तु यों मरो कि याद जो करे सभी, मरा नहीं वही कि जो जिया न अपने लिए, मनुष्य है वही कि जो मनुष्य के लिए मरे।' ऐसे ही स्वामी विवेकानंद के अनुसार जीवन की अवधि बहुत कम है और मृत्यु अनिवार्य है। इसलिए आओ, हम अपने आगे एक महान् आदर्श खड़ा करें और उसके लिए अपना जीवन उत्सर्ग कर दें। जॉन डी पॉल के अनुसार ''जीवन की सफलता इसी में है कि पराधीन न हों। जिसका जीवन दूसरों के अधीन रहकर बीतता है यदि उन्हें भी जीवन माना जाए तो मृतक कौन है? अर्थात पराधीनता से मृत्यु अच्छी है''।

**''ऊर्जा है, तो अच्छा जीवन है।
खाना ऊर्जा का स्त्रोत है।
जीने के लिए हम खाना खाते है
खाना खाने के लिए नहीं जीते हैं।''**

– इन्जी. ओ.पी. माहेश्वरी

138 आंसू आते है क्यों ?

जब भी कोई रोता है या खुशी का मौका या संक्रमण हो आँखों में आंसू आ जाते है। हमारी आंखों के बाहरी कोण के करीब आंसू की ग्रंथि (लेक्रिमल ग्लेंड) होती है। इससे स्त्रावित होने वाला जल पलकों, कॉर्निया और कन्जाक्टिवा को नम बनाए रखता है। कन्जाक्टिवा पलकों के अन्दरूनी हिस्से और आंख के सफेद हिस्से को कवर करने वाली एक पतली झिल्ली को कहते है। यह आंख के सफेद हिस्से का बचाव करने में

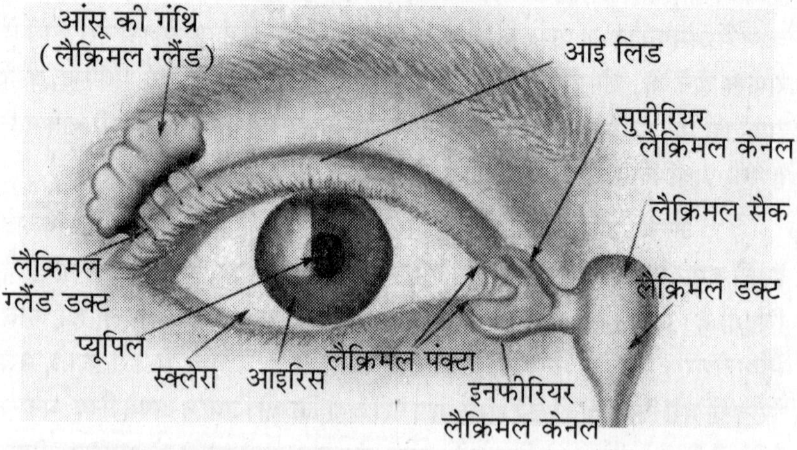

मुख्य भूमिका निभाती है। आंसुओं का सीधा सम्बंध मस्तिष्क से होता है जब इन्सान की भावनाऐं (इमोशन्स) बहुत बढ़ जातें है तो रोना भी अच्छा रहता है क्योंकि हमारा दिमाग करोड़ों नर्व सेल्स का बना होता है, जिन्हें न्यूरॉन्स कहा जाता है। ये न्यूरॉन्स पूरे शरीर में संदेश पहुँचाने का काम करते है। संकेतों और भावनाओं को आगे बढ़ाने के लिए न्यूरॉन्स न्यूरोट्रांसमीटर्स कैमिकल्स की मदद लेते है। चोट अथवा दु:ख व सुख की भावनाओं से प्रेरित होकर आंसू अधिक मात्रा में स्त्रावित होकर बहने

लगते है। नहीं रोना व अपने इमोंशंस को दबाने वाले लोग डिप्रेशन और दिल से सम्बधित बिमारियों से ग्रसित हो जाते है। अत: रोना भी स्वास्थ्य के लिए हितकर होता है।

" आंसू एक अज़ीब कहानी है,
खुशी और गम दोनों की निशानी है।
समझने वालों के लिए अनमोल है,
न समझने वालों के लिए पानी है।।"

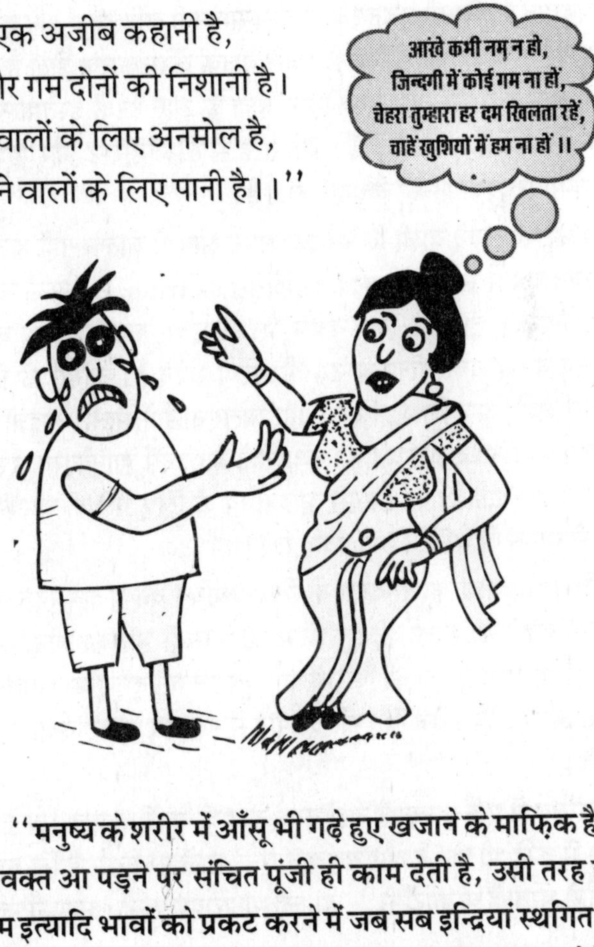

"मनुष्य के शरीर में आँसू भी गढ़े हुए खजाने के माफ़िक है, जैसे कोई नाज़ुक वक्त आ पड़ने पर संचित पूंजी ही काम देती है, उसी तरह हर्ष, शोक, भय, प्रेम इत्यादि भावों को प्रकट करने में जब सब इन्द्रियां स्थगित हो कर हार मान बैठती है, तब आंसू ही उन भावों को प्रकट करने में सहायक होते है।"

–बाल कृष्ण भट्ट : आंसू

139 प्रसाधनों का उपयोग कितना उचित?

अपने को आकर्षक, स्वस्थ और चुस्त दिखाने के लिए रासायनिक सौन्दर्य प्रसाधनों का धड़ल्ले से उपयोग हो रहा है। इन प्रसाधनों की कुछ मात्रा धीरे-धीरे समय के साथ शरीर में प्रवेश होती है, जो अति हानिकारक होने के साथ ही शरीर को नुकसान पहुंचाते है। जिनसे प्रजनन व विकास सम्बन्धी जटिलताएं होने की आंशका होती है। इनमें उपस्थित हाइड्रोक्किनो सबसे घातक कैंसरकारक होता है। हेयर स्प्रे उत्पादों में अक्सर प्रोपेन और एल्कोहाल होता है और उनके इस्तेमाल के वक्त सिगरेट न पीने की हिदायत होती है। इसी तरह से डीओडोरेण्ट और खुशबू वाली चीजों को आग से दूर रखने की चेतावनी होती है।

होठों पर लगने वाली लिपस्टिक अपने आप में घातक नहीं होती है मगर इसके रसायन धूप में सक्रिय हो जाते है। जिससे हानिकारक टाक्सिन्स बन जाते है बाजार में लिपस्टिक तो है ही, लिप ग्लास, लिप लाइनर, पलम्पर, लिप बाम, लिप प्राइमर, लिप कण्डीशनर, लिप बस्टर और लिप स्टोन है। आँखों के लिए आई लाइनर, आई शेडो, आई शिमर, ग्लिटर और कलर आई पेंसिल्स, आइब्रो पेंसिल्स, वेक्स, क्रीम, जैल आदि प्रसाधन उपलब्ध रहते है। इनमें हानिकारक रसायनों से चमड़ी खराब हो जाती है। आप उनसे कुछ समय के लिए भले ही चमक ले आयें मगर असली चमक तो शरीर में रक्त प्रवाह से है।

विशेषज्ञ त्वचा की सुन्दरता के लिए प्रसाधन की बजाय रहन-सहन पर ध्यान देने को कहते है। त्वचा की झुर्रियों में 30 फीसदी भूमिका जीन की होती है और बाकी असर पड़ता है धूप की किरणों का, धूम्रपान व प्रदूषण का। अतः स्पष्ट है कि पौष्टिक आहार लेकर तेज किरणों, धूम्रपान से बच कर सुन्दर त्वचा बनाये रखी जा सकती है।

“ जीवन वास्तव में एक उपवन है जहाँ तरह-तरह के सुगंधित फूल खिले है, किंतु साथ ही उन में कांटे भी होते है और यह बात चुनने वाले पर निर्भर है कि वह अपनी झोली फूलों से भरता है या कांटों से”- डा. लक्ष्मीनारायण शर्मा : आपकी पत्नी

“ अच्छे स्वास्थ्य से बढ़िया सौंदर्य की और कोई दूसरी परिभाषा नहीं होती है स्वास्थ्य अच्छा है तो आपके विचार भी स्वस्थ होगें। यह सोच है जागृति की।”

– इन्जी. ओ.पी. माहेश्वरी

140 सर्दी में ठण्डे पानी से नहाना

नहाना शरीर की बाह्य स्वच्छता के लिए अतिआवश्यक क्रिया है ताकि शरीर संक्रमित जीवाणुओं से सुरक्षित रह सके। नहाते समय साबुन आदि का उपयोग गन्दगी को अपने में घोल कर हटाने हेतु करना आम बात है मगर ऐसे भी बहुत से सज्जन होते है जो सर्दी की सुबह में, जब शरीर ठण्ड के मारे काँप रहा होता है उसी सर्दी में ठण्डे-ठण्डे पानी से नहाते है। स्वस्थ शरीर का तापक्रम 98.4° फॉरनाईट (37° सेन्टीग्रेट)होता है इस तापक्रम से 7° C सेन्टीग्रेट तक अधिक अथवा कम तापक्रम को स्वस्थ त्वचा साधारणतया सहन कर लेती है। बहुत अधिक ठण्डे व गर्म तापक्रम को भी शरीर कुछ क्षण (पल) के लिए तो सहन कर लेता है मगर लम्बे समय तक शरीर पर प्रतिकूल तापक्रम का बना रहना त्वचा को नुकसान पहुँचा देता है। गर्मी की तेज हवा में लू लगना व सर्दी की ठण्डी हवा से जुखाम सर्दी लगना यह हर कोई व्यक्ति अनुभव करता है। निर्जीव वस्तुओं में अगर देखें तो, काँच की गिलास जो बाहर से ठण्डी हो उसमें गर्म पेय डाला जाता है तो वह तड़क कर टूट जाती है, ठीक इसी तरह शरीर की त्वचा भी प्रतिकूल तापक्रम पर खराब हो जाती है। ऐसे प्रतिकूल तापक्रम होने से नहाने की क्रिया भी जल्दी-जल्दी की जाती है, साबुन भी ढंग से नहीं लगाया जाता है और कुछ ही पल में पानी शरीर पर उडेल कर नहा लिया जाता है जो कभी भी सही नहीं है। यह बात अलग है कि शरीर की क्षमता धीरे-धीरे जरूर बढ़ जाती है, मगर बीमारी से पीड़ित होने की ज्यादा सम्भावना रहती है। अतः शरीर को अधिक ऐसे कार्यों में कष्ट न दें और अनुकूल तापक्रम पर ही, धीरे-धीरे सावधानी के साथ नहाना चाहिये।

किसी कवि ने ठीक ही कहा है कि एक-एक क्षण गूंथ-गूंथ कर ही जिन्दगी बुनी जायेगी, एक-एक ईंट रख-रखकर ही भव्य इमारत चुनी जाएगी, एक-एक सुर अलाप-अलाप कर ही जीवन-गीत गाया जा सकेगा।आपकी छोटी-छोटी सावधानियां आपकी सेहत को तन्दुरूस्त बनाये रखेगी, अब आगे आपको सोचना है।

"सुख और सफलता साहसी व्यक्ति को ही मिलती है"

\- स्वेट मार्डेन

141 रेगिस्तान की रात सुहावनी क्यों?

बालू मिट्टी की विशेषता होती है कि गर्म भी बहुत जल्दी होती है तो ठण्डी भी बहुत जल्दी क्योंकि यह मिट्टी न चिपकने वाली रेत (Non Cohesive) होती है और इनके कण लगभग एक ही नाप के होते है इस कारण इसमें रन्ध्र अधिक रहते है। गर्मी के मौसम में जब रात शीतल होने लगती है तब रेत के इन कणों के मध्य भरी गर्म हवा बाहर निकल जाती है और यह भौतिक शास्त्र का नियम है कि गर्म हवा हल्की होती है जो ऊपर की ओर उठ जाती है। यही कारण है कि दिन की गर्मी में गर्म हुई बालू मिट्टी रात्रि में बहुत जल्दी ठण्डी हो जाती है। इसी कारण रेगिस्तान में लोगों को रात्रि में ठण्ड के मारे ओढ़ कर सोना पड़ता है और मरूस्थल की रात वातानुकूलित कमरे से कई गुणा सुहावनी हो जाती हैं।

भूख न जाने ताती भात।
नींद न देखे टूटी खाट।।

–अज्ञात

"मेहनत करने वाले व्यक्ति उबड़-खाबड़ सतह पर भी गहरी नींद में सो लेते है। जबकि विलासितामय जीवन जीने वाले व्यक्ति वातानुकूलित कक्ष में, नींद की गोली लेने पर भी नहीं सो पाते है।"

–इन्जी. ओ.पी. माहेश्वरी

" प्रकृति हमें बहुत कुछ देती है, स्वस्थ जीवन प्रकृति के साथ रहने में ही निहित है, स्वास्थ्य अच्छा होगा तो सोच भी स्वस्थ होगी, स्वस्थ सोच ही जागृति की सोच है।"

–इन्जी. ओ.पी. माहेश्वरी

142 जम्हाई (उबासी) लेते समय मुँह पर हथेली क्यों रखें?

जब व्यक्ति का मन किसी कार्य में नहीं हो मगर फिर भी बिना मन के करना पड़ रहा होता है या नींद आने का समय हो रहा हो तो जम्हाई/उबासी आ ही जाती है। जम्हाई आने पर मुँह से तेज हवा (श्वास) बाहर निकलती हैं जिसमें मुँह से कार्बन डाई ऑक्साईड एवं संक्रामित जीवाणु भी बाहर निकलते है। अतः पास बैठे व्यक्ति पर उसका प्रभाव न पड़े, इस हेतु हथेली को मुँह पर लगा देते है। इसको लगाने का एक और फायदा होता है कि उबासी (जम्हाई) के समय साँस बाहर छोड़ने के साथ तुरन्त उसी वेग से वायु को अन्दर भी खींचते है। उस दौरान वातावरण में घूम रहे मक्खी, मच्छर आदि कीटाणु मुँह में न जाये व हवा भी अगुंलियाँ से छन कर मुँह में जाये। इसीलिए हथेली को मुँह पर लगाना सभ्यता की निशानी है।

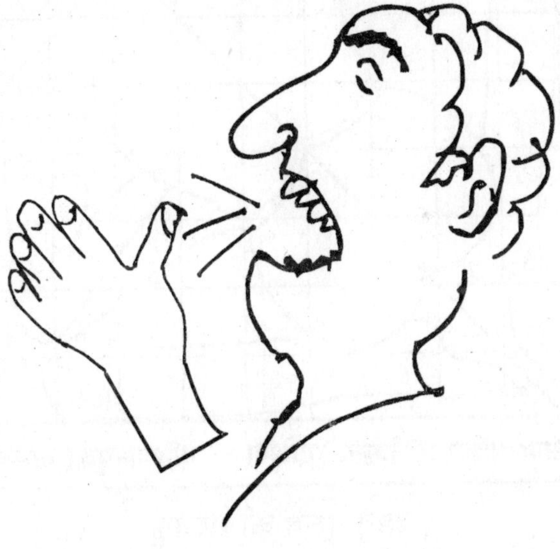

"वायरल बीमारियां हवा के माध्यम से फैलती है। इस संक्रमण को, आपकी थोड़ी-सी समझ से रोका जा सकता है।"

–इंजी. ओ.पी. माहेश्वरी

143 वास्तु पुरूष की उत्पत्ति और वर्तमान में आवश्यकताएं

वास्तु पुरूष की उत्पत्ति के बारे में कहा गया है कि प्राचीन काल में भगवान शंकर और अंधकासुर दैत्य के मध्य घमासान युद्ध हुआ। युद्ध के दौरान शंकर जी के पसीने की कुछ बूंदें जमीन पर गिरी, उन बूंदों से एक भयंकर प्राणी

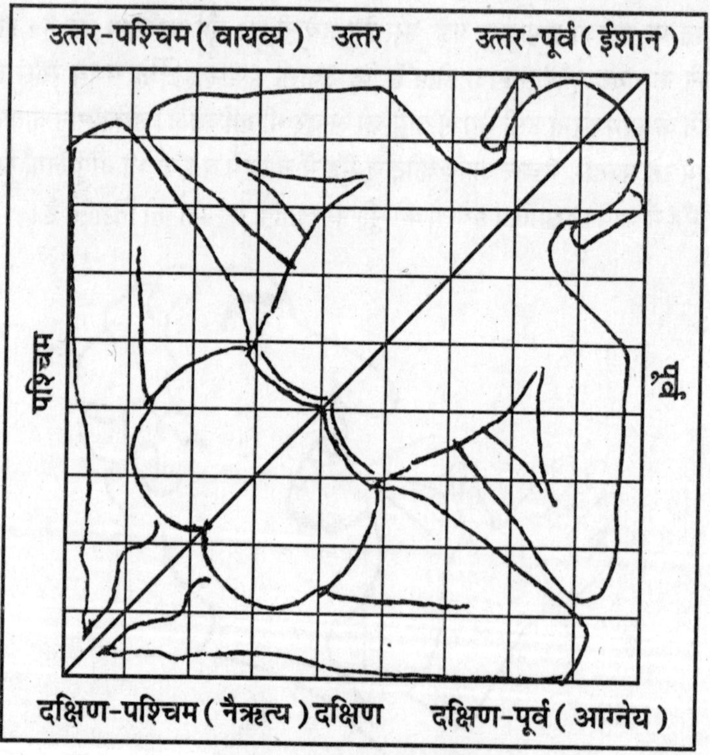

वास्तु पुरूष की संरचना

प्रकट हुआ जो लोगों को भयभीत करता हुआ देवताओं को नष्ट करने के लिए बढ़ा। तब ब्रह्माजी की आज्ञा पाकर देवताओं ने उसे पकड़ कर उसका मुंह नीचे करके जमीन में औंधा दबा दिया और उसे शांत करने के लिए वर दिया कि भूमि

संबंधी कार्यों में तेरी पूजा होगी। यही आकृति जो हर भूमि स्थल के अनुरूप अपना रूप ले लेता है और भूमि में वास करता है। उसे वास्तु पुरूष माना गया।

ऐसी काल्पनिक आकृति में न जायें क्योंकि वैदिक युग एवं वर्तमान समय की जरूरतों और भवन निर्माण शैली में काफी अन्तर आ गया है। आज के समय और प्राचीन समय की आवश्यकता में भी अन्तर आ गया है क्योंकि समय के साथ–साथ आवश्यकताऐं बदलती रहती है। वैज्ञानिक युग में जरूरतों के अनुसार नित नये साधन आ रहे है और उनसे अपना मुँह मोड़कर रखना रूढ़िवादिता की कृति है। अतः जरूरतों के अनुसार नये सिद्धांत व साधनों को ध्यान रखकर निर्माण अपनायें, क्योंकि वैदिक युग में मानव की मुख्य आवश्यकता ही जल स्त्रोत, वनस्पति एवं पशु पालन था। जंगल में काष्ठ की कुटिया में जीवन निर्वाह हो जाता था। मगर आज की सदी में वैज्ञानिक विकास द्वारा जल पाईप द्वारा सीधे घरों में पहुँचता है। ऐसे में पानी का स्त्रोत भूखण्ड के उत्तर में ही होना चाहिए, कदापि उचित नहीं है।

वास्तु शास्त्र में स्नानगृह पूर्व में होगा, दक्षिण–पूर्व (आग्नेय) रसोई का स्थान, शयनकक्ष दक्षिण में, दक्षिण–पश्चिम वस्त्रों का कक्ष, पश्चिम भोजन कक्ष तथा उत्तर पश्चिम गायों के सायबान के लिए। कोष उत्तर में होगा और पूजा कक्ष उत्तर पूर्व में। इस प्रकार वास्तु में सभी व्यक्तियों को अपने भवन की कुरसी क्षेत्र (प्लिन्थ एरिया) में विभिन्न कमरों के स्थान बनाने चाहिए। जबकि भवन को प्लिन्थ ऐरिया तक ही सीमित न रखकर सूर्य का पथ, पृथ्वी का गुरूत्वाकर्षण, पृथ्वी की मैग्नेटिक शक्ति, हवा का प्रवाह, ऐस्थेटिक व्यू आदि बातों को वैज्ञानिक तरीके से अपना कर वर्तमान युग के साथ विकास की गति बनाये रखी जा सकती है।

शिल्पकार विश्वकर्मा द्वारा भवन निर्माण सम्बन्धित कुछ नियम व वास्तु पुरूष की संरचना की गई। इन नियमों में वास्तु पुरूष को नक्षत्र, अंतरिक्ष,

कुण्डली, ज्योतिष शास्त्र, वैदिक धर्म, मंत्रो एवं वास्तु शास्त्र से जोड़ा गया। वर्तमान समय में इसकी उपयोगिता क्षीण हो गई है क्योंकि कृत्रिम साधनों के बिना भी जीवन की दिशा, नाप भी पहले से तय रहते है तब कोई भी भवन वास्तु दोष–मुक्त कैसे बन सकता है। कौनसा शहर, कौनसी दिशा, किसके लिये शुभ एवं अशुभ है, यह जानना आसान नहीं है। अगर यह जान भी लिया जाए तो परिवार के सभी सदस्यों पर यह एकसा लागू नहीं होता। जब ज्ञात वास्तु दोषों को भी पूरी तरह समाप्त नहीं किया जा सकता तो अज्ञात वास्तु दोषों से मुक्ति कैसे मिल सकती है?

प्रकृति का सही उपयोग ही वास्तु है। जिस निर्माण द्वारा भवन में शुद्ध वातावरण बना रहे एवं आपदाओं से निजात पाकर सभी की आरामदायक जिन्दगी मिलती रहे वहीं निर्माण उत्तम होता है। आधुनिक समय में मिलने वाले कृत्रिम सुविधाओं का, प्रकृति के साथ ऐसा समन्वय रखें कि घर के वातावरण में ताजगी के साथ प्रफुल्लता बनी रहे। रूढ़िवादी तथ्यों में न जाकर समय के अनुरूप प्रकृति व परिस्थिति अनुसार ही भवन का निर्माण करायें।

"वास्तु यानि वास्तव में उपलब्ध अवशेष, यानि प्रकृति के साथ आज उपलब्ध साधनों का समावेश ही समय की कसौटी पर खरा उतरेगा, अतः केवल रूढ़िवादिता में न जाकर, वर्तमान परिस्थितियों व उपलब्ध साधनों के समावेश से ही सही वास्तु निर्माण होगा।"

–इंजी. ओ.पी. माहेश्वरी

"इन्सान की प्रकृति व भूमण्डल की प्रकृति से सामंजस्य ही वास्तु विद्या है और यह निर्भर है आपकी जागृति पर।"

–इंजी. ओ.पी. माहेश्वरी

स्वास्थ्य सम्बन्धी धारणाऐं
(About Health Notions)

144 स्वास्थ्य सम्बन्धी जागृति

जब जागृति की सोच मन में विकसित करनी है तो हम स्वास्थ्य को कैसे अलग रख सकते है? स्वास्थ्य का मतलब है, रोगमुक्त जीवन। स्वास्थ्य तो तन, मन और आत्मोत्साह के समन्वय का नाम है। अगर शरीर स्वस्थ नहीं, तो मन स्वस्थ नहीं रह सकता, मन स्वस्थ नहीं, तो भाव शुद्ध नहीं होंगे। ऐसे में जीवन के कर्मक्षेत्र में कैसे उन्नति कर पायेंगे? आपका स्वास्थ्य आप के ही हाथ में है। केवल आवश्यकता है, प्रकृति के नियमों को समझने की, स्वास्थ्य के प्रति सजग रहने की और सार्थक उपायों पर ध्यान देने की। आरोग्यवान कौन नहीं रहना चाहता? शरीर की बीमारी से आदमी प्रसन्न रह सकता है किन्तु मन की बीमारी हो जाती है तो शरीर की बीमारी न होने पर भी प्रसन्न नहीं रह सकता क्योंकि मन शरीर से ज्यादा शक्तिशाली और संवेदनशील होता है। देह की स्वस्थता के लिए दिमाग की स्वस्थता अनिवार्य है। हमारा प्रयत्न यह होना चाहिये कि हमारा दिमाग जागृत रहे और अगर ऐसा होगा तो शरीर अपने आप ठीक चलेगा। कभी थोड़ा लड़खड़ाएगा, तब भी संभल जायेगा। इस हेतु गांधीजी ने इस बात पर काफी जोर दिया था "यदि हम स्वस्थ रहने के बारे में समाज के लोगों को जागृत करें तो लोग कम से कम बीमार पड़ेगे।" उमंग के साथ प्रेम, शांति, मुस्कान के भाव अगर जीवन में बने रहे तो तन भी स्वस्थ रह सकता है।

स्वस्थ का अर्थ है, स्व में स्थित हो जाना यानि स्वयं पर नियन्त्रण होना, स्व का मतलब आत्मा है, अत: आंध्यात्मिक दृष्टि से आत्म स्वभाव में यानि विज्ञान में रहने वाला ही स्व में स्थित यानि स्वस्थ होता है। आपका स्वास्थ्य सदा आपके ही हाथ में है केवल आवश्यकता है, स्वास्थ्य के प्रति सदा सजग रहने और सार्थक उपायों पर अमल करने की। सोच और मानसिकता का सीधा सम्बन्ध व्यक्ति की क्रिया मे होता है और क्रिया का सम्बन्ध मस्तिष्क से है। जो बात मस्तिष्क सही मानता है उसे हम करने की ओर अग्रसर हो जाते है अगर सोच में ही स्वास्थ्य सम्बन्धी सुरक्षात्मक रवैया है तो व्यक्ति बीमार नहीं पड़ सकता। अंग्रेजी में कहावत भी है कि "Prevention is better than cure" यानि सुरक्षा (बचाव) उपचार से बेहतर होती है। स्वस्थ रहने के लिए नियमित दिनचर्या, प्रकृति से सान्निध्य, शारीरिक मेहनत,पौष्टिक आहार और मन का सन्तुलन अति आवश्यक कार्य होते है। सुबह जल्दी उठना, नियमित कोई खेल खेलना भी स्वास्थ्य के लिए ठीक रहता है क्योंकि जैसे जीवन में अन्य क्रियाऐं आवश्यक है वैसे ही प्रतिदिन वर्क आऊट जरूरी है और खेल वर्क आऊट का बहुत अच्छा तरीका है। वर्क आऊट कसरत

से, योगा से और कडी़ मेहनत करके भी किया जा सकता है मगर इस के लिए नियमितता जरूरी है ताकि हर रोज शरीर में ऊर्जा बनी रह सके और इस ऊर्जा के लिए धन दौलत की नहीं, मन की शक्ति की जरुरत है। **दिमाग में वैज्ञानिक सोच रहनी चाहिए जो बीमारी को समझ सके**, शारीरिक (Physical), मानसिक (Mental) व सामाजिक (Social) तौर पर पूर्ण रूप से अच्छा होना ही स्वास्थ्य नहीं है अपितु कोई भी बीमारी से बचे रहना जागृति (सजगता) का हिस्सा है। बीमारी से दूर रहना स्वस्थ होने की निशानी है। हम वैल्थ के लिए अपनी हैल्थ को दांव लगा देते है और फिर वैल्थ खर्च करनी पड़ती है अपनी हैल्थ वापस पाने के लिए। तो इससे अच्छा यह नहीं होगा कि हम पहले से ही हैल्थ के प्रति सजग रहें। आप के विचार ही आपकी ऊर्जा है। इस संबंध में अपने विचारों के लिये स्वेट मार्टन ने अपनी पुस्तक 'निराशा से बचिए' में लिखा है कि :-

"**सदाबहार रहने का अर्थ है हमेशा जवान रहना और हमेशा जवान रहने का अर्थ है हमेशा जवान महसूस करते रहना**। जवानी या बुढ़ापा वर्षो से नहीं नापा जाता बल्कि मन की अनुभूति ही व्यक्ति को जवान या बूढ़ा बनाती है। यदि आप पचास वर्ष की उम्र में भी यह अनुभव करते है कि आप में तीस वर्ष की उम्र जैसे विचार है, उत्साह है, तो कोई कारण नहीं कि आप चेहरे से भी तीस वर्ष के न लगते हों।" कोई भी व्यक्ति अगर शरीर के लिए थोड़ा-सा जागृत हो जाए तो वह अपना स्वास्थ्य बेहतर रख सकता है हम जानते है कि हमारा शरीर पंचतत्वों से ही बना होता है। पृथ्वी, जल, अग्नि, वायु और आकाश -जीवन और जगत के मूल ये बुनियादी पाँच तत्व है इनका संतुलन ही जीवन है यानि प्रकृति के सान्निध्य में ही स्वस्थ जीवन है। अच्छे जीवन का पैमाना उम्र से नहीं, आपके स्वास्थ्यमय रहने से नपता है।

रोग प्रतिरोधकता शरीर में लाओ
ऊर्जामय जीवन को बनाओ
प्रकृति का सान्निध्य बढ़ाओ
जागृत रह कर जीवन महकाओ

"स्वास्थ्य का सीधा सम्बन्ध व्यक्ति की सोच में है। सोच से ही कर्म होता है, कर्म से परिस्थितियां बनती हैं"

रूग्ण शरीर व खराब मस्तिष्क में जोश व उमंग के भाव पैदा नहीं हो सकते, स्वस्थ विचार हमारे शरीर को शक्ति प्रदान करते है और वो स्वस्थ व जागृत मन में ही उत्पन्न होंगे।

-इंजी. ओ.पी. माहेश्वरी

145 बर्क (सिल्वर फॉयल) का उपयोग कितना उचित?

भारतवर्ष में मिठाई को खूबसूरत बनाने के लिए बर्क (फॉयल) को लगाने की प्रथा है। मिठाई स्वादिष्ट हो, या न हो बर्क लगा कर उसे चमकीली बना देते है। आजकल यह बर्क मिठाई के अलावा सूखे फ्राई मेवों, फ्राई सब्जियों, फलों, आइस्क्रीम, पान सुपारी पर लगाने का भी प्रचलन हो गया है। ये बर्क मांसाहारी श्रेणी में होते है क्योंकि इनका निर्माण पशुओं की नरम खाल (चमड़ी)से बनी थैलियों में होता है। थैलियों के मध्य चांदी अथवा धातु की बारीक पत्तियों (अलगा) को रख देते है। थैलियों के ढ़ेर को एक बड़े चमड़े के खोल में भर दिया जाता है, जिसे घंटों तक कारीगर लकड़ी के हथौड़े से पीट-पीट कर बर्क तैयार करते है। बर्क का उपयोग मानव शरीर के लिए हानिकारक होता है क्योंकि इंसान चांदी को हजम नहीं कर सकता। खून में लौह (आयरन) तत्व होता है मगर चांदी सोना उसमें नहीं रह सकते। इन्डस्ट्रीयल टॉक्सिकोलोजी रिसर्च सेन्टर, लखनऊ द्वारा स्पष्ट रूप में कहा है कि बाजार में उपलब्ध चांदी के बर्क जहरीले ही नहीं, बल्कि कैंसरकारक भी है। जिसमें जस्ता, सीसा, क्रोमियम, निकिल और कैडमियम जैसी धातुएं भी मिली होती है। जब ऐसी धातुएं शरीर में खाद्य पदार्थ के रूप में जाएगी तो निश्चित ही ये बीमारियों का कारण बनेंगी। शिमला के इंदिरा गांधी मेडिकल कॉलेज और अस्पताल के मेडिकल विभाग के प्रोफेसर अ. राजेश कश्यप के अनुसार "ठोस धातु चाहे किसी भी रूप में हो, सेहत के लिए काफी नुकसानदेह होती है। इससे सबसे ज्यादा नुकसान लीवर, किडनी और गले को होता है।" खाना स्वादिष्ट एवं पौष्टिक होना चाहिये न कि महंगा और सुन्दर। कोई भी अकार्बनिक वस्तु को हमारा शरीर सीधे नहीं पचा सकता। ऐसी वस्तु हानिकारक ही रहती है।

"सही तथ्यों की जानकारी ही वैज्ञानिक तरीका है"

– इन्जी. ओ.पी. माहेश्वरी

"खाना महंगा और सुन्दर दिखने वाला होने से अच्छा नहीं होता,
खाने को स्वाद व पौष्टिकता से तौलो।"

–इंजी. ओ.पी. माहेश्वरी

146 शाम को दाल का सेवन कितना उचित है?

इसमें कोई दो राय नहीं कि दाल हमारे स्वास्थ्य के लिए बहुत फायदे वाली होती है क्योंकि इसमें उपस्थित प्रोटीन से शरीर में अमीनो एसिड बनता है। जो मांसपेशियों के विकास के लिए आवश्यक होता है। बच्चों के विकास के लिए इसे अतिआवश्यक समझ सकते है। मगर अधेड़ उम्र वाले व्यक्ति जब रात को दाल का सेवन करेंगे तो क्या होगा? इसके बारे में कुछ सोचा जाएं? जहां हरी सब्जियों से 40 कैलोरी शरीर को मिलती है। वहीं साधारण दाल से 340 कैलोरी मिलती है और स्वाद अनुसार हरी सब्जियों से दाल ज्यादा भी खाई जाती है। जब खाने का समय भी रात को 8-9 बजे हो तो उसे पचाने का समय भी नहीं मिलता है। अतः अधिकतर अधेड़ व्यक्ति (40 वर्ष से अधिक) जो रात को दाल का अधिक सेवन करते है उनका शरीर स्थूल (मोटा) हो जाता है जो स्वास्थ्य के हिसाब से सही नहीं है। एक लोकोक्ति भी है कि सुबह राजा की तरह खाना खाये, दोपहर को साधारण व्यक्ति की तरह व रात को सन्यासी की तरह हल्का खाना खायें। किसी कारणवश खाना अधिक हो जाये तो आगे खाने में मात्रा कम कर देनी चाहिए ताकि अधिक ग्रहण किया गया खाना संतुलित (कम्पैनसेट) हो जाये। एक स्वस्थ आदमी को प्रतिदिन 60-70 ग्राम प्रोटीन का ही सेवन करना चाहिए, प्रोटीन से बार-बार भूख नहीं लगती। प्रोटीन दाल के अलावा मेवों, अण्डे, मांस व दूध में भी होता है। अतः अधेड़ व्यक्ति को इसे नियन्त्रित ही रखना चाहिए क्योंकि अधिक प्रोटीन के सेवन से मोटापा बढ़ेगा जिसके फलस्वरूप उच्च रक्तचाप, मधुमेह व हृदयाघात की सम्भावनाऐं बढ़ जाती है। मांसपेशियों के बढ़ने से मोटापा व किडनी खराब होने की भी संभावना बढ़ जाती हैं। प्रोटीन से काम करने की शक्ति बढ़ती है। मगर इसे पचायेंगे नहीं तो कई विकार पैदा हो जायेंगे। प्रोटीन का सेवन थोड़े-थोड़े अन्तराल से एवं थोड़ी-थोड़ी मात्रा में वर्कआउट के साथ रखें।

"सर्वे भवन्तु सुखिनः सर्वे सन्तु निरामया।" -अज्ञात

वैसे तो सभी दालें शरीर के लिए हितकर है। अगर तरीके से उनका उपयोग

किया जाये। दालों को उपयोग के लिए उन्हें पानी में भिगो कर अंकुरित कर देना ज्यादा फायदेमन्द रहता है और एक ही दाल पर जोर देने की बजाय हर रोज विविध दालों का प्रकार बदल-बदल कर उपयोग करना हितकर रहता है। दालों की विभिन्न किस्में जो सब्जी के तौर पर प्रयोग आती है, निम्न होती है।

चने (Gram) की दाल :- यह शक्तिवर्धक होती है, 24 घन्टे भिगो देने पर इसमें विटामिन 'सी' भी बढ़ जाता है। चने की दाल में बादाम से ज्यादा ताकत होती है इसलिए घोड़े को चने की दाल ही खिलाई जाती है।

मूँग (Green Gram) की दाल :- ज्वर से पीड़ित व बीमार व्यक्तियों के लिए इसका उपयोग हितकर है, दुर्बल रोगियों को इसका पानी भी पिलाया जा सकता है। पापड़ का निर्माण अधिकतर इसी दाल से होता है।

सोयाबीन :- इसमें प्रोटीन की मात्रा सभी दालों से ज्यादा होती है। अतः बच्चों के शारीरिक विकास के लिए बहुत उपयोगी है। यह शरीर की रोग प्रतिरोगधक क्षमता को बढाता है। साथ ही खून में कोलेस्टरॉल की मात्रा को निम्न स्तर पर बनाए रखने की क्षमता विकसित करता है जिसमे हार्ट अटैक की आशंकाए कम हो जाती है। सोयाबीन में पर्याप्त मात्रा में कैल्शियम होने से हड्डियां मजबूत होती है और इनका क्षरण भी रूकता है।

मोठ :-इसकी प्रकृति ज्वरनाशक और कृमिनाशक होती है। इसके बने बीकानेरी भुजिये प्रसिद्ध है।

उड़द :- इसे चिकनी दाल के नाम से भी जानते है, इसकी प्रकृति भारी व शक्ति वर्धक होती है अतः अच्छी पाचन क्रिया वालों के लिए ही हितकर है।

अरहर :- इसकी प्रकृति गर्म होती है, इससे पेट में गैस बनती है।

मसूर :- इसकी प्रकृति गर्म, रक्त गाढ़ा करने की होती है, इसे पचाने में अधिक समय लगता है।

"भोजन करो तो ऐसा करो, स्वस्थ रहे अपना तन-मन,
उतनी ही मात्रा का सेवन करें, जिसे पचा सके अपनी जठराग्नि।।"

-इंजी. ओ.पी. माहेश्वरी

147 दही का सब्जियों में उपयोग

ताजे दही (Yoghurt) का उपयोग स्वास्थ्य के लिए बहुत हितकारी है। दही का निर्माण एक रासायनिक क्रिया नहीं है। दही में दूध को फाड़ने वाले (किण्वी करण) करने वाले लेक्टोबेसीली नामक बैक्टीरिया होते है। दूध में उपयुक्त तापक्रम पर दही का जावण डालने पर, कुछ घण्टों के बाद दूध दही में परिणित हो जाता है, इसे बैक्टीरियोलोजिकल क्रिया कहते है। ताजे दही में पैथोजनिक जीवाणु होते है जो शरीर के लिए फायदेमंद होते है। जिनका काम हमारे शरीर में भोजन पचाने एवं आंतों में कुदरती बी काम्पलेक्स का निर्माण करने में भी सहायक होते है। देहात और गावों के लोग जो दूध-दही का हर रोज इस्तेमाल करते है, उनमें कभी भी अम्लपित्त (Acidity), अजीर्ण आदि नहीं पनप पाते है। मगर कुछ लोग दही को सब्जियों में खटाई हेतु उपयोग करते है इस हेतु सब्जी में खट्टे दही को डाला जाता है क्योंकि ताजा दही में खटास भी कम होती है और मात्रा भी अधिक डालनी पड़ती है। **सब्जी बनाने में दही को गर्म किया जाता है जिससे उसमें उपस्थित सभी पैथोजनिक जीवाणु मर जाते है अतः गर्म किये हुए दही से शरीर को वो सब फायदे नहीं मिल सकते है जो कि ताजे दही के इस्तेमाल में मिलते है** ।अतः जहाँ तक हो सके ताजे दही का ही उपयोग करे, ताजा दही दूध की अपेक्षा सरलता से पचता है अतः माँ के दूध के बाद बालक का सर्वश्रेष्ठ आहार ताजे दही को मानते हैं। मगर ज्वर, कफ, दमा, खाँसी व रात्रि में इसका उपयोग वर्जित माना गया है। दही को गर्म करने से फायदेमंद जीवाणु मर जाते है और दही केवल टार्टरिक एसिड (अम्ल) रूपी खटाई का ही काम करता है।

"स्वादिष्ट भोजन के लिए हम क्या-क्या नहीं करते, जब भोजन स्वादिष्ट लगता है तो मुँह में लार भी आ जाती है और एक आनन्द की अनुभूति करते है और जब कभी अस्वादिष्ट भोजन को ग्रहण करना पड़ जाता है तो व्यक्ति गुस्से से आग बबूला होकर उसे ग्रहण करता है। यह मानव की प्रवृति है कि वो जैसा भोजन करता आया है उसे ही स्वीकार करता है चाहे वो उसके लिए हितकर हो या अहितकर।"

– इंजी. ओ.पी. माहेश्वरी

148 हम क्यों न पियें अंग्रेजी चाय?

इसमें कोई दोराय नहीं कि एक घूंट चाय का, आपकी सुस्ती को उड़न छू कर देती है, सुस्ती का उड़ना मतलब कार्य क्षमता का बढ़ना ।इसमें रोग प्रतिरोधक क्षमता भी होती है। ऐसे अमृत से क्यों रहे हम वंचित ?

चाय (Tea) में मुख्य भाग पानी व दूध का रहता है। उबले हुए पानी में थोड़ी सी चाय की पत्ती, शक्कर, दूध डालकर चाय बनाई जाती है। चाय पीने की प्रथा भारत में अंग्रेजों ने शुरू की जो नाश्ते में बिस्किट के साथ हल्की उबली हुई चाय लेते थे। अतः चाय को भूखे पेट न लिया जाये तो इसमें कोई बुराई नहीं है क्योंकि इसकी अम्लता दही की खट्टी छाछ से कम होती है। चाय में कैफ़िन (Caffin) एवं टैनिक अम्ल (Tannic Acid) की मात्रा होती है। जिसका असर दिमाग की कोशिकाओं पर पड़ता है इसीलिए मस्तिष्क शरीर में स्फूर्ति का सन्देश भेजता है। वैज्ञानिकों का कहना है कि याददाश्त बेहतर करने के लिए रोजाना कम से कम 300-400 एम.जी. (2-3 कप चाय) कैफीन का सेवन करना ही चाहिए। चाय हमारी कई बीमारियों में भी फायदेमंद है, जैसे मूत्र के प्रवाह में अगर बाधा हो तो चाय में ठण्डा पानी मिलाकर पीने से ठीक हो जाता है। चाय हृदय रोग, ब्लड क्लोटिंग (खून के थक्के) को कम करने मे भी कारगर साबित होती है। चाय में मिला पानी, दूध शरीर में डिहाइड्रेशन (पानी की कमी का रोग) को रोकता है। चाय में मिली शक्कर भी ऊर्जा, स्फूर्ति बढ़ाने का काम करती है। हॉवर्ड यूनिवर्सिटी के एक शोध में ब्लड टेस्ट के आधार पर निष्कर्ष निकाला कि हमेशा चाय पीने से शरीर की रोग प्रतिरोधक क्षमता उन लोगों की तुलना में मजबूत होती है, जो चाय से परहेज करते है। बीमारी में जब शरीर में थकावट आ जाती है तो चाय रूपी अमृत से उसे भगाया जाता है। चाय का सही तरीके से उपयोग हो जैसे भूखे पेट न लेना, मेहनत अगर नहीं करते है तो बार-बार नहीं पीना, मसाले युक्त चाय न पीना, मधुमेह (शुगर) की बीमारी में शक्कर युक्त चाय न लें।

सन्तुलित मात्रा में चाय के उपयोग से नशे की आदत नहीं बनती है। मगर जब हम पेट भराई के तौर पर इसका इस्तेमाल करेंगे तो इसकी आदत होना स्वाभाविक है जैसे बिना खाना खाये हम नहीं रह सकते वैसे ही चाय की आदत पड़ जायेगी और इसकी इच्छा होनी शुरू हो जायेगी।

भोजन में ऐसा कौनसा खाद्यपदार्थ है जिसके अधिक खाने और गलत तरीके से खाने पर भी शरीर को नुकसान नहीं पहुँचता हो। शक्कर अधिक खायेंगे तो

मधुमेह (Sugar) बीमारी, घी, काजू अधिक खायेंगे तो हृदयाघात की बीमारी, दूध प्रोटीन अधिक तो मोटापे की बीमारी आदि। जब चाय शक्तिदायक, स्फूर्तिदायक पेय पदार्थ है, जिसके पीने से बढ़ा हुआ रक्तचाप, छोटी बीमारियां ठीक हो जाती है। अति हर चीज की बुरी होती है मगर नियन्त्रित तरीके से किया गया सेवन हितकर है।

चाय (Tea) किसे नुकसान करती है?

(1) जिसका पेट खाली हो व पेट भरने के लिए चाय तो पीते है मगर चाय के साथ बिस्किट, नाश्ता वगैरह नहीं करते है।

(2) चाय को इसके स्वाद के अलावा अन्य मसालों से विभिन्न स्वाद की बना कर पीना, जिसमें वह डाला गया मसाला हानिप्रद हो सकता है।

(3) मधुमेह के बीमारी वालों को चाय में डाली शक्कर से हानि हो सकती है।

(4) कोई भी अम्लीय चीज का सेवन कर रहे हो मगर मेहनत कर उसे नहीं पचा रहे हो तो अम्ल की अति होने से हानि होगी।

(5) जो लोग चाय में डाली गई पत्ती की सुगन्ध का स्वाद लेने की बजाय चाय को उबाल कर उसका काढ़ा बना कर पीते है।

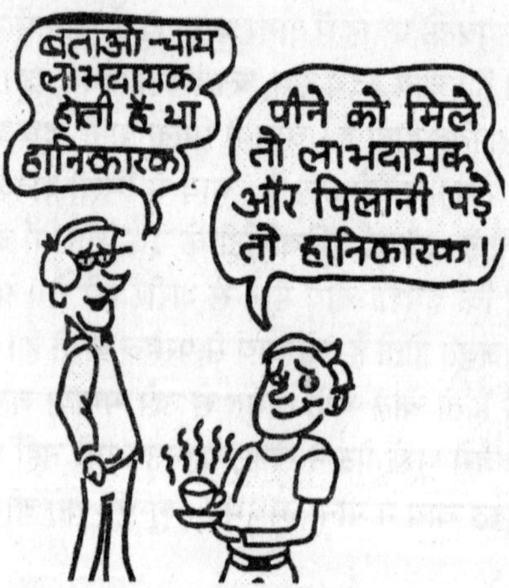

"जब मन में उदासीनता आती है तब शरीर को ऊर्जा की आवश्यकता रहती है। अब अगर स्फूर्ति ने आपका साथ दिया तो समझो लक्ष्य के समीप पहुँच रहे हो।"

–इन्जी. ओ.पी. माहेश्वरी

149 भोजन करने के लिए कुर्सी-टेबल का उपयोग

भोजन किस तरह बैठकर किया जाय, इस हेतु देश में अलग-अलग तरीके से बैठते हैं। जैसे कुछ लोग पालथी मारकर तो गावों में उकडू बैठकर घुटनों के बल बैठकर, कुछ लोग लकड़ी के पाट पर बैठकर, तो कुछ लोग चटाई पर बैठकर, भोजन ग्रहण करते है। मुसलमान भाई व्रजासन (घुटने मोड़कर बैठना) में बैठकर रोजा खोलते है। व्रजासन मे बैठने वाले व्यक्तियों की पाचन क्रिया पालथी मारकर बैठने वालों के मुकाबले अच्छी पाई गई क्योंकि व्रजासन में बैठने से शरीर वज्र (लौह) के समान हो जाता है। छोटे बच्चे अधिकतर उकडू (पंजों के बल बैठना) बैठकर ही भोजन करते हैं। अधिक मेहनत मजदूरी करने वाले ग्रामीण लोग भी उकडू पद्धति में बैठकर भोजन करते है और ऐसे लोग निरोगी भी रहते है। पाश्चात्य संस्कृति में कुर्सी व टेबल पर बैठकर तो हमारे देश में आलथी-पालथी लगाकर भोजन करते है। आजकल लोग खड़े-खड़े बुफ़े पद्धति में भी भोजन ग्रहण करते हैं। इसमें कोई सन्देह नहीं है कि खड़े व्यक्ति की दक्षता बैठे हुए व्यक्ति के मुकाबले ज्यादा रहती है चूंकि भोजन शान्ति से करना होता है अतः पालथी में बैठकर भोजन किया जा सकता है और यह हमारी पौराणिक (Traditional) पद्धति भी रही है। मगर कई व्यक्तियों के पैर पर पैर आने के कारण नसें दब जाती है और पैर सुन्न हो जाता है जो पैरलेसिस के लिए घातक है अतः यह तरीका उनके स्वास्थ्य के लिए ठीक नहीं है। समय के साथ कुछ बदलाव आ गये है आजकल काफी व्यक्ति डाईनिंग टेबल-कुर्सी का उपयोग कर भोजन करना चाहते है। चूंकि कुर्सी पर बैठने से पैरों व घुटने की नसों में खिंचाव नहीं आता है एवं पेट की नसों पर भी दबाव नहीं पड़ता है आजकल की वेशभूषा में जब धोती की जगह पैन्ट पहनते है, तब ऐसे कपड़ों में नीचे बैठना और कठिन हो जाता है।

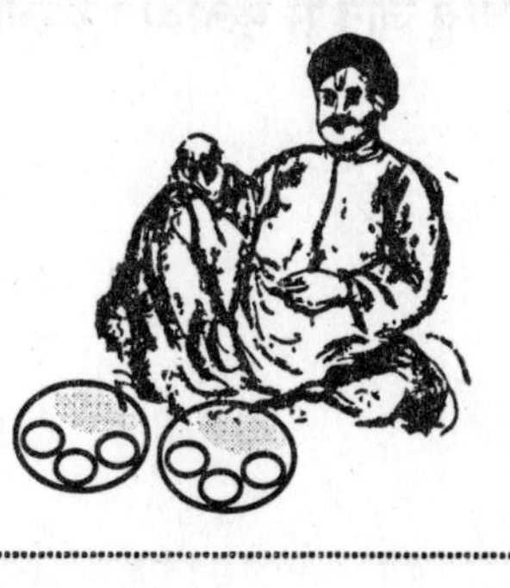

अतः कुर्सी पर बैठकर भोजन करना कतई गलत नहीं है। मोटे पेट वाले व्यक्तियों के तो उठने व बैठने की तो समस्या है ही, साथ ही पालथी मारकर बैठने वालों के नीचे का पेट जांघों से दबाव में रहता है नीचे बैठकर खाना खाने वालों में समस्या आती है और खाना भी आवश्यकता से अधिक खा लिया जाता है। यही कारण है कि कई पंडित व सेठ जो गद्दी पर बैठे-बैठे ही अपना काम करना चाहते है उनके पेट बहुत बड़े हो जाते हैं। प्रकृति में पालथी मार कर खाने वाला केवल इन्सान होता है अन्य सभी जानवर, पशु-पक्षी अपना भोजन खड़े-खड़े ही करते है। कुछ मांसाहारी जानवर जिन्हें खाने में काफी मेहनत करनी पड़ती है वे बैठ कर खाते है अतः इन्सान का पालथी मारकर आराम से खाना अतिरिक्त मात्रा को अपने शरीर में उड़ेलने की क्रिया ही है। भूख है, तो आदमी किसी भी तरीके से खा ही लेगा, चाहे प्लेट हो या हाथ में लेकर, चाहे खड़े-खड़े खा ही लेगा। अतः पालथी मारना अधिक खाने की क्रिया है। बैठकर खाने में मांसपेशियों एवं रीढ की हड्डी पर खड़े रहने के मुकाबले अधिक वजन आता है। भोजन ग्रहण करना इतना आवश्यक नहीं है जितना कि उसको पचाना। इसीलिए कहा जाता है कि जो अन्न पच गया वह तो अमृत है, जो नहीं पचा वह विष है। कुर्सी पर बैठकर डाईनिंग टेबल पर खाना खाने में कोई बुराई नहीं है। घुटने के दर्द वाले मरीज को डाक्टर बैठने के लिए कुर्सी इस्तेमाल करने की सलाह देते है। कुर्सी पर बैठने से कोई समस्या उत्पन्न नहीं होती है, भोजन को महत्व देनें के लिए थाली को पाट्टे (कम ऊचाई की मेज) पर रखने की प्रथा तो पहले से प्रचलित है ऐसे मे समुचित ऊचाई की मेज व कुर्सी का उपयोग कतई गलत नहीं है। अतः पौराणिक तरीके को छोड़ने में ही समझदारी है।

"दीपक से अधिक मूल्यवान होता है प्रकाश,
दीर्घायु जीने से मूल्यवान है स्वास्थ्यमय जीवन"

-इन्जी. ओ.पी. माहेश्वरी

150 रात्रि में पेड़ के नीचे क्यों नहीं सोना नहीं चाहिये?

हमारे यहां ऐसी मान्यता है कि रात्रि के समय अगर पेड़ के नीचे सोयेंगे तो भूत-प्रेत लग सकते है। इस मान्यता के पीछे यह तर्क रहा होगा कि सूर्य की रोशनी में पेड़ कार्बन डाई ऑक्साईड गैस को अवशोषित करते है एवं ऑक्सीजन को छोड़ते है। जो हमारे स्वास्थ्य के लिए भी हितकर है, मगर रात्रि में पेड़ कार्बन डाई ऑक्साईड (CO_2) को छोड़ते है, जो हमारी सेहत के लिए हानिकारक गैस होती है। अधिक कार्बन ड्राई ऑक्साइड गैस से व्यक्ति बेहोश भी हो सकता है और मस्तिष्क में कई विकृतियां आ सकती है। अपना संतुलन बिगड़ सकता है। इसी बात को ध्यान में रखकर यह मान्यता बनी कि रात्रि में खुले में सोयें मगर पेड़ के नीचे सोने की नहीं सोचें। इस मान्यता को मानना उचित ही है। अच्छी नींद के लिए आवश्यक है-

♦ अधूरे कार्यो की लिस्ट बनाकर कल करने हेतु मन में शांति लाये और चिन्तामुक्त बनें।

♦ अपनी दिनचर्या में नींद का समय निश्चित करें और इसका पालन करें।

♦ सोने के स्थान का तापक्रम 17-21 डिग्री सेल्सियस नींद के लिए अच्छा होता है यानि स्वस्थ शरीर को तापक्रम 37 डिग्री सेल्सियस से आधा तापक्रम ही बनाये रखें। अधिक गर्म या ठंडा तापक्रम न हो।

♦ प्रतिदिन शारीरिक मेहनत बनाये रखें।, ♦ कमरे में अंधेरा, शांति बनाये रखें।

♦ नशा, नींद की गोलियों की आदत से परहेज करें।

♦ भोजन अधिक मात्रा में एवं गरिष्ट न हो।, ♦ अनियंत्रित दिनचर्या से बचें।

♦ अनिद्रा से पीड़ित व्यक्ति को दिन के समय नहीं सोना चाहिये।

♦ प्रकृति से सान्निध्य बनायें, हो सके तो सोने और उठने से आधा घण्टा पूर्व प्राकृतिक हवा का प्रवाह एवं तापक्रम बनायें।

♦ रात में सोने से पहले गर्म पानी से स्नान करके अपना मूड अच्छा कर ले। हो सके तो कुछ देर म्यूजिक व अपनी जवानी के समय के गानों को सुनकर सोये।

"पेड़ों की श्वसन क्रिया दो-धारी तलवार है जो इसे नहीं जान पाता उसे चोटिल भी होना पड़ सकता है। जिस व्यक्ति को श्वसन गैस का ज्ञान नहीं होगा मूर्छित भी हो सकता है।"

– इन्जी. ओ.पी. माहेश्वरी

151 क्या मसालेदार भोजन भी फायदेमंद होता है?

हम भारतीयों का खाना काफी चटपटा होता है। जिसमें तरह-तरह के मसाले डाले जाते है नमक का स्वाद खारा, मिर्च का स्वाद तीखा, इमली का स्वाद खट्टा होता है फिर भी इनका उपयोग हमें स्वाद में अच्छा लगता है। इन मसालों में हल्दी, इलायची, मिर्च, नमक, काली मिर्च आदि मुख्य होते है। ये मसाले एंटी बैक्टीरियल भी होते है दूसरे अन्य मसाले जैसे जीरा, अजवायन, लौंग, दालचीनी, प्याज, लहसुन, अमचूर वगैरह भी शरीर की कई सारी बीमारियों से निजात दिला देते हैं। यहाँ तक की लाल मिर्च के उपयोग से खून पतला होता है जिसमें हृदय सम्बन्धी बीमारी की सम्भावनाएं कम हो जाती है।

हाल ही विश्व भर में स्वाईन फ्लू का प्रकोप छाया हुआ था। तब रूस के राष्ट्रपति ने कहा कि भारत के लोग इससे इसलिए बचे हुऐ है क्योंकि इनके खाने में एण्टी बैक्टीरियल मसालों का उपयोग होता है और यह बात सत्य भी रही।

तेज मसालों से जहाँ शरीर में उत्तेजना एवं स्फूर्ति बढ़ती है वहीं मसालों के उपयोग से जो रसायन बनते है वे नाड़ी तन्त्र को मजबूत बनाते है। यह मजबूतीभरी उत्तेजना होती है जो दक्षता को बढ़ाती है। प्याज, लहसुन, हल्दी, मिर्च का उपयोग नहीं करने वाले व्यक्ति में गुस्सा जरूर कम आता होगा मगर जीवन में गुस्से की भी अहमियत है क्योंकि सही काम के लिए किया गया गुस्सा ही कार्य की उत्तेजना होती है जिससे दक्षता बढ़ती है। अत: मेहनत करने वाले व्यक्ति को मसालों से परहेज नहीं करना चाहिये।

मसाले न केवल खाने का जायका बढ़ाते है इनमें हमारी कई सारी बीमारियां रोकने की शक्ति भी निहित होती है।

मसाला	स्वाद	औषधि
हल्दी (Turmeric)	कड़वा	एण्टीसेप्टिक, रोग प्रतिरोधक क्षमता, आर्थराइटिस व रक्त वाहिकाओं को मजबुती देता है।
लौंग (Cloves)	तीखी सुगन्ध	अजीर्ण, पेट में जलन, दाढ़ दर्द ठीक होता है।

प्याज (Onion)	चटपटा स्वाद	हैज़ा व लू से बचाव, नेत्र-दृष्टि बढ़ती है। हार्ट अटैक की सम्भावना घट जाती है।
लहसुन (Garlic)	चटपटा तेज स्वाद	हृदय रोग, ब्लड प्रेशर को ठीक कर पुरूषत्व को बढ़ाता है।
गुड़ (JAGGERY)	मीठापन	रक्त निर्माण, शरीर में स्फूर्ति
मैथी (Grnugreek)	सुगन्ध, खारा	मधुमेह, कब्ज एवं वात रोग निवारक
जीरा (Cumin Seed)	शीतल सुगन्ध	पेट में गर्मी को ठण्डा करने का काम
पुदीना (Mint)	ठण्डी सुगन्ध	विटामिन 'ए', वायु तथा कफ नाशक
जायफल (Nutmeg)	तेज सुगन्ध	पेट में कीड़े, खांसी, सांस रोग हेतु
सौंठ (Dry Ginger)	तेज सुगन्ध	पाचन तन्त्र को ठीक करने में
हींग (Asafoetida)	तेज सुगन्ध	पेट की वायु विकार, दाँत दर्द निवारक
मिर्च (Chilli)	चरखा, तीखा	भोजन पाचन, रक्त विकार पीलिया, दर्द निवारक में लाभकारी
अजवायन (Kings Cumin)	तेज तीखी सुगन्ध	पेट दर्द व पाचन रोगों में लाभकारी
धनिया (Coriander)	शीतल सुगन्ध	मुँह की दुर्गन्ध व कब्ज निवारक, किडनी की कार्यप्रणाली ठीक करता है, कोलेस्ट्रोल घटाता है
सिरका (Vinegar)	खट्टा	पाचन तन्त्र व स्फूर्तिकारक
आंवला (Amla)	खट्टा	आँखों की ज्योति, विटामिन-सी
सौंफ (Aniseed)	मीठी सुगन्ध	पाचन तन्त्र में, शरीर में ठण्डक, घमौरियों में हितकर
काली मिर्च (Black Pepper)	चरखाहट	जुखाम, चर्मरोग व पाचन शक्ति में हितकर
इलायची (Comfit)	भीनी सुगन्ध	मुख दुर्गन्ध, उल्टी हेतु, पाचक

		प्रणाली ठीक करने में सहायक
शक्कर (Sugar)	मीठा	तुरन्त शक्तिवर्धक
इमली (Tamrind)	शीतल खट्टा	लू, फोड़े–फुन्सी से बचाव
राई (Brassica)	सुगन्ध	खुजली, कफ तथा पित्त हरने में
नमक (Salt)	खारापन	खाना पचाने, शरीर में हानिकारक जीवाणु को नष्ट करने में, ब्लड प्रेशर नियन्त्रण हेतु।
मीठा सोडा ($NaHCo_3$)	नरम	अम्लता को कम करने में
अदरक (Ginger)	चटपटा सुगन्धित	भूख बढ़ाने में, ज्वर, खांसी व गले की खराश में, उल्टी में हितकर
केसर (Saffron)	सुगन्ध	इसके उपयोग से त्वचा में निखार आता है
शहद (Honey)	मीठा रस	इसमें एन्टिऑक्सीडेंट्स होते है जो कोशिकाओं को क्षतिग्रस्त होने से रोकते है, मुंह के छाले, मोटापा, एनीमिया, मासिक धर्म, चर्म रोग, रक्तचाप में भी हितकर
नारियल (Coconut)	ठण्डा तैलीय	बाल लम्बे व घने बनाने में, पथरी हटाने में, शक्ति वर्धक
तेज पत्ते	सुगन्ध	पित्त रोग, कफ़नाशक
कपूर (Camphur)	कड़वा	दांत दर्द, हैजा, नकसीर, चर्म रोग
नीम्बू (Lemon)	खट्टा	यह विटामिन–सी का काम करता है, पाचन, पाईरिया, पेट दर्द, कब्ज, जुखाम एवं त्वचा विकारों में
दालचीनी	तीखी सुगन्ध	बुखार, डायरिया, कब्ज, जी मिचलाना व मासिक धर्म में आराम एवं वीर्यवर्धक, बैक्टीरिया, फंगस और वायरस को नष्ट करने की क्षमता होती है।

जीनें योग्य जीवन जिओ,
खाने योग्य खाना खाओ
रहे तन-मन रोग मुक्त,
पौष्टिक भोजन होता सर्वोत्तम।

-इंजी. ओ.पी. माहेश्वरी

152 स्वादिष्ट भोजन सुबह या शाम?

यह सब जानते है कि भोजन जब स्वादिष्ट होता है तो ज्यादा खा ही लिया जाता है और आवश्यकता से अधिक खाये गये भोजन से लाभ मिलने के स्थान पर शरीर को नुकसान हो जाता है। पेट पर चर्बी बढ़ने से शरीर पर आवश्यकता से अधिक डाले गये व्यंजनों का प्रकोप ही होता है अतः मेरी राय में सुबह का भोजन शाम के बजाय ज्यादा स्वादिष्ट होना चाहिये। जैसा कि आपको दाल बहुत पसन्द है मगर आप सुबह की बजाय शाम को खाते हैं व खाने के कुछ ही घन्टों बाद सोना होता है तो यह शरीर में अपाचन, चर्बी बढ़ाने का काम करेगा।दाल में 340-400 कैलोरी होती है जबकि हरी सब्जियों में 20-40 कैलोरी होती है अतः अधेड़ एवं वृद्ध उम्र वालों को रात्रि में दाल का सेवन कम करना चाहिये। जबकि सुबह किये गये भोजन को पचाने में काफी लम्बा समय मिल जाता है। दिन में वर्क आऊट भी ज्यादा होता है अतः शादी समारोह में रात्रि के समय किया गया गरिष्ठ भोजन शरीर में चर्बी बढ़ाने का काम करता है। अतः भोजन की मात्रा के साथ, भोजन के स्वाद के साथ, समय का भी ध्यान रखें। ताकि आपका जीवन हेल्दी और हैप्पी बना रह सके।

जगते हुऐ जो ना जगे,
समझते हुऐ जो ना समझे,
वो कभी ना होगा जागृत,
अपनी सोच को जगाओ,
जागृत रहकर जीवन चलाओ।

"समय की आहट को सूंघने की अद्भुत क्षमता ही विवेक है आप जागृत है तो सही व गलत को परख ही लेंगे।"

– इन्जी. ओ.पी. माहेश्वरी

153 व्रत का स्वास्थ्य पर प्रभाव

भोजन का मापदण्ड केवल स्वाद ही नहीं है। भोजन का नियमित समय पर सेवन अति आवश्यक क्रिया है। भोजन के द्वारा ही हमारे शरीर में ऊर्जा, शक्ति, ताकत व बल आता है। शक्ति है तो शरीर भी स्वस्थ रहेगा। कमजोर व्यक्ति जरा-सी प्रतिकूलता में विचलित हो जाता है शारीरिक शक्ति का मतलब शारीरिक सौष्ठव नहीं है। बहुत वजन उठाने वाला शारीरिक मजबूत होगा यह जरूरी नहीं है। शारीरिक शक्ति का अर्थ ज्ञान तंत्र, ग्रन्थि, नाड़ी, मस्तिष्क, मेरूदण्ड आदि का मजबूत होना है। शरीर स्वस्थ है तो आप शक्तिशाली व्यक्ति है। इसके लिए जीवन में क्रमबद्धता (नियमितता) से सभी क्रियायें होना आवश्यक है। अगर ऊर्जा लेने के लिए केवल भोजन ही भोजन कर रहे हैं तो वो भी गलत है व अगर भूखे रह रहे हैं तो वो भी गलत है। जितनी भूख हो उससे थोड़ा कम भोजन करना स्वास्थ्य के लिए हितकर है। इस सम्बन्ध में एक धारणा भी है कि हमें जितनी भूख हो उसे भी चार भागों मे बाँट देना चाहिये। दो भाग भोजन के लिए, एक भाग पानी के लिए और एक भाग वायु के लिए छोड़ देना चाहिये। परन्तु अधिकतर लोग जब खाना खाने के लिए बैठते है तो अपनी भूख से दो-चार कौर अधिक खा बैठते है। जब व्रत किया जाता है तब मन में यह बात आ जाती है कि आज शाम को कुछ नहीं खाना है, अतः स्वादिष्ट व्यंजन बनाये जाये व खाना भी हर रोज से अधिक खाया जाये ताकि शाम तक भूख नहीं लगे। एक साथ बैठ कर एक ही बार में ज्यादा भोजन ग्रहण करने से कई सारी समस्यायें उत्पन्न हो जाती है। ज्यादा खाने से अजीर्ण, मधुमेह, मोटापा आदि तो सामान्य बीमारियां तो होती है ही, साथ ही हृदयघात जैसी खतरनाक बीमारियां भी एक साथ ज्यादा कैलोरी लेने से ही होती है, क्योंकि ज्यादा कैलोरी साथ में लेने से कैलोरी जब तक बर्न नहीं होती है तो वह वसा के रूप में धमनियों में जमाव करती है। जो धमनियों का लचीलापन कम कर देती है और यही कारण बनता है दिल के दौरे (हार्ट अटैक) का। एक साथ भोजन करने से शरीर में मधुमेह की बीमारी की भी सम्भावना बढ़ जाती है, इसीलिए मधुमेह से पीड़ित व्यक्तियों को भोजन ग्रहण करने से पहले इन्सुलिन का इन्जेक्शन लेना पड़ता है। अतः अगर उसी खाने को एक साथ न खाकर कुछ समय अन्तराल से सेवन किया जाये तो शरीर में बनने वाले एसिड का रक्त में उपयोग हो जायेगा। जो शरीर के लिये ईंधन का काम करेगा। जिससे मधुमेह बीमारी में भी राहत मिलेगी। क्योंकि भोजन के बाद पाचन तंत्र में मौजूद अणु जिसे एंजाइम्स कहा जाता है वह प्रोटीन को अमीनो एसिड में, फैट्स को फैटी एसिड में और कार्बोहाइड्रेट को ग्लूकोज में बदल देते है। कोई भी कार्य करने पर शरीर अमीनो एसिड और फैटी एसिड को एनर्जी सोर्स के तौर पर उपयोग कर लेता है। जो रक्त में अवशोषित हो जाता हैं बचा हुआ अतिरिक्त एसिड व ग्लुकोज मांसपेसियों में जमा हो जाता है जो फैट बढ़ाने का काम करता है।

अब प्रश्न उठता है कि हम तो व्रत में भूखे रहते हैं फिर क्या समस्या ? इस हेतु सेन फ्रांसिस्को स्थित कैलिफोर्निया युनिवर्सिटी के एक शोध से पता चला है कि कम कैलोरी का भोजन लेने से भी स्वास्थ्य संबंधी कई सारी बीमारियों का घर बन जाती है। साथ ही लार सम्बंधी टेस्ट करने पर पाया गया कि कम कैलोरी का सेवन करने वाले लोग मानसिक तनाव (स्ट्रेस) से पीड़ित रहे। शरीर में कम ऊर्जा व कैलोरी के सेवन से स्ट्रेस हार्मोन का स्तर बढ़ गया जो ब्लडप्रेशर, उल्टियों, डायबिटिज व हृदय विकारों का कारण बन गया।

इससे निष्कर्ष यही निकलता है कि नियमित समय पर कम मात्रा में सन्तुलित आहार ही लेना चाहिये, न कि आज तो व्रत है खाने में मिष्ठान वगैरह तो होने ही चाहिये। खाना भी शाम को नहीं होगा अतः थोड़ा ज्यादा ले ही लिया जाये। यह गलत तरीका है शरीर जिस दिनचर्या का आदि हो जाता है वही नियमित बनाये रखना ही स्वास्थ्य जीवन के लिए आवश्यक है। यथासम्भव प्राकृतिक नियमों का पालन किया जाए। शुद्ध हवा, शुद्ध पानी, पौष्टिक आहार उचित मात्रा में आवश्यकतानुसार पाचन के नियमानुसार उचित समय पर ही ग्रहण किया जाए। जिस तरह मल का विसर्जन हर रोज समय पर करना होता है। ऐसे ही आहार ग्रहण करने की नियमितता बनाये रखनी चाहिये। इनकी उपेक्षा का तरीका आग लगाकर ठण्डक प्राप्त करने की क्रिया होगी।

शरीर के विभिन्न अंगों पर भूखे रहने का असर पड़ता है जैसे -

आंत	:- पेट में अल्सर की बीमारी हो जाना।
हार्ट और फेफड़े	:- निम्न रक्तचाप, धीमी धड़कन, हार्ट फैल
मांसपेशियां और हड्डियां	:- मसल्स में कमजोरी, हड्डियों का कमजोर पड़ना (ओस्टियोपोरोसिस)

चिकित्सक डॉ. राजेश बाहेती के अनुसार भूखे रहने से फैट और प्रोटीन का ब्रेक डाउन होगा, जिससे वजन कम होगा एवं शरीर में हानिकारक कीटोन बोडीज (Ketone Bodies) बनेगी, जो कि स्वास्थ्य के लिए बहुत हानिकारक होते है, जिससे लिवर व किड़नी खराब होगी व मरीज बेहोश भी हो जाता है।

''हाथ कंगन को आरसी क्या, क्या गलत क्या सही,
आपका स्वास्थ्य इसका है पैमाना''।

– इंजी. ओ.पी. माहेश्वरी

154 क्या छोटे बच्चे के लिए माँ का दूध ही शुभ होता है?

हम सब जानते है कि माँ का दूध बच्चे के लिए सर्वोत्तम पौष्टिक आहार है। बच्चे की उम्र जब छः माह तक होती है तो दूध में वो सारे तत्व एवं पानी तक मिल जाता है जो बच्चे के लिए आवश्यक है। मगर छः माह से अधिक उम्र के बच्चों को पानी एवं अन्य पतला आहार दिया जा सकता है। माँ के दूध में रोगनिवारक एवं रोग प्रतिरोधकता (Immunity) की शक्ति होती है। साथ ही इसे पिलाने से माताएं स्वयं भी तन्दुरूस्त रहती है अन्यथा हार्मोनल गड़बड़ी से कई बीमारियां लग जाती है। बच्चे के लिए माँ का दूध अमृत होता है क्योंकि बच्चे के लिए आवश्यक सारे पौष्टिक तत्व माँ के दूध में मिल जाते है मां का दूध रोग प्रतिरोधकता के साथ बच्चे का बौद्धिक स्तर बढ़ाने में भी मददगार होता है। जब बच्चा तन्दुरूस्त रहेगा तो हर चीज सीखने और करने में भी आगे रहेगा। मगर फिर भी कई कारणों से कई बार माँ का दूध बच्चे को नसीब नहीं हो पाता है। तब उसे गाय के दूध में पानी मिला कर या बकरी का दूध पिलाया जा सकता है। गाय के दूध में 67 कैलोरी होती है जबकि भैंस के दूध में 117 कैलोरी होती है जिसे बच्चा आसानी से पचा नहीं पाता है। अगर बच्चे को दाल का पानी भी दे तो उसमें 340 कैलोरी होती है, वह भी छोटे बच्चे के लिए काम का नहीं है। हाँ, अगर बच्चा सात-आठ माह का हो गया है तो उसे ज्यूस, पानी, गाय का पतला दूध दिया जा सकता है। माँ के दूध का सेवन बच्चे को दो वर्ष तक करवाना चाहिये। क्योंकि माँ के दूध में इम्यूनोग्लोक्सि, (Imnunaglobulin-IgA-IgG) इत्यादि तत्व होते है। जो शरीर में रोग प्रतिरोधक क्षमता को बढ़ाते है जो कृत्रिम दूध एवं अन्य आहारों में उपलब्ध नहीं हो पाता है।

"ममता मधु भी है, मद्य भी, ममता सोने का धागा है पर लोहे की जंजीर से मजबूत, और जिंदा सांप की तरह धीरे-धीरे लपेट लेता है, जो उसे तोड़ सकते है वे या तो देवता है, महावीर या फिर जानवर, साधारण लोगों को उस की लपेट में जितना कष्ट है उतना ही आनंद है"

– तारा शंकर : दो आंखें

155 अचानक धूप से अंधेरे में आने पर साफ क्यों नहीं दिखता?

जब हम तेज धूप से अंधेरे कमरे में आते है तो कमरे की वस्तुएँ साफ नहीं दिखाई देती, पहले वे धुंधली तथा कुछ समय बाद साफ दिखाई देने लगती है। इसका कारण प्रकाश की चमक के अनुसार हमारी आंख की पुतली के आकार का स्वतः समायोजन अथवा सिनक्रानाइज (Synchronize) (एक अवस्था से दूसरी अवस्था में धीरे-धीरे आने की क्रिया) हो जाना है। धीमी रोशनी में हमारी आंख में अधिक प्रकाश प्रवेश कर जाता है तथा तेज प्रकाश में पुतली संकुचित हो जाती है, जिससे आंख में कम प्रकाश प्रवेश कर पाता है। इसीलिए जब हम तेज धूप से अचानक अंधेरे कमरे में आते है तो पुतली को चौड़ा होने में कुछ समय लगता है। इसी समयान्तर के कारण हमें तुरन्त अंधेरे कमरे की वस्तुएँ स्पष्ट नहीं दिखाई देती।

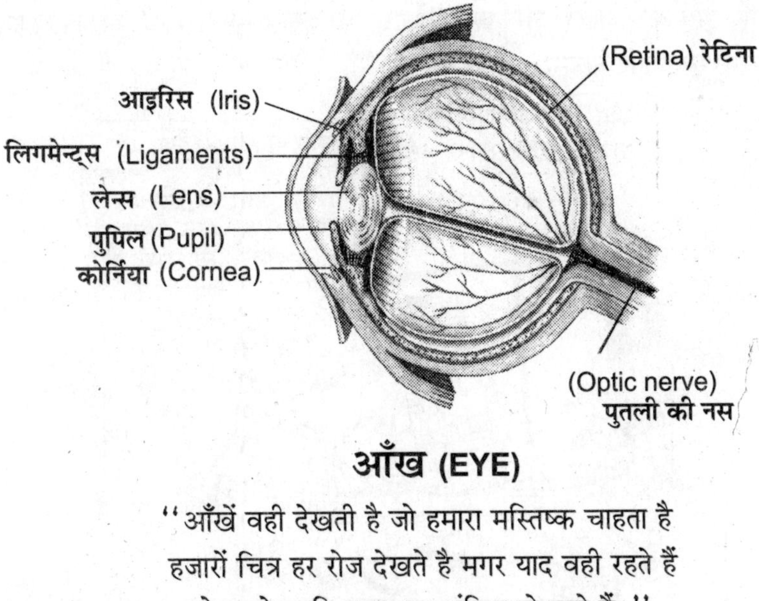

आँख (EYE)

"आँखें वही देखती है जो हमारा मस्तिष्क चाहता है
हजारों चित्र हर रोज देखते है मगर याद वही रहते हैं
जो हमारे स्मृति पटल पर अंकित हो जाते हैं।"

–इंजी. ओ.पी. माहेश्वरी

156 क्यों सो जाते है हाथ-पैर ?

ऐसा कई बार हम महसूस करते है कि हमारे पैर सुन्न हो गये और हम पैरों से चल नहीं पा रहे है। यह स्थिति जब हम एक ही पोस्चर में काफी समय तक बैठे रहते है तब हमारे शरीर की रक्त वाहिनियां (नसें) दब जाती है और इनके दबे होने के कारण इनमे रक्त का प्रवाह जो कि हर समय चलता रहता है, वह बन्द हो जाता है। रक्त का प्रवाह बन्द होते ही हमारा मस्तिष्क हमें सूचित कर देता है और अनुभव होने लगता है जैसे हाथ या पैर में करण्ट-सा आ गया हो, इसे हाथ-पैर का सोना भी कहते है। अगर इसी अवस्था में लम्बे समय तक रहेंगे तो रक्त प्रवाह रूकने से उस भाग में शक्ति क्षीण हो जाती है जिससे लकवा भी हो सकता है। अतः आवश्यक है कि शरीर को चलायमान रखें, नसों को लम्बे समय तक दबी हुई अवस्था में न रखें। यह भी देखा होगा कि आलसी सुस्त बैठने वालों में यह समस्या अधिक रहती है जबकि स्फूर्ति वाले व्यक्ति में यह समस्या कम रहती है। सुन्न होने की अवस्था में खड़े होकर धीरे-धीरे कुछ चलना शुरू करें एवं नसों को दबाव मुक्त कर दें, तो यह सूनापन स्वतः समाप्त हो जायेगा।

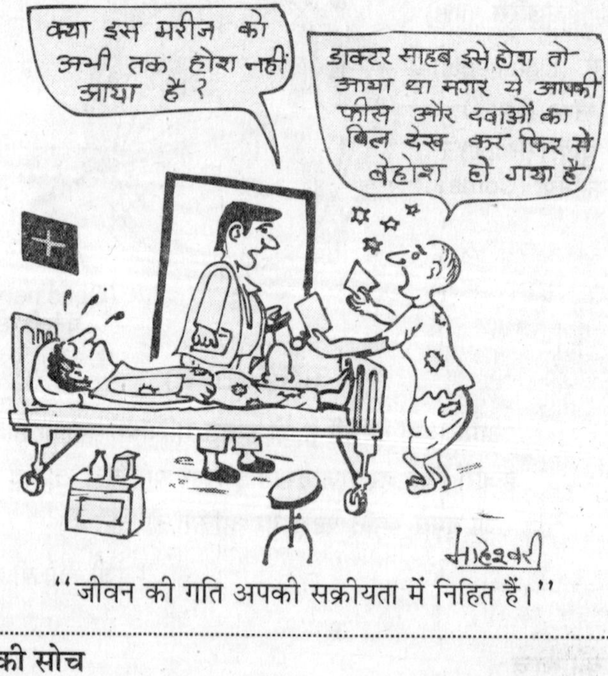

"जीवन की गति अपकी सक्रीयता में निहित हैं।"

157 कितना उचित है मच्छर मारने वाली टिकिया (मेट्स) का उपयोग?

आजकल मच्छरों से निजात पाने के लिए बाजार में तरह-तरह के साधन आ गये है। मच्छर मारने के जालीदार बल्ला (Bat's) से जहाँ मच्छर जल मर जाते है, वही शरीर पर क्रीम मलने से, मच्छर द्वारा क्रीम के प्रभाव से घृणा करने के कारण वो शरीर पर आकर नहीं बैठते है। कमरे में जहरीला धुआं उत्पन्न करने के लिए मेट्स, वैपोराइजर, क्वाईल्स, टिकिया और अगरबत्तियां आदि कई साधन आ गये है जिन्हें जलाकर उनसे रात भर जहरीला धुआं निकाला जाता है। ये धुआं शरीर के पास ही रहता है ताकि धुएँ के असर से मच्छर मर जाये। मगर हकीकत यह है कि यह जहरीला धुआं मच्छरों के साथ-साथ इन्सानों के लिए भी खतरनाक साबित हो जाता है। जहाँ हम बातें करते है कि सुबह-सुबह वातावरण की शुद्ध हवा का सेवन करना स्वास्थ्य के लिए फायदेमन्द है। वही यह जहरीली हवा का असर हमारे शरीर पर क्या-क्या होगा, आप सोच सकते है? जीने के लिए शुद्ध ऑक्सीजन का प्रवाह श्वसन क्रिया में होना चाहिये। वहां यह जहरीली गैस का बहुत बड़ा हिस्सा हमारे फेफड़ों में पहुँच जाता है। यह धुआँ विभिन्न कीटनाशक जैसे डी-ऐलेथ्रिन, ट्रांसऐलेथ्रिन, पायरिथ्रायड्स समूह के उपयोग से उत्पन्न होता है। यह जहरीला धुआं जब श्वास से शरीर में जाता है तो इसके अनेक दुष्परिणाम आने लग जाते है। जैसे गले में खरखराहट, सांस संबंधी बीमारियां, ब्लड कैंसर, एलर्जी, खुजली, प्रजनन की कमी, नाड़ी तंत्र आदि पर असर आ जाता है ।

मच्छरों को प्रजनन के लिए इन्सान का शरीर तो नहीं सौंपा जा सकता है। अतः निम्न सावधानियां बरत सकते हैं-

1. मच्छरदानी के उपयोग से
2. शरीर पर सरसों का तेल लगाकर
3. जब कमरे का उपयोग नहीं हो रहा हो तब उसमें जहरीला धुआं उत्पन्न कर मच्छरों को मारा जा सकता है।
4. मच्छर सुबह बाहर की ओर भागते हैं व शाम को अन्धेरे में प्रवेश करने की कोशिश करते है। अतः सुबह-सुबह इन्हें दरवाजों व खिड़कियों से बाहर निकाल कर कुछ निजात पाई जा सकती हैं।
5. कमरे के उपयोग से पूर्व, नीम की पत्तियों, नारंगी के छिलकों व चाय पत्ती को जलाकर मच्छरों को भगाया जा सकता है।

6. बल्ब या ट्यूबलाइट के पास धागे से लहसुन लटकाने से कीड़े नहीं आयेंगे।

7. घर के ऐसे हिस्से जो लगातार उपयोग नहीं आते हो, उन स्थानों पर डी.डी.टी. पाउडर का छिड़काव रखने से मलेरिया उत्पन्न करने वाली मादा मच्छर मर जाती है।

8. जहाँ रोशनी व सफाई रहती है वहाँ मच्छर नहीं पनप पाते है। टायर, खाली डब्बों में फ़िज़ूल पानी इकट्ठा न रखें। घर के हर हिस्से को नमी व अन्धेरे से मुक्त करने की कोशिश करें।

9. जालीदार विद्युत चार्ज के बेट्स को कमरे में घुमाने से मच्छर जाली के तारों को छूते ही जल कर मर जाते हैं।

10. कुछ ऐसे स्थान जहाँ खुला पानी रखना ही पड़ता है जैसे फव्वारा, गली ट्रेप, लेटरिन की ट्रेप आदि। इन स्थानों पर पानी पर दो बूंद कैरोसिन डाल देने पर मच्छर वहाँ आकर नहीं बैठेंगे।

11. हरियाली पर राख अथवा डी.डी.टी. का छिड़काव रखने से मच्छर दूर भाग जाते हैं।

" मच्छर मारना हिंसात्मक प्रवृति की ओर कदम है
मच्छर भगाने के प्राकृतिक, सुरक्षात्मक उपाय अपनायें।"

-इन्जी. ओ.पी. माहेश्वरी

158 बहते खून को रोकने के लिए मिट्टी लगाना कितना उचित?

आज भी ग्रामीण क्षेत्र में जब चोट लग जाती है तो बहते हुए खून को रोकने के लिए उस पर मिट्टी का लेप, माचिस का फॉस्फोरस, अंगुली को मुँह में चूस कर बहते हुए खून से निजात पाते है। यह सही है कि बहते हुए खून को अगर थोड़ी देर के लिए रोक दिया जाता है तो खून हवा से क्रिया कर गाढ़ी पपड़ी में चिपक जाता है और प्रवाह बन्द हो जाता है। मगर ये विधियां शिक्षित समाज के लिए उचित नहीं है क्योंकि मिट्टी लगाने से टिटनेस का, अंगुली को चूसने एवं माचिस (दियासलाई) का लाल पेपर लगाने से संक्रमण की सम्भावनाएं बढ़ जाती है। ऐसे कृत्य से तुरन्त लाभ तो मिल जाता है मगर फिर लम्बे समय तक इनसे भुगतना पड़ता है। अतः तुरन्त उपचार हेतु घर में उपलब्ध क्रीम, एन्टीसेप्टिक लोशन, हल्दी का लेप, नीम का

लेप, गर्म पानी से धोकर घरेलू पट्टी बांधी जा सकती है फिर डॉक्टर की सलाह लेकर टिटनेस का टीका व ड्रेसिंग आदि करवा कर उपचार कर सकते है।

आज जब पूरा भारतवर्ष प्रगति के पथ पर बढ़ रहा है ऐसे में घर पर, संस्थान में, गाड़ियों में छोटा फर्स्ट एड किट रखना ही चाहिए। यह किट प्लास्टिक के छोटे डब्बे में बना कर निम्न सामान रख सकते है –

- रूई का छोटा रोल, गॉज स्व वायर्स ताकि घावों को इंफेक्शन से कुछ समय तक सुरक्षित रख सकें।
- डिटॉल, टिन्चर, सेवलॉन आदि एंटीबैक्टीरियल लिक्विड जिनसे घाव साफ भी कर सकते है और उन पर लगा भी सकते है।
- बैंडेज (पट्टी), गॉज, टेप, साफ सफेद कपड़ा ताकि पट्टी बांधने में सहायक रह सके।
- औजार जैसे- ब्लेड, कैंची, चिमटी, रूई, थर्मामीटर, डिजिटल ब्लड प्रेशर, उपकरण आदि।
- छोटी-मोटी रोजमर्रा की जरूरत के अनुसार सिरदर्द, पैनकिलर, बुखार, उल्टी, अपचन आदि की गोलियां।
- घाव पर छिड़कने के लिए एंटीसेप्टिक पाउडर आदि।

''स्थिर पड़ी जगह पर भी प्रतिदिन मिट्टी की परत जम जाती है श्वास के द्वारा भी मिट्टी हमारे शरीर में जाती है। संक्रमण मिट्टी से नहीं, उसमें उपस्थित जीवाणु करते है''।

–इन्जी. ओ.पी. माहेश्वरी

जहान्

सत्यता को जानने की सोच है जागृति।
निष्कर्षों को परखने का तरीका हो वैज्ञानिक।।
अंधेरे से डर जाना आसान होता है।
हर पहलू जिंदगी का इम्तिहान होता है।
जीवन में डरने वालों को हार मिलती है।
साहसी के कदमों में जहान् होता है।

अवॉर्ड पुस्तक

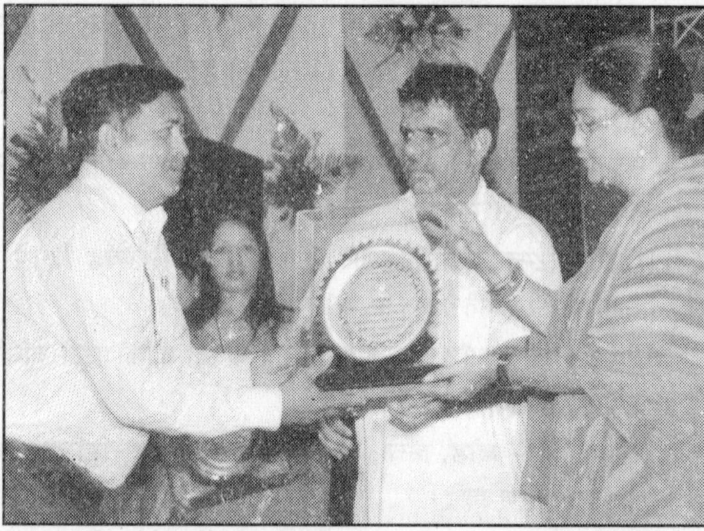

‘बिजली कैसे बचायें’’ पुस्तक पर तत्कालीन मुख्यमंत्री राजस्थान सरकार द्वारा सम्मानित होते इंजी. ओ.पी. माहेश्वरी

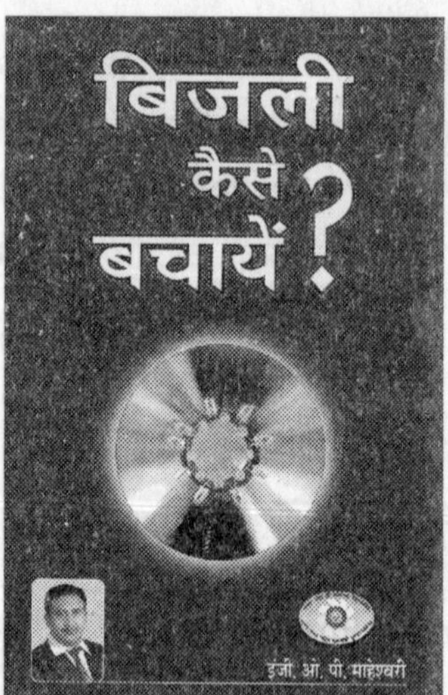

बिजली कैसे बचायें ?

प्रकाशक :

बिड़ला ऑफसेट, आड़ा बाजार, जोधपुर

पृष्ठ 77

Tel : 0291-2624600
Mo. 09461088800

अॅवार्ड पुस्तक

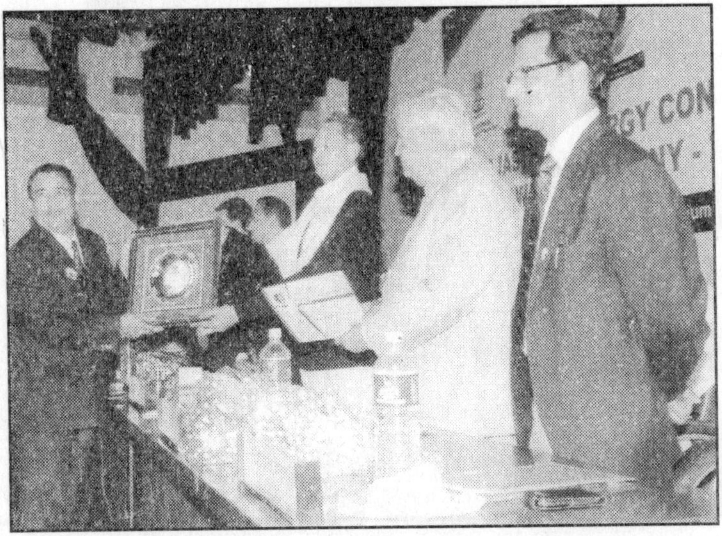

पुस्तक "बिजली बचाने के तरीके" पर वर्तमान
मुख्यमंत्री राजस्थान सरकार द्वारा ऊर्जा संरक्षण 2011
का राज्यस्तरीय प्रथम पुरस्कार प्राप्त करते हुए।

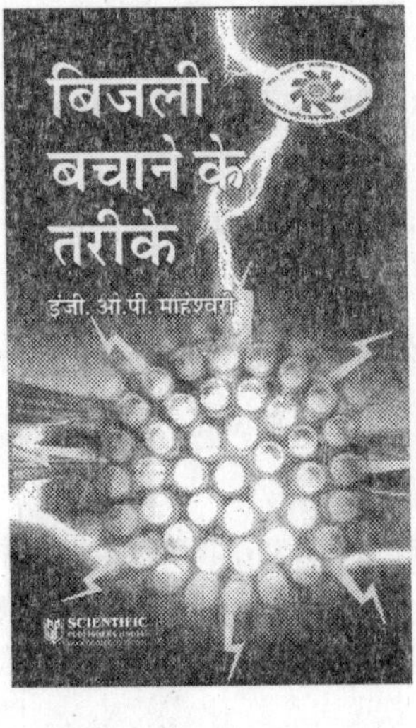

बिजली बचाने के तरीके

प्रकाशक :
साईन्टिफिक पब्लिशर्स (इंडिया)
पो.बॉ. नं. 91, जोधपुर
पृष्ठ 210
Tel : +91-291-243333
E-mail : info@scientificpub.com

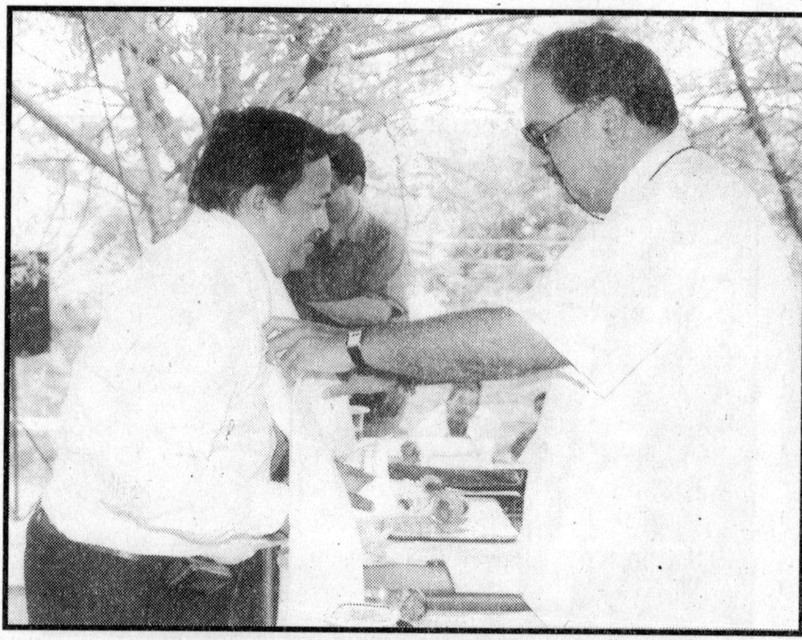

एच.एच. महाराजा जोधपुर श्री गजेसिंह द्वारा पुरस्कार

लेखक को प्राप्त मुख्य अवार्ड/ पुरस्कार

1. दिसम्बर, 2011 ऊर्जा संरक्षण दिवस पर **मुख्यमंत्री श्री अशोक गहलोत द्वारा राज्य स्तरीय प्रथम पुरस्कार सजेशन सेक्टर में** प्रदान कर सम्मानित किया गया।
2. जुलाई, 2008 ऊर्जा दिवस पर **राज्य स्तरीय अवार्ड, मुख्यमंत्री राजस्थान** सरकार श्रीमती वसुन्धरा राजे द्वारा।
3. जून, 2008 "विश्व पर्यावरण दिवस" पर मेहरानगढ़ ट्रस्ट द्वारा माननीय गजेसिंहजी द्वारा पुरस्कार
4. दिसम्बर, 2006 "ऊर्जा संरक्षण दिवस" पर जिला स्तरीय प्रतियोगिता में पुरस्कार
5. दिसम्बर, 2005 " ऊर्जा संरक्षण दिवस " पर जिला स्तरीय प्रतियोगिता में दो पुरस्कार
6. दिसम्बर, 2004 "ऊर्जा संरक्षण दिवस" पर जिला स्तरीय प्रतियोगिता में पुरस्कार
7. दिसम्बर, 2003 " ऊर्जा संरक्षण दिवस " पर जिला स्तरीय प्रतियोगिता में दो पुरस्कार

लेखक के प्रकाशित लेख, पुस्तकें एवं समीक्षाएँ

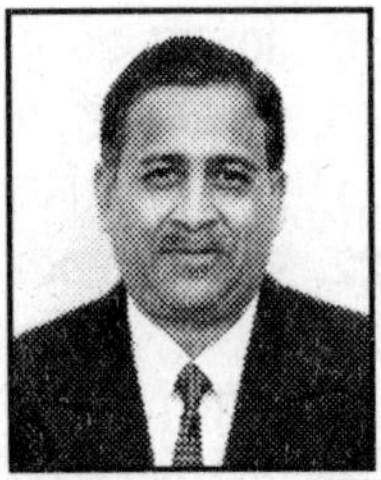

1. 7 मार्च 2012 "साधनों के सही उपयोग से बचाए" बिजली लेख पॉवर जयपुर में प्रकाशित
2. 14 मार्च 2012 "गीजर उपयोग में बिजली की बचत" लेख पॉवर एक्सप्रेस में प्रकाशित
3. 10 दिसम्बर, 2011 **"जानकारी एवं रोचक प्रयोग"** लेख का प्रकाशन दैनिक नवज्योति अखबार में।
4. 7 दिसम्बर, 2011 "ताकि कम पेट्रोल में ज्यादा भागे गाड़ियाँ" लेख का प्रकाशन दैनिक नवज्योति अखबार में।
5. 14 नवम्बर, 2011 "बिजली का उपयोग एवं वास्तु" लेख का प्रकाशन दैनिक नवज्योति में।
6. 25 अक्टूबर, 2011 समीक्षा "बिजली बचावण रा गुर" राजस्थानी भाषा में महेश कृपा पत्रिका में।
7. 16 अक्टूबर, 2011 पुस्तक "बिजली बचाने के तरीके" की समीक्षा गाजियाबाद के अखबार 'सत्य चक्र' में।
8. 11 अक्टूबर, 2011 लेख "झोंपड़ी की करामात" लेख का प्रकाशन दैनिक नवज्योति में।
9. 8 अक्टूबर, 2011 लेख "रसोई में ऊर्जा बचाऐं" का प्रकाशन नवज्योति एक्सप्रेस
10. अक्टूबर, 2011 बिजली बचाने हेतु जानकारियों का प्रकाशन, पावर एक्सप्रेस अखबार में।
11. सितम्बर, 2011 भवन निर्माण में बिजली बचत के नुस्खे लेख का प्रकाशन दैनिक नवज्योति में।
12. 24 अगस्त, 2011 समीक्षा बिजली बचाने के तरीकें पुस्तक पावर एक्सप्रेस अखबार में।
13. 21 अगस्त, 2011 लेख **"रंगों के इस्तेमाल** से बच सकती है" बिजली का प्रकाशन रविवारीय परिशिष्ट दैनिक नवज्योति में।
14. 7 अगस्त, 2011 लेख **"आओ बिजली बचाऐं"** में 35 टिप्स का प्रकाशन रविवारीय परिशिष्ट दैनिक नवज्योति में।
15. 30 जुलाई, 2011 लेख "आओ बिजली बचाऐं" का प्रकाशन नवज्योति एक्सप्रेस
16. **30 जून, 2011 "बिजली बचाने के तरीके" पुस्तक समीक्षा पूर्व उप कुलपति जोधपुर विश्व विद्यालय द्वारा** अखबार 'मारवाड़ इमेज' में।
17. 4 जून, 2011 "बिजली बचाने के तरीके" पुस्तक समीक्षा दैनिक 'उजाला भारत' अखबार में।
18. 17 सितम्बर, 2009 "बिजली का अपव्यय न करें" मुझे यह कुछ कहना है अखबार राजस्थान पत्रिका में।

19. 30 जून, 2009 ''बिजली है जरूरी इसे बचाऐं'' नस्खे दैनिक भास्कर अखबार में।
20. 19 जुलाई, 2009 पुस्तक ''बिजली बचाने के तरीके'' का प्रकाशन।
21. जून 2008 बिजली कैसे बचायें पुस्तक की **समीक्षा** दैनिक भास्कर अखबार में
22. अगस्त, 2007 ''बिजली कैसे बचायें''? पुस्तक का प्रकाशन
23. जुलाई, 2007 ''विद्युत अपव्यय रोकें'' लेख का प्रकाशन माहेश्वरी समाज की पत्रिका में।
24. दिसम्बर, 2006 बिजली बचाओ तकनीक – रोटरी क्लब जोधपुर की पत्रिका में।
25. नवम्बर, 2006 ''स्वास्थ्यकारी'' लेख का प्रकाशन 'निरामय जीवन' पत्रिका में।
26. अक्टूबर, 2006 ''बिजली का उपयोग और वास्तु'' लेख का प्रकाशन विद्युत वितरण संदेश में।
27. जुलाई, 2006 बिजली बचाने हेतु लेख का प्रकाशन विद्युत वितरण संदेश में।
28. जुलाई, 2006 बिजली बचाने हेतु लेख का प्रकाशन समाज की स्मारिकाओं में।
29. जून, 2006 ''बिजली और वास्तु'' लेख का प्रकाशन। विद्युत वितरण संदेश में।
30. अक्टूबर 2005 ऐशस्लरी से ऐशडाईक का निर्माण हेतु **पेपर प्रकाशन** इण्डियन सोसायटी ऑफ डेजर्ट टैक्नालोजी बुलेटिन में
31. अक्टूबर 2005 ऑफ टेक कम बाई पास स्ट्रक्चर का निर्माण हेतु **पेपर प्रकाशन** इण्डियन सोसायटी ऑफ डेजर्ट टैक्नालोजी बुलेटिन में
32. जुलाई 2005 स्वस्थ शयन लेख का **प्रकाशन** समाज की पत्रिकाओं में।
33. फरवरी 2005 बिजली बचाने हेतु लेख का **प्रकाशन** विद्युत वितरण संदेश में।
34. जनवरी 2005 ''उष्मारोधी पानी की टंकी'' लेख का **प्रकाशन** विद्युत वितरण संदेश में।
35. नवम्बर 2004 बिजली बचाने हेतु–कार्टून्स का **प्रकाशन** विद्युत वितरण संदेश।
36. अक्टूबर 2004 'अनुकूल भवन निर्माण' लेख का **प्रकाशन** विद्युत वितरण संदेश
37. सितम्बर 2004 'अनुकूल भवन और बिजली' लेख का **प्रकाशन** विद्युत वितरण संदेश में
38. अगस्त 2004 बिजली बचाने हेतु लेख का **प्रकाशन** विद्युत वितरण संदेश में
39. जुलाई 2004 बिजली बचाने हेतु कविता का **प्रकाशन** समाज की पत्रिकाओं में
40. जनवरी 2004 बिजली बचाने हेतु लेख का **प्रकाशन** विद्युत वितरण संदेश में
41. दिसम्बर 2003 ऊर्जा संरक्षण में प्रयास **वक्ता,** बिजली विभाग सभागार में
42. अक्टूबर 2003 बिजली बचाने हेतु लेख का **प्रकाशन** विद्युत वितरण संदेश में
43. जुलाई 2003 बिजली बचाने हेतु लेख का **प्रकाशन** समाज की पत्रिकाओं में
44. जनवरी 2003 बिजली बचाने हेतु लेख का **प्रकाशन** विद्युत वितरण संदेश में
45. सितम्बर 2002 बिजली बचाने हेतु कविता का **प्रकाशन** विद्युत वितरण संदेश
46. अप्रैल 2002 ''सुसज्जित रसोई घर'' लेख का **प्रकाशन** विद्युत वितरण संदेश
47. मार्च 2002 बिजली बचाने हेतु लेख का **प्रकाशन** विद्युत वितरण संदेश में
48. फरवरी 2002 **प्राकृतिक प्रकाश व्यवस्था** लेख का **प्रकाशन** विद्युत वितरण संदेश में